Ex Libris Bibliothecæ quã Illustriss Ecclesiæ Princeps
**D. PETRVS DANIEL HVETIUS**
Eviscopus Abrincensis Domui Professæ
Paris. PP. Soc. Iesu Integram Vivens Donavit.
Anno. 1692

## LI. E
## XXIX. E

O. 1807.
3. A.

# NOUVEAUX VOYAGES

DE

Mr LE BARON DE LAHONTAN,

DANS

## L'AMERIQUE SEPTENTRIONALE.

Qui contiennent une relation des différens Peuples qui y habitent ; la nature de leur Gouvernement ; leur Commerce, leurs Coutumes, leur Religion, & leur manière de faire la Guerre.

L'intérêt des François & des Anglois dans le Commerce qu'ils font avec ces Nations ; l'avantage que l'Angleterre peut retirer dans ce Païs, étant en Guerre avec la France.

*Le tout enrichi de Cartes & de Figures.*

### TOME PREMIER. 4263

### A LA HAYE,

Chez les Frères l'HONORÉ, Marchands Libraires

M. DCCIII.

Ne extra hanc Bibliothecam efferatur. Ex obedientiâ.

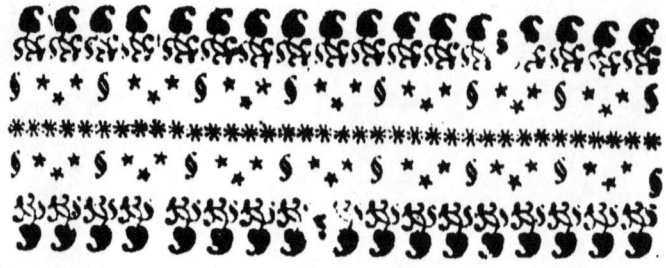

# A SA MAJESTE'
# FREDERIC IV.
## ROY DE DANNEMARC,
de Norvegue, des Vandales & des Goths ; Duc de Sleswick, Holstein, Stormar & Etsmar, Comte d'Oldenbourg & de Delmenhorst, &c.

SIRE,

Quand je me suis déterminé à donner au Public les Mémoires de

# EPITRE.

mes Voyages, par une bonne raison je n'ai point balancé à faire hommage à VOTRE MAJESTE'. Mes disgraces ne vous font point inconnuë, SIRE, puis que vous avez daigné en prendre pitié. Elles font d'une nature à ne me faire aucuns tort dans l'esprit des honnêtes gens. Je ne serois point coupable, si je n'avois point en tête des personnes si puissantes, que l'on n'est point innocent dès que l'on a le malheur de leur déplaire, & c'est avoir tort que de vouloir avoir raison contr'elles. Aussi ai-je eu le bonheur, SIRE, que VOTRE MAJESTE' m'a regardé comme ceux qui font malheureux, sans être criminels, & Elles à bien voulu répandre ses bontez jusques sur moi. Souffrez, SIRE, que je vous en temoigne ma recon-

# EPITRE.

connoissance. Je presente à VOTRE MAJESTÉ un Livre, qui n'est bon que parce qu'il contient la vérité toute pure. J'écrivois tout simplement ce qui m'arrivoit à un de mes parens qui l'avoit exigé de moi, & cette maniere naturelle plaira peut-être plus que si j'avois écrit avec plus d'étude & plus d'art. Enfin, je raconte mes Avantures en Voyageur, & non point en Auteur qui ne cherche qu'à plaire. Cette même raison m'empêchera, SIRE, d'entreprendre de donner à VOTRE MAJESTÉ les justes loüanges qui lui sont dûës. J'ai passé les plus beaux jours de ma vie avec les Sauvages de l'Amérique, & ce n'est pas là qu'on aprend à écrire & à loüer poliment; je me contenterai donc, SIRE, de prier le Ciel pour la conservation de VOTRE MA-

JE-

# EPITRE.

JESTÉ & de toute la Famille Royalle, Je suis avec un trés-profond respect,

SIRE,

DE VOSTRE MAJESTÉ

Le très-humble & très-obeïssant Serviteur,
LAHONTAN.

# PREFACE.

L'On croit pouvoir avancer sans se flatter, que cette Relation ne sera point mal reçûë. L'on en a donné déja plusieurs au public : mais elles ont toutes un défaut essentiel, c'est le manque de desinteressement & de sincerité. Les Auteurs sont des Missionnaires c'est à dire des gens engagez par leur profession à persuader au Monde, que leur peine, qui d'ailleurs est loüable, n'est pas tout à fait infructueuse. De la vient que leurs narrations ne sont dans le fond à proprement parler qu'un détail de *Messes*, de *Miracles*, de *conversions*, & d'autres nu-

# PREFACE.

nuties directement frauduleufes, où le bon fens du fiecle ne donne pas facilement ; en un mot, ces Auteurs pouffez par un zéle faux ou véritable ont plûtôt écrit pour le credit de leur caufe, que pour aprendre au Lecteur le véritable contenu de ce qui fe paffe dans ce Païs-là.

Pour peu qu'on examine ces Voyages fans prévention, l'on fera comme forcé de tomber d'accord qu'on n'y rapporte rien que de très-conforme à la verité. L'on y voit regner par tout cette exactitude, & cèt air de bonne foi qui s'empare tout d'abord d'un efprit équitable, & qui fait voir efficacement qu'on ne tend à rien moins qu'à furprendre. Certains faits font fi bien circonftanciez, que la narration qu'on nous en donne porte toute la force de preuves démonftratives. Il n'eft

pas

# PREFACE.

pas difficile de trahir le vrai ; le plus grand imposteur copie admirablement l'honnête homme. Il faut avoüer cependant qu'il se trouve un certain caractére dont le juste discernement se contente, & qui donne le plaisir de ne se croire point abusé. Il en est de la narration comme de la pensée. Une évidence inexprimable remplit l'entendement humain, & répend dans l'ame une douce & aimable lumiere, qui est la seule & infaillible régle contre l'erreur. Ainsi voyons nous briller les traits de la vérité dans un Auteur qui n'a point d'autre garand que sa bonne foi.

Il y a long-tems, au reste, que le public joüiroit de cet agréable amusement. Depuis plus d'un an le Gentilhomme à qui l'on a comme arraché ses Memoires les avoit tout prêts. Mais il esperoit

# PREFACE.

que Sa Majesté Trés-Chrétienne, mieux informée des choses, rendroit justice à l'innocence d'un Officier qui a eu l'honneur de la bien servir en *Canada*, & qu'elle avoit eu même la bonté de recompenser d'un emploi de distinction. Ce Cavalier a tenté toutes les voyes légitimes pour se justifier : il a eu le malheur de n'y pouvoir réussir. Son ennemi, soutenu de quelques apuis qu'on ne veut point designer, pour épargner la reputation d'un homme qui occupe l'un des premiers poste dans le Ministere de France, la noirci si cruellement & si honteusement, que l'Auteur a perdu toute esperance de faire valoir son bon droit pendant ce Regne-ci. C'est ce qui la rendu plus traitable pour communiquer ces Lettres qu'il n'a pourtant laissé aller qu'avec une extréme répugnance

# PREFACE.

ce. Le plus preſſant motif qui le fait reſoudre, a été celui de ſon honneur. Ce voyant abſolument ruïné dans l'eſprit de ſon Maître, il a crû ne pouvoir mieux faire que de ſe diſculper aux yeux du public, c'eſt une conſolation fort naturelle pour tous les honnêtes gens.

Il n'eſt pas néceſſaire d'avertir combien cét ouvrage peut remplir une loüable curioſité. Le Lecteur y trouvera toutes les particularitez ſouhaitables. Le nombre & la diverſité des faits ſurprendra l'attention, & la doit tenir agréablement en haleine. Ce qu'il y a de plus utile & de très-conforme au goût du ſiecle, qui ne veut point être inſtruit à demi, c'eſt que l'on donne des Cartes fort bonnes & fort exactement deſſinées. L'on aura le double plaiſir de connoître à fond

\* 6 les

# PREFACE.

les mœurs de ces *Amériquains*, & l'on verra d'un coup d'œil la veritable disposition de ce Païs-là. L'on doit ajoûter à tout d'autant plus de foi, que l'Auteur a parcouru des Terres du *Nouveau Monde* pendant plusieurs années, & qu'il s'est fait un devoir de s'instruire parfaitement de toutes choses. Ce n'étoit pas neanmoins son dessein de publier ses connoisses & ses découvertes ; mais il n'en est pas moins vrai qu'il y a travaillé comme s'il n'avoit pas eu d'autre intention. Son stile ne paroîtra peut-être pas des plus pûrs ni des plus châtiez ; mais cela même doit le rendre moins suspect d'affectation ; & d'ailleurs que peut on attendre d'un jeune Officier de Marine ! ce qui est fort certain, & pas un Lecteur judicieux n'en disconviendra, c'est que l'Auteur s'est uniquement at-

at-

# PREFACE.

taché à expoſer ſimplement les choſes ; il ne flatte perſonne, il ne déguiſe rien, & l'on parroit juſtement lui attribuer, les qualitez néceſſaires à tout narateur, d'écrire comme s'il n'avoit ny Patrie, ni Religion. Soit dit ſans faire aucun tort à ce qu'il doit à ſon Dieu, & à ſon Roi.

La Carte miſe à la tête du premier Volume doit ſe raporter à la 16. Lettre du même Volume.

TABLE

# TABLE DES LETTRES DU TOME I.

## LETTRE I.

Qui contient une description du Voyage de France en Canada, avec les côtes, passage &c. & une remarque sur la Variation de l'aiman. pag. 1.

## LETTRE II.

Qui contient la description des Plantations de Canada, & comment elles

# TABLE.

*elles se sont faites. L'envoi des filles publiques de France en ce païs là, son climat & son terrain.* 9

## LETTRE III.

*Qui contient une assez ample description de Quebec & de l'Isle d'Orleans.* 14

## LETTRE IV.

*Qui contient une brieve description des Habitations Sauvages des environs de Quebec. Du Fleuve S. Laurent jusqu'à Monreal. De la Pêche curieuse des Anguilles. De la Ville des trois Rivieres, de celle de Monreal, & la décente des Coureurs de bois.* 21

## LETTRE V.

*Qui contient une brieve description des*
Peu-

# TABLE.

Peuples Iroquois, la guerre & la paix que les François ont fait avec eux, & comment. 29

## LETTRE VI.

Qui contient une ample description des voitures de Canada qui sont des Canots d'écorce de bouleau. Comment on les fait & la manière dont on les navigue. 34

## LETTRE VII.

Qui contient une ample description du Fleuve S. Laurent depuis le Monreal jusqu'au premier grand Lac de Canada. Les Sauts, les Cataractes & la navigation de ce Fleuve. Du Fort Frontenac & de son utilité. Entreprise de Mr. de la Barre, Gouverneur Général, contre les Iroquois. Son acommodement, ses harangues. 39

LET-

# TABLE.

## LETTRE VIII.

*On travaille à fortifier le Monreal. Le zéle indiscret des Prêtres Seigneurs de cette Ville. Description de Chambli. De la descente des Sauvages des grands Lacs, pour faire leur Commerce, & comment il se fait.* 59

## LETTRE IX.

*Qui contient une description du Commerce de Monreal. Arrivée de Mr. le Marquis de Denonville avec des Troupes. Rapel de Mr. de la Barre. Description curieuse de certains Congez pour le Commerce des Castors dans les païs lointains.* 66

## LETTRE X.

*Qui contient l'arrivée de Mr. de Cham-*

# TABLE.

Champigni à la place de Mr. de Meules rapellé en France. Il amene des Troupes. Description curieuse des Raquettes & des chasses des Orignaux, avec une description de ces animaux. 72

## LETTRE. XI.

*Qui contient une autre chasse curieuse de divers Animaux.* 78

## LETTRE XII.

*Qui contient l'arrivée de Mr. le Chevalier de Vaudreuil en Canada avec des troupes. Les troupes & les Milices sont à S. Heléne prêtes à partir pour aller faire la guerre aux Iroquois.* 89

## LETTRE XIII.

*Qui contient un description desavanta-*

# TABLE.

tageuse de la Campagne faite aux Païs des Iroquois. Embuscade. Ordre à l'Auteur de partir pour les grands Lacs avec un détachement des Troupes. 92

## LETTRE XIV.

Qui contient le depart de Niagara. Rencontre des Iroquois au bout du portage. Suite du voyage. Brieve description des Païs situez sur la route. Arrivée de l'Auteur au Fort S. Joseph à l'embouchure du Lac des Hurons. Celle d'un parti des Hurons à ce Fort. Le coup qu'ils firent. Leur départ pour Missilimakinac. Rencontre du frere de Mr. de la Salle miraculeusement conduit. Description de Missilimakinac. 105

## LETTRE XV.

Qui contient une Description du Saut
Sainte

# TABLE.

Sainte Marie, où l'Auteur engage les Sauteurs à se joindre aux Outaouas pour aller en parti chez les Iroquois. Départ, accidens, & rencontres durant le voyage jusqu'à son retour à Missilimakinac. 121

## LETTRE XVI.

Qui contient le départ de l'Auteur de Missilimakinac. Description de la Baye des Puants, & de ses Villages. Ample descrition des Castors, suivie du voyage remarquables de la Riviére Longue, avec la Carte des Païs découverts, & autres. Retour de l'Auteur à Missilimakinac. 136

## LETTRE XVII.

Qui contient le départ de l'Auteur de Missilimakinac pour la Colonie. Description des Païs, des Riviéres

# TABLE.

res & des passages qu'on trouve en chemin. Incursion funeste des Iroquois dans l'Isle de Monreal. Abandon du Fort de Frontenac. Nouvelle du retour en Canada du Comte de ce nom, & du rappel de Mr. le Marquis de Denonville.

## LETTRE XVIII.

Qui contient l'arrivée de Mr. le Comte de Frontenac Sa réception. Son Voyage à Monreal. Rétablissement du Fort de Frontenac. 198

## LETTRE XIX.

Qui contient les incursions faites à la Nouvelle Angleterre, & à la Nouvelle York. Funeste Ambassade des François chez les Iroquois. Entreprise mal concertée des Anglois & des Iroquois venant

# TABLE.

nant par terre attaquer la Colonie. 103

## LETTRE XX.

*Qui contient une seconde entreprise considérable des Anglois par Mer, très-mal conduite, où l'on voit la Lettre que le Commandant de la Flote écrit à Mr. le Comte de Frontenac, avec la reponse verbale de ce Gouverneur, & le départ de l'Auteur pour France.* 209

## LETTRE XXI.

*Qui contient une description des Bureaux des Ministres d'Etat, & les services mal récompensez à la Cour.* 219

## LETTRE XXII.

*Qui contient le départ de l'Auteur*

de

# TABLE.

de la Rochelle pour Quebec, sa Navigation jusqu'à l'entrée du Fleuve Saint Laurent. Rencontre d'un Vaisseau Anglois qu'il combatit. Son Vaisseau échoüé. Navigation du Fleuve Saint Laurent. Nouvelle qu'un Parti d'Anglois & d'Iroquois a défait un Corps de Troupes Françoises. 225

## LETTRE XXIII.

Qui contient la prise de quelques Bâtimens Anglois, un Parti d'Iroquois défait, un brûlé tout vif à Quebec. Un autre Parti de ces Barbares surprend des Coureurs de bois, est ensuite surpris lui-même. Mr. de Frontenac propose un projet d'entreprise à l'Auteur. L'Auteur part dans une Fregate pour aller en France, & relâche à Plaisance, ou une Flote Angloise vient pour enlever ce poste. Elle manque son coup. L'Auteur continuë son voyage. 231

LET-

# TABLE.

## LETTRE XXIV.

Qui contient un projet d'entreprise par Mr. de Frontenac, qui fut rejetté à la Cour, & pourquoi. Le Roi à donné à l'Auteur la Lieutenance de Roi de l'Isle de Terre Neuve, &c avec une Compagnie Franche. 247

## LETTRE XXV.

Qui contient le départ de France de l'Auteur pour Plaisance. Une Flote de 30. Vaisseaux Anglois vient pour se saisir de cette Place. Elle s'en retourne aprés avoir manqué son coup. Raisons du mauvais succés des Anglois en toutes leurs entreprises d'Outre-Mer. Avanture de l'Auteur avec la Gouverneur de Plaisance. Départ de l'Auteur pour le Portugal. Combat contre un Corsaire de Flessingue, &c. 255. Ex-

Explication de quelques Termes qui se trouvent dans le Premier Tome. 267

TABLE.

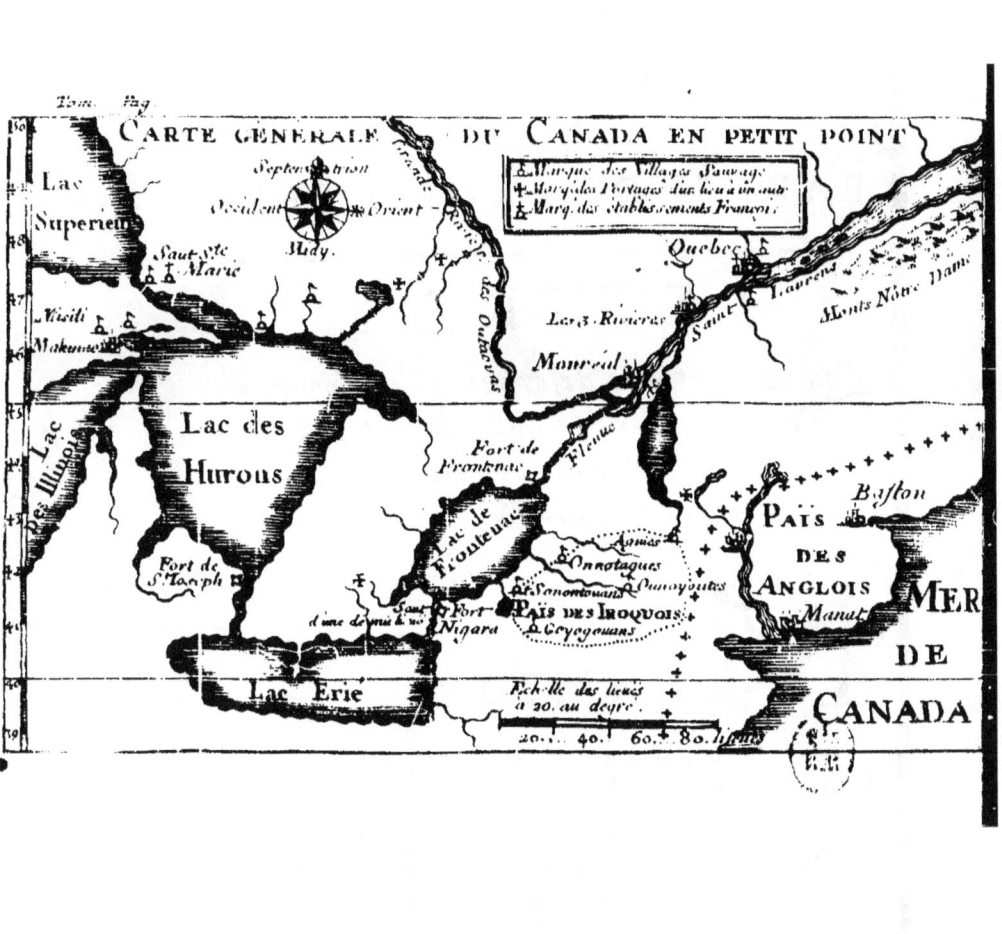

# VOYAGES
## DU
## BARON DE LAHONTAN.

## LETTRE I.

*Qui contient une description du Voyage de France en Canada, avec les côtes, passages, &c. & une remarque sur la Variation de l'aiman.*

MONSIEUR,

Je suis surpris que le Voyage du nouveau monde puisse tant effrayer ceux qui sont obligez de le faire, car je vous jure de bonne foi qu'il n'est rien moins que ce qu'on s'imagine. Il est vrai que la course est un peu longue, mais l'esperance de voir un nouveau païs ne permet pas qu'on s'en-

*Tome I.*        A        nuye

nuye en chemin. Je vous manday à mon départ de la *Rochelle*, les raisons que Mr. le *Ferre de la Barre* Gouverneur General de *Canada* avoit eu d'envoyer en France le Sr. *Mahu* Canadien, & la resolution qu'il a prise de détruire absolument les *Iroquois*, qui sont des peuples sauvages tres-belliqueux. Ces barbares sont amis des Anglois, parce qu'ils en reçoivent du secours, & ils sont nos ennemis par la crainte qu'ils ont que nous les détruisions tôt ou tard. Ce General croyoit que le Roi lui envoyeroit sept ou huit cens hommes, mais la saison étoit si avancée quand nous partimes de la *Rochelle*, qu'à peine osa-t-on risquer nos trois Compagnies de Marine. Je n'ai trouvé rien de desagreable en cette traversée si ce n'est quelques jours de tempête sur les écores du banc de Terre-Neuve, où les vagues sont effroyables pour peu de vent qu'il fasse. Nôtre Fregate y reçeut quelques coups de Mer, mais comme ces accidens sont ordinaires pendant le cours de cette navigation, les vieux Navigateurs n'en furent point émus. Il n'en fut pas de même à mon égard, car n'ayant jamais fait de voyages de long cours, j'etois si surpris de voir les flots s'élever jusqu'aux nuës que je fis alors plus de vœux à *Neptune* que le vaillant *Idomenée* lors qu'il pensa perir au retour de la guèrre de Troye. Dés que nous fumes sur ce Banc ils nous parurent tout à fait diminuez, & le vent cessant peu à peu, la mer devint si calme & si tranquille que nôtre Vaisseau ne pouvoit plus gouverner. Vous ne sçauriez croire quelle quantité de moruës nos Matelots pêcherent en un quart d'heure, car quoi qu'il y eut trente deux brasses d'eau sous nous, à peine l'ameçon étoit-il au fonds de la mer que le poisson étoit pris, de sorte que ce n'étoit que jetter & retirer sans relâche, mais par malheur on ne peut tirer cet avantage que de quelques bancs où l'on passe le plus souvent sans s'arrêter. Au reste si nous fimes bonne chere aux depens de ces poissons, ceux qui resterent dans la Mer s'en vengerent bien aux dépens d'un Capitaine & de plusieurs Soldats qui moururent du scorbut & que nous jettâmes dans les ondes trois ou quatre jours aprés. Cependant le vent s'étant rangé à l'Oüest-Nord-Oüest nous fumes contraints de louvoyer cinq ou six jours. Ensuite il sauta vers le Nord, & nous allâmes atterrer heureusement au Cap de *Rase*, quoique nos Pilotes fussent assez incertains de leur latitude, pour n'avoir pû prendre hauteur dix ou douze jours avant cet atterrage. Ce Cap fut découvert par un Matelot perché sur le faîte du grand Hunier lequel se prit à crier *terre, terre*, de même que St. Paul cria a l'approche de *Malthe*, γην ἔχω γην ἔχω. Or vous remarquerez que dès que les Pilotes des Vaisseaux s'estiment près des Côtes, ils ont la précaution de faire monter pendant le jour des Mariniers sur les Huniers ou sur les Perroquets pour les découvrir : ceux-cy se relevent de deux en deux heures jusqu'à l'entrée de la nuit, auquel tems on cargue les voiles en cas qu'on n'ait pas encore aper-

A 2 çû

que la terre. En cet état le bâtiment n'avance presque point, puis qu'il ne va jusqu'à l'aube du jour qu'à mats & à corde, & qu'on se met très-souvent côté en travers. De là vous pouvez juger qu'il est important de reconnoître les Côtes maritimes avant que de les aborder; cela est si vrai que le Matelot qui les découvre est assuré de tirer quelque pistole des passagers, qui sont obligez de le recompenser avec plaisir en pareille occasion. Vous remarquerez que *l'Aiman* varie vint & trois degrez vers le Nordoüest sur le Banc de Terre Neuve, c'est-à-dire que la fleur de lis du compas ou de la boussole, qui doit naturellement se tourner droit vers le vrai Nord du monde ou l'étoile Polaire, ne regarde lors qu'on est sur ce Banc que le Nord-Nord-Oüest & un degré vers l'Oüest; c'est-ce que nous avons observé avec nos compas de variation.

Il étoit environ midi quand on découvrit le Cap, & pour en être plus assurez nous portames dessus à pleine voile, à dessein de le reconnoître. Enfin ne doutant plus que ce ne fut ce promontoire la joye se répandit dans le Vaisseau. On ne parla plus du sort des malheureux qui ayant été jettez dans la Mer avoient retardé le batême de ceux qui faisoient ce Voyage la première fois. Voici la description de ce batême. C'est une cérémonie impertinente qui se pratique par les gens de Mer, dont l'humeur est aussi bizarre que l'élément sur lequel ils ont la folie de s'abandonner. Il profanent ce Sacrement de la manière du mon-

monde la plus abſurde, par un uſage établi depuis très-long-tems. On voit les anciens Matelots noircis & déguiſez avec des guenilles & des cordages, qui contraignent en cet équipage ceux qui n'ont jamais paſſé ſur certains parages de jurer à genoux ſur un livre de Cartes Hydrographiques, qu'ils obſerveront exactement envers les autres, la cérémonie qu'on obſerve envers eux, toutes les fois que l'occaſion s'en préſentera. Dés qu'ils ont prêté ce ſerment ridicule, on leur jette cinquante ſeaux d'eau ſur la tête, ſur le ventre, ſur les cuiſſes & ſur tout le reſte du corps, ſans avoir égard au tems ny à la ſaiſon. Les principaux endroits où cette folie ſe pratique ſont ſous l'Equateur, ſous les Tropiques, ſous les Cercles Polaires, ſur le Banc de Terre-Neuve & aux Détroits de Gibralta, du Sond & des Dardanelles. Au reſte les perſonnes de quelque diſtinction n'étant pas ſujets à cette loy, ont accoûtumé de faire une liberalité de cinq ou ſix flacons d'eau de vie aux Matelots du Vaiſſeau. Trois ou quatre jours aprés ce batême nous découvrîmes le Cap de Raye ſur le ſoir, & nous entrâmes enſuite heureuſement dans la Baye S. *Laurent*, à l'entrée de laquelle nous tombâmes dans un Calme de peu de durée, qui nous donna le jour le plus clair & le plus beau que nous euſſions veu durant la traverſe. Il ſembloit que cette journée nous fut donnée pour nous dedommager des pluyes, des broüillards & des gros vents que nous avions eſſuyez dans le voyage. Nous vîmes le

com-

*Espadon est un poisson de dix à quinze pieds de longueur, & de quatre pieds de circonférence ayant au bout du museau une spece de scie de 4 pieds de long, de quatre pouces de large & de six lignes d'épaisseur.

combat de l'*Espadon* * & la *Baleine* à une portée de fauconneau de nôtre Fregate. C'étoit un charme de voir les sauts que cet *Espadon* faisoit hors de l'eau pour darder sa lance dans le corps de cette *Baleine* lors qu'elle etoit obligée de reprendre haleine, ce spectacle dura du moins deux heures, tantôt à droit & tantôt à gauche du Vaisseau, les Matelots qui ne sont pas moins superstitieux que les Egyptiens presageoient quelque fâcheuse tempête, mais nous en fumes quittes pour trois ou quatre jours de vent contraire. Nous louvoyames pendant ce tems-là entre l'Isle de Terre-Neuve & celle du *Cap-Breton*. Nous apperceumes deux jours après les *Isles aux Oiseaux* à la faveur d'un vent de Nord-Est qui nous porta à l'entrée du fleuve *St. Laurent*, par le Sud de l'Isle d'*Anticostie* sur le Banc de laquelle nous pensâmes échoüer pour l'avoir rangée de trop près. Un second calme nous surprit à l'emboucheure de ce fleuve suivi d'un vent contraire qui nous contraignit à louvoyer quelques jours. A la fin peu à peu nous gagnâmes *Tadoussac* où nous jettames l'ancre. Ce fleuve a 4 lieuës de largeur en cet androit là, & vingt deux à son emboucheure, mais il s'étressit peu à peu en remontant vers sa source. Nous levâmes l'ancre deux jours après à la faveur du vent d'Est & de la marée qui nous fit passer heureusement le pas de *l'Isle Rouge*, où les courans sont sujets à jetter les Vaisseaux sur la côte, aussi bien qu'à *l'Isle au Coudres* situëe à quelques lieuës plus haut. Nous ne fumes pas si heu-

heureux à ce second passage, car le vent nous ayant manqué, nôtre Fregate tomboit sur les Rochers si nous n'eussions donné fond. Nous en fûmes quittes pour la peur, quoique nous nous serions sauvez facilement si le Vaisseau eût fait naufrage. Nous apareillâmes le lendemain le même vent s'étant augmenté, & le jour suivant nous mouillâmes à la traverse du *Cap Tourmente*, qui pour n'avoir que deux lieües d'étendüe ne laisse pas d'être dangereuse lors qu'on ne suit pas bien le chenail. Il ne nous restoit plus que sept lieües de navigation jusques à la Ville de *Quebec*, devant laquelle nous venons de moüiller. Au reste nous avons trouvé tant de glaces flotantes, & la terre si couverte de nege depuis l'Isle Rouge jusqu'ici, que nous avons été sur le point de relâcher en France dès l'abord de ce premier passage, quoiqu'il ne nous restât plus que trente lieües à faire. Nous craignions d'être surpris par les glaces, & de ne pouvoir achever nôtre course sans perir, mais graces à Dieu nous en voilà quittes. On nous vient de dire que les quartiers de nos troupes sont marquez dans quelques bons Villages aux environs de cette Ville par ordre du Gouverneur, & comme il faut se preparer à mettre pied à terre, je suis obligé de finir ma Lettre. Je ne puis vous rien dire encore de ce pays, si ce n'est qu'il y fait déja un froid à mourir. A l'égard du fleuve, je vous en ferai une description plus ample quand je le connoîtrai mieux. Nous venons d'apprendre que Mr. de la *Sale* arrive de la dé-

## VOYAGES

couverte d'un grand fleuve qui se décharge dans le Golfe de *Mexique*, & qu'il doit s'embarquer demain pour passer en France. Comme il connoît parfaitement bien le Canada vous ne devriez pas manquer à le voir, en cas que vous alliez cet hiver à Paris.

Je suis Monsieur vôtre &c.

*Au Port de Quebec le 8. Novembre 1683.*

DU BARON DE LAHONTAN, 9

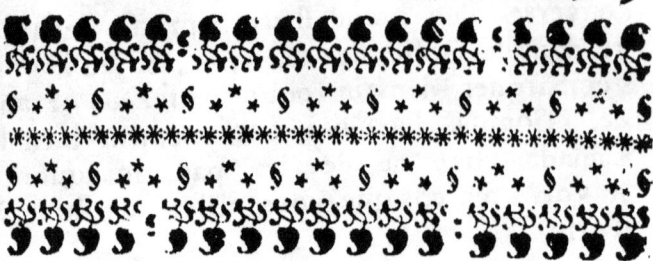

LETTRE II.

*Qui contient la description des Plantations de* Canada, *& comment elle se sont faites. L'envoi des filles publiques de France en ce païs-là, son climat & son terrain.*

MONSIEUR,

Dès que nous eumes mis pied à terre l'année derniere, Mr. de la Barre envoya nos trois Compagnies en quartier aux côtes du voisinages de Quebec. Ce mot de *Côtes* n'est connu en Europe que pour côtes de la mer, c'est-à-dire les montagnes, les dunes & tout autre sorte de terrain qui la retient dans ses bornes ; au lieu qu'en ce païs où les noms de Bourg & de Village sont inconnus on se sert de celui de côtes qui sont des Seigneuries, dont les habitations sont écartées de deux ou trois cent pas les unes des autres, & situées sur le rivage du Fleuve de S. Laurent. On dit telle côte a quatre lieuës d'étenduë,

A 5          une

une autre en a cinq, &c. Les Païsans y vivent sans mentir plus commodément qu'une infinité de Gentils-hommes en France. Quand je dis Païsans je me trompe, il faut dire habitans, car ce titre de Païsan n'est non plus receu ici qu'en *Espagne*, soit parce qu'ils ne payent ni sel ni taille, qu'ils ont la liberté de la chasse & de la pêche, ou qu'enfin leur vie aisée les met en parallele avec les Nobles. Leurs habitations sont situées sur les bords du fleuve de St. Laurent. Les plus pauvres ont quatre * arpens de terre de front & trente ou quarante de profondeur. Comme tout ce terrain n'est qu'un bois de haute futaye, ils sont obligez de couper les arbres & d'en tirer les souches avant que d'y pouvoir mettre la Charruë. Il est vrai que c'est un embarras & de la dépense dans les commencemens, mais aussi dans la suite on s'en dedommage en fort peu de temps, car dés qu'on y peut semer, ces terres vierges raportent au centuple. On seme le bled dans le mois de May, & la recolte s'en fait à la mi-Septembre. Au lieu de battre les gerbes sur les champs on les transporte dans les granges jusqu'au plus grand froid de l'hiver, parce qu'alors le grain sort mieux de l'epi. On y seme aussi des pois qu'on estime beaucoup en France. Tous les grains sont à très-bon marché dans ce païs aussi bien que la viande de boucherie & la volaille. Le bois ne coûte presque rien d'achap en comparaison du transport, qui cependant est fort peu de chose. La plûpart de ces Habitans sont des gens

*Arpent est un espace de terre de cent perches en quarré de 18 pieds de long.

gens libres qui ont passé de France ici avec quelque peu d'argent pour commencer leurs établissemens. D'autres qui après avoir quitté le metier de la guerre il y a trente ou quarante ans lorsque le Regiment de *Carignan* fut cassé, embrasserent celui de l'agriculture. Les terres ne couterent rien ni aux uns ni aux autres, non plus qu'aux Officiers de ces Troupes qui choisirent des terres incultes couvertes de bois ( car tout ce vaste continent n'est qu'une forêt. ) Les Gouverneurs Généraux leur donnerent des concessions, pour trois ou quatre lieuës de front & de la profondeur à discretion, en même temps ces Officiers accorderent à leurs Soldats autant de terrain qu'ils souhaiterent, moyennant un écu de fief par arpant. Aprés la reforme de ces Troupes on y envoya de France plusieurs Vaisseaux chargez de filles de moyenne vertu, sous la direction de quelque vielles Beguines qui les diviserent en trois Classes. Ces Vestales étoient pour ainsi dire entassées les unes sur les autres en trois differentes sales, où les époux choisissoient leurs époules de la maniere que le boucher va choisir les moutons au milieu d'un troupeau. Il y avoit dequoi, contenter les fantaiques dans la diversité des filles de ces trois Serrails, car on en voyoit de grandes, de petites, de blondes, de brunes, de grasses & de maigres; enfin chacun y trouvoit chaussure à son pied. Il n'en resta pas une au bout de 15. jours. On m'a dit que les plus grasses furent plûtôt enlevées que les

autres

autres, parce qu'on s'imaginoit qu'étant moins actives elles auroient plus de peine à quitter leur ménage, & qu'elles resisteroient mieux au grand froid de l'hiver, mais ce principe a trompé bien des gens. Quoiqu'il en soit on peut ici faire une remarque assez curieuse. C'est qu'en quelque partie du monde où l'on transporte les plus vicieuses Européanes, la populace d'outre mer croit à la bonne foi que leurs pêchez sont tellement effacez par le batême ridicule dont je vous ai parlé, qu'ensuite elle sont sensées filles de vertu, d'honneur, & de conduite irreprochable. Ceux qui vouloient se marier s'adresserent à ces directrices auxquelles ils étoient obligez de declarer leurs biens & leurs facultez, avant que de prendre dans une de ces Classes celles qu'ils trouvoient le plus à leur gré. Le mariage se concluoit sur le champ par la voye du Prêtre & du Notaire, & le lendemain le Gouverneur Général faisoit distribuer aux mariez un Bœuf, une Vache, un Cochon, une Truye, un Coc, une Poule, deux barils de chair salée, onze ecus avec certaines armes que les grecs appellent χερς. Les Officiers plus delicats que leurs Soldats s'accommodoient des filles des anciens Gentilshommes du païs ou de celles des plus riches Habitans, car il y a près de cent ans, comme vous sçavez, que les François possedent le *Canada*. Tout le monde y est bien logé & bien meublé, la plûpart des maisons sont de bois à deux étages; les cheminées sont extrêmement grandes car on y fait des feux prodigieux

digieux pour se garantir du froid qui est excessif depuis le mois de Décembre jusqu'en Avril. Le fleuve ne manque jamais d'être gelé durant ce temps-là, malgré le flux & le reflux de la mer, & la terre est aussi couverte de trois ou quatre pieds de nége, ce qui paroît surprenant pour un païs situé au 47. degré de latitude & quelques minutes. La plupart des gens l'attribuent à la quantité de montagnes dont ce vaste continent est couvert. Quoi qu'il en soit, les jours y sont en hiver plus longs qu'à Paris, ce qui me paroît extraordinaire. Ils sont si clairs & si serains qu'il ne paroît pas en trois semaines un nuage sur l'horison. Voilà tout ce que je puis vous aprendre jusqu'à present. J'espere d'aller à Quebec au premier jour, ayant ordre de me tenir prêt à m'embarquer dans quinze jours pour faire voile à *Monreal*, qui est la Ville du païs la plus avancée vers le haut du fleuve.

Je suis Monsieur vôtre &c.

À la Côte de Beaupré le 2. May. 1684.

## LETTRE III.

*Qui contient un assez ample description de Quebec & de l'Isle d'Orleans.*

# MONSIEUR,

La curiosité me porta vers l'*Isle d'Orleans*, avant que de m'aprocher de *Monreal*; Cette Isle à 7. lieües de longueur & trois de largeur; elle s'étent de la traverse du *Cap Tourmente* jusques à une lieüe & demi de *Quebec*, où ce fleuve se partage en deux branches. Le chenail du Sud, est celuy des Vaisseaux, car il ne sauroit passer que de petites barques par celui du Nord à cause des batures & des Rochers. Cette Isle apartient à un Fermier Général de France qui en retireroit mille écus de rente s'il la faisoit valoir lui-même. Elle est toute entourée d'habitations où il se recueille toutes sortes de grains. *Quebec* est la Ville capitale de la nouvelle France. Son circuit est à peu près d'une lieüe, sa latitude quarante sept dégrez & douze minutes, sa longitude en est incertaine, aussi bien que celle

de plusieurs autres païs, n'en déplaise à Messieurs les Geographes, qui content 1200. lieües de la Rochelle en cette Ville sans s'être donnez la peine d'en mesurer le chemin. Quoiqu'il en soit elle n'est que trop éloignée de France pour les Vaisseaux qui en viennent, car leur traverse dure ordinairement deux mois & demi, au lieu qu'en s'en retournant ils peuvent en trente ou quarante jours de navigation gagner aisément l'atterrage de *Bel-Isle*, qui est le plus seur & le plus ordinaire des Navires de long cours. La raison de ceci est que s'il fait cent jours de l'année des vens de la partie de l'Est; il en fait 260. de celle de l'Oüest. C'est une verité connuë de tous les Navigateurs.

Quebec est partagé en haute & basse Ville, les Marchands demeurent à la basse pour la commodité du port, le long duquel ils ont fait bâtir de très-belles maisons à trois étages d'une pierre aussi dure que le marbre. La haute Ville n'est pas moins belle ni moins peuplée. Le Château bâti sur le terrain le plus élevé, la commande de tous côtez. Les Gouverneurs Generaux qui font leur résidence ordinaire dans ce Fort y sont commodément logez, joüissant en même tems de la veüe la plus belle & la plus étenduë qui soit au monde. La Ville manque de deux choses essentielles, qui sont un quai & des fortifications, il seroit facile d'y faire l'un & l'autre, car les pierres se trouvent sur le lieu même. Elle est environnée de plusieurs sources d'eau vive la meilleure du monde, mais comme il ne s'y trouve personne

sonne qui entende assez bien l'Hydrostati-, que pour les conduire à quelques places où l'on pourroit élever des fonteines simples ou jaillissantes, chacun est obligé de boire de l'eau de puits. Les gens qui habitent au bord du Fleuve de la basse Ville ne ressentent pas la moitié tant de froid que ceux de la haute, outre qu'ils ont la commodité de faire transporter en bâteau jusque devant leurs maisons, le bled, le bois & les autres provisions necessaires. Si ceux de la haute sont exposez aux vents froids de l'hiver, ils ont aussi le plaisir de joüir du frais en Eté. Il y a un chemin assez large de l'une à l'autre, mais un peu escarpé, & des maisons à droit & à gauche. Le terrain de *Quebec* est fort inégal, & la cimetrie mal observée. L'Intendant demeure dans un fonds un peu éloigné sur le bord d'une petite Riviere, qui se joignant au Fleuve de S. Laurent renferme la Ville dans un angle droit. Il est logé dans le Palais où le Conseil Souverain s'assemble quatre fois la semaine. On voit à côté de grands Magazins de munitions de guerre & de bouche. Il y a six Eglises à la haute Ville ; la Cathedrale est composée d'un Evêque & de douze Chanoines qui sont de bons Prêtres, vivant en communauté comme des religieux, dans la Maison du Chapitre, dont la grandeur & l'Architecture sont surprenantes. Ces pauvres Prêtres qui se contentent du necessaire, ne se mêlent uniquement que des affaires de leur Eglise ; où le service se fait à l'usage de Rome. La seconde est celle des Jesuites située au centre de la Ville. Elle est belle, grande & bien éclairée. Le grand Autel est orné de 4. grandes colomnes Cilyndriques & massives d'un seul bloc, de certain porphire de Canada noir comme du Geai sans tâches & sans fils. Leur Maison est commode en toutes maniéres, car il y a beaucoup de logement. Ces Peres ont de beaux jardins, plusieurs allées d'arbres si touffus, qu'il semble en été qu'on soit dans une glaciere plûtôt que dans un bois. On peut dire aussi que la glace n'en est pas loin, car ils ne manquent jamais d'en conserver en deux ou trois endroits, pour avoir le plaisir de boire frais. Leur College est si petit qu'à peine ont-ils jamais eu cinquante Écoliers à la fois. La troisiéme est celle des Recolets, qui graces à Mr. le Comte de *Frontenac* ont obtenu du Roi la permission d'y construire une petite Chapelle (à laquelle je donne le nom d'Eglise,) malgré l'opposition de Monsieur de *Laval* nôtre Évêque, qui de concert avec les Jesuite fit tout ce qu'il pût il y a dix ans pour l'empêcher. Ils demeuroient avant ce tems-là dans une Hospice qu'il fit bâtir où quelques-uns de ces Peres se tiennent encore. La quatriéme est celle des Urselines qui a été brûlée & rébâtie deux ou trois fois de mieux en mieux. La cinquiéme est celle des Hospitalieres qui ont un soin très-particulier des malades, quoi que ces religieuses soient pauvres & mal logées.

Le Conseil souverain de *Canada* se tient
ici.

icy. Il est composé de douze Conseillers de *Capa y de Spada*, qui jugent souverainement & sans appel toutes sortes de Procés. L'Intendant s'attribuë le droit d'y presider, mais le Gouverneur General prend sa seance à la Salle de justice dans un endroit où se trouvant tous les deux face à face & les Juges à leurs côtez, il semble qu'ils y president également. Du tems que Monsieur de *Frontenac* étoit en Canada, il se moquoit de la prétenduë préseance des Intendans. Il traitoit les Membres de ce Parlement comme *Cromwel* ceux d'Angleterre. Chacun y plaide sa cause, car on ne voit ni Procureurs ni Avocats, ainsi les Procès sont bien-tôt finis, sans qu'il en coûte ny frais ny épices aux parties. Les juges qui ne reçoivent du Roy que quatre cent livres de pension par an sont dispensez de porter la robe & le bonnet. Outre ce tribunal il y a encore un Lieutenant General civil & criminel, un Procureur du Roi, un Grand Prevôt & un grand Maître des Eaux & Forêts. Les voitures dont on se sert pendant l'hiver à la Ville & à la Campagne sont des traineaux qui sont tirez par des chevaux qui semblent être insensibles au froid. J'en ai veu cinquante en Janvier & Février qui vivoient dans les bois & dans la nége presque jusqu'au poitral, sans s'approcher des Maisons de leurs Maîtres. L'on va d'ici à la Ville de *Monreal* durant l'hiver sur le Fleuve glacé, par le moyen des traineaux sur lesquels on fait quinze lieuës par jour. D'autres se servent

vent de deux gros dogues pour faire ce voyage, mais ils demeurent plus long-tems en chemin. Je vous parlerai des voitures d'été lorſque j'en ſerai mieux inſtruit, On me dit qu'on fait des voyages de mille lieuës avec des Canots d'écorce dont je vous ferai la deſcription quand je m'en ſerai ſervi. Les vents de la bande de l'Eſt regnent ordinairement ici le Primptems & l'Automne, & ceux de la partie de l'Oüeſt dominent l'hiver & l'été. Adieu, Monſieur, il eſt tems que je finiſſe ma lettre la matiére me manque. Tout ce que je puis vous dire c'eſt qu'après que je ſerai plus inſtruit du Commerce & du Gouvernement politique & Eccleſiaſtique de ce païs-là, je vous en donnerai des Memoires ſi exacts que vous aurez lieu d'en être content. Ce ſera ſans faute à la premiere occaſion, car nos troupes reviendront, ſelon toutes les apparences, au retour de la Campagne que nous allons faire avec Monſieur de la *Barre* dans le païs des *Iroquois*. Je m'embarquerai dans ſept ou huit jours pour aller à *Monreal*, cependant je m'en vais faire un tour, juſques aux Villages de *Scilleri* du *Sault de la Chaudiere* & de *Lorete* habitez par des *Abenakis* & des *Hurons*, & comme il n'y a que trois ou quatre lieuës d'ici, je ſerai de retour la ſemaine prochaine. Je ne puis vous informer ſitôt des mœurs de ces Peuples, il faut du tems pour les bien connoître. J'ay été cet hiver à la chaſſe avec trente ou quarante jeunes *Algonkins* bienfaits & très-agiles, expreſſément pour aprendre

leur

leur langue. On l'eſtime beaucoup en ce païs-cy, parce que toutes les Nations qui habitent à mille lieuës à la ronde (à la reſerve des *Iroquois* & des *Hurons*) l'entendent parfaitement, n'y ayant pas plus de difference de leur langage à celui-ci que du Portugais à l'Eſpagnol. J'en ai déja apris quelques mots avec aſſez de facilité, & comme ils ſe font un vrai plaiſir qu'on aprenne leur langue, ils ſe donnent toute ſorte de peine pour me l'enſeigner.

Je ſuis Monſieur vôtre &c.

À Quebec le 15. May. 1684.

## LETTRE VI.

*Qui contient une brieve description des Habitations sauvages des environs de Quebec. Du Fleuve S. Laurent jusqu'à Monreal. De la Pêche curieuse des Anguilles. De la Ville des trois Rivieres, de celles de Monreal, & la décente des Coureurs de bois.*

# MONSIEUR,

Avant mon départ de *Quebec* pour *Monreal* j'allai visiter les Villages d'alentour habitez par les sauvages. Celui de *Lorete* est composé de deux cens familles *Hurones* qui ont embrassé le Christianisme par les soins des Jesuites, quoi qu'avec beaucoup de scrupule. Ceux de *Silleri* & du *Saut de la Chaudiere* sont composez de trois cens familles d'*Abenakis* aussi Chrétiens, chez qui les Jesuites ont établi des Missions. Je fus de retour à *Quebec* assez-tôt pour m'embarquer sous la conduite d'un Patron qui auroit

mieux

mieux aimé voir un fret de Marchandise que de Soldats. Le vent de Nord-Est nous poussa en cinq ou six jours, jusqu'aux *trois Rivieres*, nom d'une petite Ville située à 30. lieües de celle-cy. On luy a donné ce nom à cause de trois Rivieres qui se déchargent à un demi quart de lieu de là, & qui pourtant n'en font qu'une, laquelle se partage en trois branches pour se décharger dans le Fleuve St. Laurent. Si nous eussions navigué la nuit nous y serions arrivez le deuxiéme jour, par le secours des marées, mais la quantité de rochers & de batures ne permettent pas qu'on navigue sur le Fleuve dans l'obscurité. Je n'étois pas fâché qu'on mouillât l'ancre tous les soirs; car l'obscurité ne m'empêcha pas de voir dans le cours de ces trente lieües un nombre infini d'habitations des deux côtez du Fleuve, qui ne sont éloignées les unes des autres au plus, que d'une portée de Mousquet. J'eus le plaisir de voir faire la Pêche des Anguilles par les Habitans qui sont établis depuis *Quebec* jusques à 15. lieües au dessus Ils étendent des clayes à marée basse jusques à l'endroit du Fleuve où la marée s'est retirée. Cet espace demeurant lors à sec, ces clayes barrent & traversent tout ce terrain desseché par la retraite de l'eau. Ils mettent entre ces clayes, de distance à autre des ruches, Paniers, Bouteux & bout de quiévres qui demeurent en cet état là trois mois de Printemps & deux d'Automne, sans qu'on soit obligé d'y toucher. Toutes les fois que la marée monte ce les Anguilles cherchant les bords du Fleuve & les fonds plats, se trainent en foule vers ces lieux là, & lorsque la marée se retire & qu'elles veulent garder le rivage, elles trouvent les claiyes qui les empêchant de suivre le courant les obligent à s'enfourner dans ces engins qui en sont quelque fois si remplis qu'ils en rompent. Quand la marée est toute basse on retire ces anguilles qui sont aussi grosses & aussi longues qu'il y en ait au monde. On les sales & on les met en barrique, où elles se conservent un an sans se corrompre. Elles sont merveilleuses en toutes sauces, & les Conseillers de *Quebec* seroient ravis que ces Pêches fussent tous les ans fort abondantes.

La Ville *des trois Rivieres* est une Bicoque située au 46. degré de latitude, elle n'est fortifiée ni de pieux ni de pierre; la Riviere d'où elle tire son nom prend sa source à cent lieües au Nord-Oüest de la plus grande Chaîne de montagnes qui soit dans l'Univers. Les *Algonkins* qui sont à present des sauvages errants sans demeure fixe, comme les *Arabes*, ne s'écartent guères des bords de cette Riviere, où ils font de bonnes chasses de Castors. Les *Iroquois* qui ont autrefois détruit les trois quarts de cette Nation de ce côté-là, ne s'exposent plus à y revenir depuis que les François ont peuplé les païs qui sont plus avant sur le Fleuve St. Laurent. J'ai dit que la Ville *des trois Rivieres* étoit petite à cause de son peu d'Habitans, qui d'ailleurs sont fort riches & logez magnifiquement. Le Roy y a établi

bli un Gouverneur qui mourroit de faim, si au deffaut de ses minces appointements il ne faisoit quelque Commerce de Castor avec les sauvages. Au reste il faut être de la nature du Chien pour y habiter, ou du moins se plaire à grater sa peau, car les puces y sont en plus grand nombre que les grains de sable. On m'a dit que les meilleurs Soldats du Païs étoient originaires de ce lieu là. A trois lieües plus haut nous entrâmes dans *le Lac S. Pierre* qui a six lieües de longeur. Nous le traversâmes avec assez de peine, ayant été obligez de mouiller & lever l'ancre à diverses reprises, à cause du calme. On m'a dit qu'il s'y déchargeoit trois ou quatre Rivieres fort poissoneuses, à l'embouchure desquelles je decouvris de très-belles Maisons avec mon telescope. Le vent d'Est s'étant élevé sur le soir, nous sortimes du Lac, & nous demeurâmes ensuite trois heures pour refouler le courant du Fleuve jusques à *Sorel*, quoique toutes nos voiles portassent à plein, & que nous n'eussions que deux petites lieües à faire jusques-là. *Sorel* est une Côte de quatre lieües de front. Il se décharge au pié de la Maison Seigneuriale une Riviere qui porte les eaux du Lac *Champlain* dans le Fleuve de Saint Laurent, après avoir formé une Cascade de deux lieües à *Chambly*. De là jusqu'ici nous employâmes trois journées de navigation, quoi qu'on n'y compte que dix-huit lieües, soit parce que le vent étoit foible, ou que le courant étoit fort. On ne voit que des Isles pendant le chemin, & le Fleuve est si garni
d'habi-

d'habitans des deux côtez d'ici à Quebec, qu'on peut dire avec juste raison que ce sont deux Villages de soixante lieües de longueur.

Cette Ville s'appelle *Ville Marie* ou *Montreal*. Elle est situé au 45. degrez de latitude, & quelques minutes, dans l'Isle du même nom, qui peut avoir 14. lieües de longueur & cinq de largeur. Messieurs du Seminaire de S. *Sulpice* de Paris en sont Seigneurs & propriaitaires. Ils ont la nomination du baillif & autres Officiers de Justice, & même autrefois ils avoient celle du Gouverneur. Cette petite Ville est ouverte sans aucune fortification de pieux ni de pierre. Il seroit aisé d'en faire un poste imprenable par l'avantage de sa situation, quoique son terrain soit égal & sablonneux. Le Fleuve de S. Laurent, qui passe au pied des Maisons d'une face de la Ville, ne permet pas aux petits Vaisseaux de passer outre. Ses courants leur en défendent la navigation plus avant ; car à un demi quart de lieüe de là, on ne voit que rapides, Cascades, bouillons, &c. Mr. *Perrot* qui en est Gouverneur, n'ayant que mille écus d'apointements, a trouvé le moyen d'en gagner cinquante mille en quelques années, par son grand Commerce de Pelleteries avec les Sauvages. Cette Ville a son Baillif qui ne tire pas grand avantage ni grand profit de sa Charge, non plus que ses Officiers : Il n'y a que les Marchands qui y trouvent leur compte, car les Sauvages des grands Lacs du *Canada*, descendent ici

ici presque tous les ans, avec une quantité prodigieuse de Castors qu'ils changent pour des armes, des chaudieres, des haches, des couteaux & mille autres Marchandises sur lesquelles on gagne jusques à deux cens pour cent. Les Gouverneurs Generaux s'y trouvent ordinairement dans ce temps-là pour partager le gâteau, & recevoir les presents de ces Peuples. Ce séjour me paroît assez agréable l'été, car on dit qu'il y pleut rarement en cette saison-là. Les Coureurs de bois portent d'ici tous les ans des Canots pleins de marchandises chez toutes les Nations Sauvages de ce Continent, d'où ils raportent de bons Castors. J'en vis revenir il y a sept ou huit jours 25. ou 30. chargez excessivement. Il n'y avoit que deux ou trois hommes pour conduire chaque Canot qui portoient 20. quintaux pesant, c'est-à-dire quarante paquets de Castors valant cent écus chacun. Ils avoient demeuré un an ou 18. mois en leur voyage. Vous seriez surpris de voir les débauches, les festins, les jeux & les dépenses que ces Coureurs de bois font tant en habits qu'en femmes, dès qu'ils sont arrivez. Ceux qui sont mariez se retirent sagement chez eux; mais ceux qui ne le sont pas, font comme les Matelots qui viennent des Indes, ou de faire des prise en course. Ils dissipent, mangent, boivent & joüent tout pendant que les Castors durent, & quand ils sont à bout, ils vendent dorures, dantelles & habits. Ensuite ils sont obligez à recommancer des

voya-

voyages, pour avoir lieu de subsister. Au reste, Messieurs de S. *Sulpice* ont le soin d'envoyer ici des Missionnaires de temps en temps, qui vivent sous la direction d'un Superieur fort honoré dans le païs. Ils sont logez dans une belle, grande & magnifique maison de pierre de taille. Leur Eglise ne l'est pas moins. Elle est bâtie sur le modele de celle de S. *Sulpice* de Paris, & l'Autel est particulierement *isolé*. Leurs Côtes ou Seigneuries au Sud de l'Isle produisent un bon revenu, car les habitations sont bonnes, & les Habitans riches en bled, betail, volaille & mille autres danrées qu'ils vendent ordinairement à la Ville; mais le Nord de l'Isle n'est pas encore peuplé. Ces Seigneures n'ont jamais voulu permettre que les Jesuites ni les Recolets y plantassent le piquet. On croit pourtant qu'à la fin ils seront obligez d'y consentir. J'ai veu à une lieüe d'ici, au pied d'une Montagne, un beau Village d'Iroquois Chrétiens, & dirigé par deux Prêtres de ce Seminaire. On m'a dit qu'il y en avoit encore un plus grand & plus peuplé de l'autre côté du Fleuve à deux lieües d'ici, sous la direction du Pere *Bruyas* Jesuite. J'espere partir d'ici au premier jour, c'est-à-dire aprés que Monsieur de la *Barre* aura reçû des nouvelles de France Il n'attend que l'arrivée du premier Vaisseau pour quitter *Quebec*. Je suis destiné à aller au Fort de *Frontenac* dans le Lac du même nom. Au retour de ma Campagne je pourai vous aprendre des choses qui vous

vous paroîtront aussi nouvelles qu'elles me seront peut-être desagreables, s'il en faut croire les gens qui ont déja fait la guerre aux Iroquois.

Je suis Monsieur vôtre &c.

À Monreal ce 14. Juin 1684.

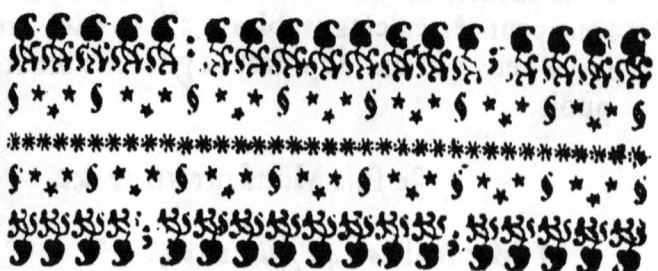

# LETTRE V.

*Qui contient une briéve description des peuples Iroquois, la guerre & la paix que les François ont fait avec eux, & comment, &c.*

# Monsieur,

Je vous écrivis il y a quatre jours. Je ne m'atendois pas d'avoir sitôt de vos nouvelles, & j'ai été surpris agréablement ce matin, lors qu'on m'a aporté le paquet que Mr vôtre frere m'adresse. Vous ne doutez pas que je n'aye apris avec beaucoup de plaisir ce qui s'est passé en Europe depuis mon départ ; Ce détail console dans un autre monde comme celui-ci. Vôtre narration est fort exacte, & je vous en suis sensiblement obligé. Vous me priez de vous faire une description des peuples Iroquois, & de vous mander au juste quelles gens ce sont, & comment ils se gouvernent. Je voudrois me sentir capable de vous satisfaire, car vous ne doutez point que

que je suis parfaitement difposé à vous obliger ; mais comme je dois partir après demain pour aller au Fort *Frontenac*, je n'aurai pas le tems de m'informer de bien des chofes, ni de confulter pour cela beaucoup de perfonnes qui ont fait plufieurs fois le voyage. Je vous dirai cependant ce que j'en ai pû aprendre durant l'hiver, par des gens qui ont demeuré vingt ans à leurs Villages : mais auffi-tôt que j'y ferai, je ne manquerai point de vous inftruire des chofes à mefure que je les connoîtrai par moi-même. En attendant contentez vous de ce qui fuit.

Ces Barbares compofent cinq Cantons, à peu près comme les Suiffes ; fous des noms différents, quoique de même Nation & liez de mêmes intérêts ; favoir les *Tfonontoüans*, les *Goyogoans*, les *Onnotagues*, les *Onoyouts* & les *Agniés*. Le langage eft prefque égal dans les cinq Villages éloignez de trente lieües les uns des autres, & fituez près de la Côte meridionale du Lac *Ontario* ou de *Frontenac*. Ils appellent ces cinq Villages les cinq Cabanes, qui tous les ans s'envoyent reciproquement des Deputez pour faire le feftin d'Union & fumer dans le grand Calumet des 5. Nations. Chaque Village contient environ quatorze mille ames, à favoir 1500. guerriers, 2000. vieillards, 4000. femmes, 2000. filles & 4000. enfans. Quoique plufieurs ne faffent monter ce nombre des Habitans de chaque Village, qu'à dix ou onze milles. Ces peuples font alliez des Anglois depuis longtemps, tems, & par le Commerce de Peleteries qu'ils font avec les gens de la nouvelle *York*, ils ont des armes, des munitions & tout ce qui leur est necessaire, à meilleur marché qu'ils ne l'auroient des François. Ils ne considerent ces deux Nations que par raport au besoin qu'ils ont de leurs marchandises ; quoi qu'elles leur coûtent bon ; car ils les payent quatre fois plus qu'elles ne valent. Ils se moquent des menaces de nos Rois & de nos Gouverneurs, ne connoissant en aucunes maniére le terme de dépendance ; ils ne peuvent pas même supporter ce terrible mot. Ils se regardent comme des Souverains qui ne relevent d'autre Maître que de Dieu seul qu'ils nomment le *Grand Esprit*. Ils nous ont presque toûjours fait la guerre depuis l'établissement des Colonies de *Canada*, jusqu'aux premieres années du Gouvernement de Mr. le *Comte de Frontenac*. Messieurs de *Couroelles* & de *Traci*, Gouverneurs Généraux firent quelques Campagnes l'hiver & l'été par le *Lac Champlain* contre les *Agniés*, avec peu de succez. On ne fit que brûler leurs Villages, & enlever quelques centaines d'enfans, d'où sont sortis les *Iroquois Chrétiens* dont je vous ai parlé. Il est vrai qu'on défit quatre vingt dix ou cent guerriers, mais il en couta bien des Membres & la vie même à plusieurs Canadiens & Soldats du Regiment de *Carignan*, qui ne s'étoient pas assez munis contre l'horrible froid qui regne dans le *Canada*. Mr. le *Comte de Frontenac* qui releva Mr. de *Courselle*, ayant connu les avantages que ces Barbares ont sur les Européens en ce qui regarde la guerre de ce païs-là, ne voulut pas faire à son tour des entreprises inutiles, & fort onereuses au Roy. Au contraire il travailla autant qu'il pût à les disposer à faire une paix sincere & durable. Il avoit en veüe trois choses judicieuses. La premiere étoit de rassurer la pluspart des Habitans François, qui étoient sur le point d'abandonner tout & de s'en retourner en *France*, si la guerre eût duré; la deuxiéme d'encourager par cette paix un nombre infini de gens à se marier & à défricher des terres, afin de peupler & d'augmenter les Colonies; la troisiéme de travailler à la découverte des Lacs & des Nations Sauvages qui habitent ces Côtes, afin d'y établir le Commerce, & en même temps les attirer dans nôtre parti, par de bonnes alliances, en cas de rupture avec ces *Iroquois*. Ces trois raisons l'engagerent principalement à envoyer en forme d'Ambassade quelques Canadiens à leurs Villages, ,, pour les assûrer que le Roy ayant été in- ,, formé qu'on leur faisoit la guerre sans ,, cause, l'avoit fait partir de *France* pour ,, faire la paix, & leur procurer en même ,, temps toutes sortes d'avantages touchant ,, le Commerce. Ils écouterent ces propositions avec plaisir; car le Roy *Charles* II. d'*Angleterre* avoit donné ordre à son Gouverneur de la *Nouvelle York* de leur faire entendre, que s'ils continuoient à faire la guerre aux François, ils étoient perdus,

& qu'ils se verroient accablez par des forces considerables qui devoient partir de *France*. Ils r'envoyerent ces Canadiens contents, à Monsieur de *Frontenac*, aprés leur avoir donné parole de se trouver au nombre de quatre cens, au lieu où est à present situé le Fort qui porte son nom, & où ils consentoient que ce Gouverneur parut, avec le même nombre de gens. Quelques mois aprés les uns & les autres s'y trouverent, & la paix se fit. Monsieur de la *Salle* fut trés-utile à ce Gouverneur par les bons Conseils qu'il lui donna, & que le temps ne me permet pas de vous raporter. Je suis obligé de mettre ordre à mes affaires. Je vous rendrai plus savant quand je le serai moi-même. Je suis jusqu'au retour de ma Campagne.

Vôtre &c.

A Monreal le 18. Juin 1684.

B 5      LET-

## LETTRE VI.

*Qui contient un ample description des voitures de Canada qui sont des Canots d'écorce de bouleau. Comment on les fait, & la manière dont on les navigue.*

MONSIEUR,

Je comptois de partir aujourd'hui; mais la quantité de grands Canots qu'on devoit amener ici ne s'y trouvant pas encore, le voyage est retardé de deux jours. Je profite de mon loisir pour vous faire une courte description de ses voitures fragiles; ce qui vous servira beaucoup à l'intelligence des courses de ce païs-ci. Je viens de voir plus de cent Canots, grands & petits; mais comme on ne peut se servir que des premiers pour des entreprises de guerre ou pour les grands voyages, je ne vous parlerai que de ceux-ci. Leur grandeur est pourtant différente, c'est-à-dire de dix pieds de longueur, jusques à vingt-huit. Les plus

plus petits ne contiennent que deux personnes. Ce sont des coffres à mort ; On
y est assis sur les talons ; Pour peu de mouvement que l'on se donne ou que l'on
penche plus d'un côté que de l'autre ils
renversent. Les plus grands peuvent contenir aisément quatorze hommes : mais
pour l'ordinaire quand on veut s'en servir
pour transporter des vivres ou des marchandises, trois hommes suffisent pour les
gouverner. Avec ce petit nombre de Canoteurs on peut transporter jusqu'à 20.
quintaux. Ceux-ci sont sûres & ne tour-
nent jamais quand ils sont d'écorce de
Bouleau, laquelle se leve ordinairement en
hiver avec de l'eau chaude. Les plus gros
arbres sont les meilleurs pour faire de
grands Canots ; quoique souvent une seule écorce ne suffise pas. Le fond est pourtant d'une seule pièce auquel les Sauvages sçavant coudre si artistement les bords
avec des racines, que le Canot paroît d'u-
ne seule écorce. Ils sont garnis ou de
clisses & de varangues d'un bois de cédre
presque aussi leger que le liège. Les clisses ont l'épaisseur d'un écu ; l'écorce, celle
de deux, & les varangues celle de trois.
Outre cela il regne à droit & à gauche d'un
bout du Canot à l'autre deux Maîtres ou
preceintes dans lesquels sont enchâssées les
pointes de varangues & où les huit barres
qui le lient & le traversent sont attachées.
Ces bâtiments ont 10. pouces de profondeur, c'est-à-dire des bords jusqu'au plat
des varangues ; ils ont 28. pieds de lon-

B 5          gueur

gueur & 4. & demi de largeur vers la barre du milieu. S'ils sont commodes par leur grande legereté & par le peu d'eau qu'ils tirent, il faut avoüer, qu'ils sont en récompense bien incommodes, par leur fragilité ; car pour peu qu'ils touchent ou chargent sur le caillou ou sur le sable, les crevasses de l'écorce s'entrouvrent, ensuite l'eau entre dedans, & mouille les vivres & les Marchandises. Chaque jour il y a quelque nouvelle crevasse ou quelque couture à gommer. Toutes les nuits on est obligé de le décharger à flot, & de les porter à terre, où on les attache à des piquets, de peur que le vent ne les emporte : car ils pesent si peu que deux hommes les portent à leur aise sur l'épaule, chacun par un bout. Cette seule facilité me fait juger qu'il n'y a point de meilleure voiture au monde pour naviguer dans les Riviéres du *Canada* qui sont remplies de Cascades, de Cataractes & de courans. Car on y est obligé ou de les transporter par terre le long de ces passages, ou de les traîner dans l'eau le long du rivage, quand la rapidité des Riviéres n'est pas violente & que la rive n'est point escarpée. Ces Canots ne valent rien du tout pour la navigation des Lacs, où les vagues les engloutiroient si l'on ne gagnoit terre lorsque le vent s'éleve. Cependant on fait des traverses de quatre ou cinq lieües d'une Isle à l'autre ; mais c'est toûjours en calme & à force de bras, car outre qu'on pourroit être facilement submergé, on risqueroit à perdre les vivres

& sur tout les Pelleteries qui sont la principale marchandise, pour peu qu'elles fussent mouillées. Il est vrai que ces Canots portent de petites voiles, mais il faut un temps à souhait pour s'en servir. Si le vent est un peu fort, quoi qu'en poupe, il est impossible d'en profiter sans s'exposer à faire naufrage. Il n'y a que les vents moderez qui soient propres pour ces sortes des voitures. Si l'on veut aller au Sud, il faut avoir un des huit rumbs de vent contenus du Nord-Oüest au Nord-est, pour mettre la voile; & pour peu que les autres vents soufflent (à moins qu'ils ne viennent de la terre qu'on côtoye) on est obligé de gagner le rivage au plus vîte, & de débarquer précipitamment le Canot avec toute sa charge, & d'attendre le calme. Voici la manœuvre qu'on y observe. Les Canoteurs agissent successivement à genoux, debout, & assis, voici comment. Ils sont à genoux lors qu'ils descendent les petits Cataractes ou les Cascades des Riviéres. Ils sont debout, lors qu'ils piquent de fonds avec des perches pour refouler les courans & les rapides, & ils sont assis dans les eaux dormantes. Les Rames dont ils se servent sont faites de bois d'érable de la manière que vous les voyez ici dépeintes. La pêle de la Rame a 20. pouces de longueur, 6. de largeur, & 4. lignes d'épaisseur. Le manche, qui est gros comme un œuf de pigeon, a trois pieds de longueur ou environ. Ils se servent de perches ou lates de pin pour refouler les courant les plus rapides, &

c'est

c'eſt-ce qu'on appelle piquer de fond. Ces bâtimens n'ont ni poupe ni proüe ; ils ſont également taillez en pointe devant & derriere ; ils n'ont ni quilles, ni clous, ni toulets. Celui qui les gouverne rame comme les autres ſans interruption. Ils coutent ordinairement 80 écus. Ils ne durent que cinq ou ſix ans. Celui dans lequel je m'embarque en à couté 90. Il eſt vrai qu'il eſt de franc Bouleau, & même des plus grands dont on ſe ſerve. On m'apprend aujourd'hui que Mr *de la Barre* leve des milices aux environs de *Quebec*, & que le Gouverneur de cette Iſle vient de recevoir ordre de faire tenir celles des Côtes circonvoiſines toutes prêtes à marcher.

Je ſuis Monſieur vôtre &c.

*A Monreal ce* 20. *Juin* 1684.

# LETTRE VII.

*Qui contient une ample description du Fleuve S.* Laurent *depuis le* Monreal *jusqu'au premier grand Lac de* Canada. *Les Sauts, les Cataractes & la navigation de ce Fleuve. Du Fort* Frontenac *& de son utilité. Entreprise de Mr. de la* Barre *Gouverneur General contre les* Iroquois. *Son accommodement, ses harangues & les réponces.*

MONSIEUR,

Me voici, graces à Dieu, de retour de la Campagne. Je vous en donne la rélation. Je m'embarquai ici deux ou trois jours après celui de la datte de ma derniere lettre, dans un Canot conduit par trois habiles Canadiens. Chaque Canot étant chargé de deux Soldats, nous vogâmes contre la rapidité du Fleuve jusqu'à trois
lieuës

lieuës de cette Ville, où nous trouvâmes le *Saut de S. Loüis*, petit Cataracte si violent qu'on fut contraint de se jetter dans l'eau jusqu'à la ceinture, pour trainer les Canots un demi quart de lieuë contre le courant. Nous nous rembarquâmes au dessus de ce passage, & après avoir vogué 12. lieuës ou environ, partie sur le Fleuve, partie sur le *Lac de S. Louis*, jusqu'au lieu appellé les *Cascades*, il falut debarquer & transporter nos Canots avec toute leur charge à un demi quart de lieuë de là. Il est vrai qu'on les auroit encore pû trainer en cet endroit avec un peu de peine, s'il ne se fut trouvé au dessus du Cataracte *du Trou*. Je m'étois imaginé que la seule difficulté de remonter le Fleuve ne consistoit qu'en la peine & l'embarras des portages, mais celle de refouler sans cesse les courans, soit en traitant les Canots ou en piquant de fonds, ne me parut pas moindre. Nous abordâmes à cinq ou six lieuës plus haut aux *Sauts des Cedres & du Buisson*, où l'on fut encore obligé de faire des portages de cinq cent pas. Nous entrâmes à quelques lieuës au dessus dans le *Lac S. François*, à qui l'on donne 20. lieuës de circonference, & l'ayant traversé nous trouvâmes des courants aussi forts que les précédents. Sur tout le *Long Saut* où l'on fit un portage d'une demi lieuë. Il ne nous restoit plus à franchir que le pas des *Galots*. Nous fumes obligez de trainer encore nos Canots contre la rapidité du Fleuve. Enfin après avoir essuyé bien des fatigues

à tous

à tous ces paſſages, nous arrivâmes au lieu nommé la *Galete*, d'où il ne reſtoit plus que vingt lieuës de navigation juſqu'au *Fort de Frontenac*. Ce fut en cet endroit que les Canoteurs quiterent leur perches pour ſe ſervir des *Rames*, l'eau étant enſuite preſque auſſi dormante que dans un Etang; L'incommodité des *Maringoüins*, que nous appellons en France des couſins, & qui ſe trouvent à ce qu'on dit en tous les païs de *Canada*, me ſemble la plus inſupportable du monde. Nous en avons trouvé des nuées qui ont penſé nous conſumer, & comme il n'y a que la fumée qui les puiſſe diſſiper, le reméde eſt pire que le mal. On fait des berceaux toutes les nuits pour s'en garantir. C'eſt-à-dire qu'on plante en terre de petites branches d'arbres en demi cercle, de diſtance à autre, élevées de deux pieds, après quoi on étend deſſous un petit matelas fort étroit, avec des draps & la couverture. Enſuite on couvre ce berceau (qu'on fait ſi long & ſi large qu'on veut) d'un grand linceul qui traînant à terre de tous côtez empêche ces inſectes d'entrer. Dés que nous fûmes debarquez au *Fort de Frontenac*, après vingt jours de navigation, Mr. *Duta* Commandant de nos troupes commança à viſiter les fortifications & les trois groſſes barques ancrées au port. Nous y fîmes des reparations conſiderables, & ces trois bâtimens furent radoublez & apareillez en fort peu de tems. Ce Fort quarré avoit de grandes courtines flanquées de ſix petits baſtions

tions ; ces flancs n'avoient que deux crenaux, & les murailles étoient si basses qu'on y auroit pû facilement grimper sans échelles. Le Sr. *de la Salle* ( à qui le Roi en avoit accordé la propriété comme à ses hoirs & ayant causé après la conclusion de la paix avec les *Iroquois* ) l'avoit tellement négligé, qu'au lieu d'en tirer le profit du Commerce il avoit été obligé d'y faire de la dépence. Ce Fort me paroît avantageusement situé pour trafiquer avec les cinq Nations Iroquoises. Car leurs Villages n'étant pas bien éloignez du Lac, il leur est plus facile d'y transporter leurs Pelleteries en Canot, que de les transporter à la *Nouvelle York* par terre. Je crois ce Fort insoutenable en temps de guerre, à cause des Cataractes & des grands courans dont je vous ai parlé, où je suis persuadé que cinquante Iroquois peuvent arrêter cinq cens François, sans autre arme que des cailloux. Imaginez vous, Monsieur, qu'en l'espace de vingt lieuës le long du Fleuve, la rapidité de ses eaux est si violente, qu'on n'oseroit éloigner le Canot de quatre pas du rivage. Or comme le *Canada* n'est qu'une forêt, comme je vous l'ai expliqué, il est impossible d'y voyager sans tomber d'embuscade en embuscade, & particulierement sur les bords de ce Fleuve, où les arbres épais n'en permettent point l'accez. Il faut être né Sauvage pour sauter de rocher en rocher, & pour courir dans les broussailles comme en rase Campagne. Si nous avions le même talent vous pourriez me répondre qu'en faisant marcher cinq ou six cens hommes par terre pour couvrir les Canots qui porteroient des vivres, il n'y auroit presque rien à craindre ; Il est vrai, mais aussi ils consumeroient plus de vivres que ces Canots n'en sçauroient porter avant que d'arriver à ce Fort ; outre que les Iroquois y seroient toûjours superieurs. Je ne vous dis rien de ce Fort ; Je vous en ferai la description lorsque je vous parlerai de la *Nouvelle France* en General. Les *Iroquois* des deux petits Villages nommez *Ganeousse* & *Quenté*, qui ne sont éloignez de ce poste que de sept ou huit lieuës, nous accablerent tous les jours de viandes de cerfs, de chevreuils, de poulets d'Inde aussi bien que de poisson, & cela pour des aiguilles, des couteaux, de la poudre & des bales que nous leurs donnâmes. Monsieur *de la Barre* qui nous joignit vers la fin d'Août y fut tellement incommodé, qu'au jugement de son medecin sa fiévre le devoit mettre au tombeau. La plûpart des gens de milice qu'il amena furent attaquez du même mal, & il n'y eût que nos trois Compagnies qui conserverent une pleine santé. Dans le frisson de ces fiévres intermittentes les mouvements convulsifs, les tremblemens & la frequence du pouls étoient si violents : que la plûpart des malades perissoient au deux, ou troisiéme accés : leur sang étoit brun, tirant sur le noir, mêlé d'une espéce de serosité jaunâtre, qui ressembloit assez à du pus. Cependant le medecin

de

de Mr. *de la Barre*, à mon avis auffi peu fa-
vant qu'Ipocrate, Galien & cent mille
autres fur la veritable caufe des fiévres,
voulant foutenir qu'il connoiffoit la caufe
de celles-ci, fingera de l'attribuer aux mau-
vaifes qualitez de l'air & des aliments. Il
prétendoit que la chaleur extraordinaire de
la faifon donnant un mouvement trop rapide aux vapeurs, l'air étoit trop rarefié
pour qu'on en reçût une quantité fuffifante,
& que le peu qu'on en recevoit, étoit chargé
d'infectes & de petits corps impurs qu'on
devoroit par la fatale neceffité de refpirer, ce
qui pouvoit caufer du defordre dans la nature. Il ajoutoit à cela que l'eau de vie
& les viandes falées aigriffant le fang, cette aigreur caufoit une efpéce de coagula-
tion du chile & du fang, lors qu'ils fe mêlent dans les veines, & que cette coagula-
tion l'épaiffiffoit & l'empêchoit de paffer
dans le cœur auffi vîte que de coûtume,
ce qui donnoit lieu à une fermentation extraordinaire qui n'eft autre chofe que la fiévre. Mais il me femble que fon fiftême eft un
peu Iroquois, car fur ce pied là perfonne
n'eût deu en être exempt; Cependant ni
nos Soldats, ni les plus adroits Canadiens
n'en furent point attaquez, mais feulement
les gens de milice, qui n'étant pas affez
habiles pour naviguer avec la perche en
* piquant de fonds, furent obligez de fe
jetter fans ceffe à l'eau pour trainer leurs
Canots dans les rapides continuels du Fleuve; Or comme ces eaux étoient naturellement froides, & les chaleurs tout à fait
excef-

*\* Piquer de fonds. Voyez ma derniere Lettre*

excessives, le sang pouvoit bien se glacer par antiperistale, & causer vrai semblablement des révolutions dans la nature qui produisirent les fiévres dont je parle, s'il est vrai comme on le dit, que *omnis repentina mutatio periculosa est*.

Dès que la santé de ce Général fut un peu rétablie, il s'embarqua pour continuer sa marche, quoique ce retardement de quinze ou vint jours à ce Fort, dans une saison si avancée, devoit lui faire connoître que son entreprise ne manqueroit pas d'échouër. Nous voguâmes tellement nuit & jour pour profiter des calmes, que en cinq ou six jours nous arrivâmes devant la Riviére de *la Famine*, où la crainte d'un orage nous obligea d'entrer incessamment. Il aprit là par un Canot, que Mr. Dulhut fit partir de *Missilimakinac*, que selon ses ordres il avoit engagé les *Hurons*, les *Outaouas*, & quelques autres peuples à se joindre à son Armée. Il amenoit de plus deux cens braves Coureurs de bois avec lui. Cette nouvelle eût extrémément rejouï Mr. *de la B rre*, s'il eut eu moins de malade. Cependant il étoit fort embarrassé dans une conjoncture si épineuse, car je suis persuadé qu'il se repentit plus d'une fois d'avoir fait une entreprise, dont il prevoyoit le méchant succés, & son dessein étoit d'autant plus dangereux que les *Iroquois* avoient alors tout lieu de fondre sur nous. Enfin après avoir murement examiné les suites, & consideré les obstacles, il renvoya le même Canot à Mr. *Dulhut*, pour lui faire savoir, en quelque endroit qu'on le trouvât,

vât, qu'il eût à renvoyer au plûtôt les Coureurs de bois & les Sauvages, avec la précaution de ne point s'approcher de ses Troupes. Heureusement Mr. *Dulhut* n'étoit pas encore à *Niagara* quand il reçût cet ordre, dont les Sauvages qui l'accompagnoient parurent si mécontens, qu'il n'y eut point d'injures qu'ils ne vomissent contre la Nation Françoise. Dès que Mr. *de la Barre* eut dépêché ce Canot, il fit partir Mr. *le Moine*, Gentilhomme Normand, très-consideré des *Iroquois* (qu'ils apellent *Akouessan*, c'est-à-dire la Perdrix) pour aller au Villages des *Onnontagues*, distant de dix-huit lieuës de la Rivière où nous étions campez. Il le conjura de faire son possible pour amener quelques anciens de cette Nation, à quoi celui-ci réüssit; car peu de jours après on le vit retourner avec un des plus considérables Chefs nommé la *Grangula*, suivi de trente jeûnes Guerriers. Dès qu'ils furent debarquez, Mr. *de la Barre* leur envoya du pain, du vin & des truites saumonées, dont la pêche étoit si abondante qu'on en prenoit jusqu'à cent d'un coup de filet. Il fit sçavoir en même tems à ce Chef, *qu'il se réjouissoit de son arrivée, & qu'il seroit bien-aise de lui parler après qu'il auroit pris quelques jours de repos.* Vous remarquerez qu'il avoit eu la precaution de renvoyer les malades à la Colonie, afin que les *Iroquois* n'en eussent point de connoissance; Mr. *le Moine* leur ayant fait entendre que le gros de l'Armée étoit demeuré au *Fort de Frontenac*, & que les gens de nôtre Camp n'étoient qu'une simple Escorte du Général. Mais

par

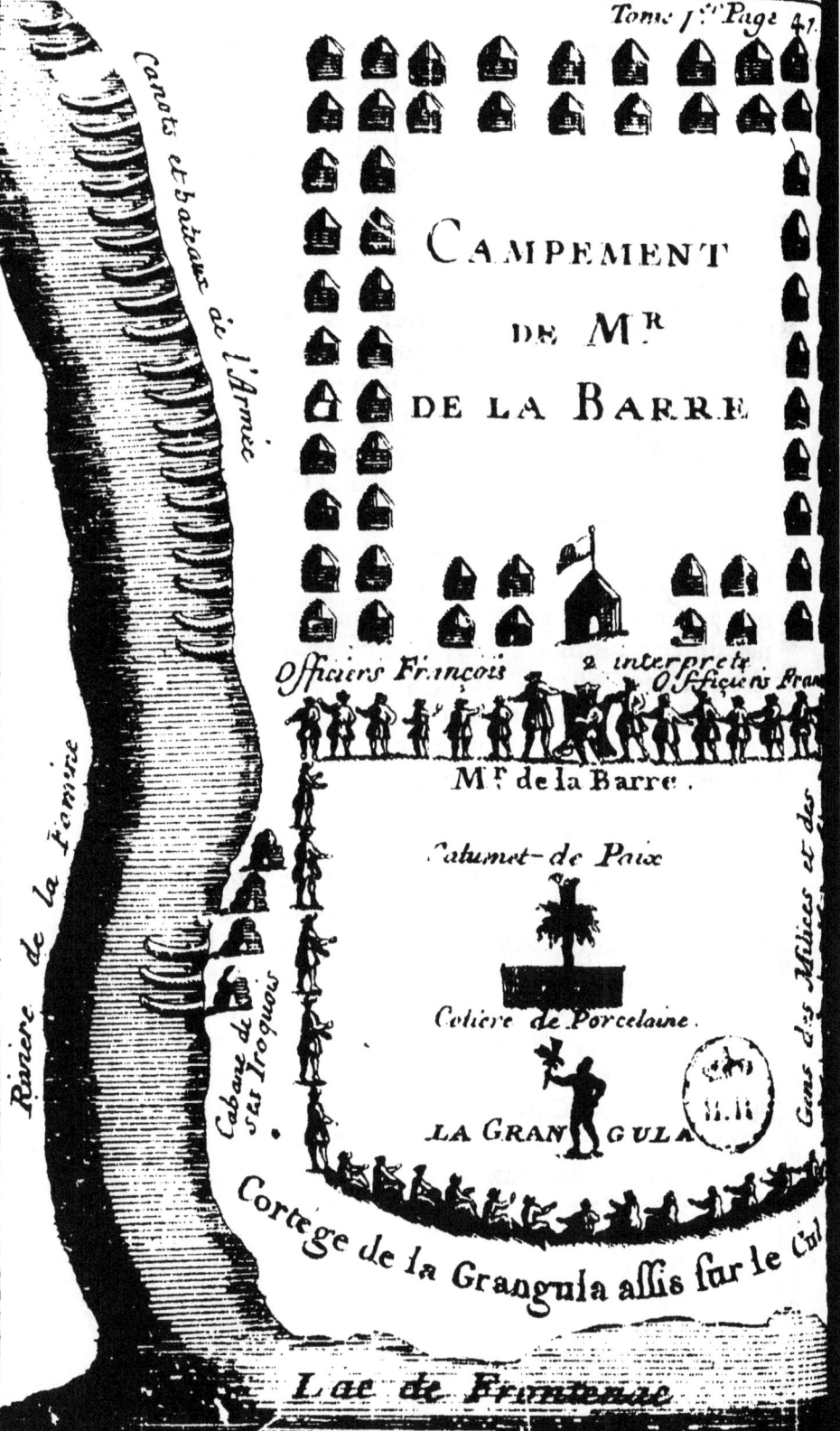

par malheur quelqu'un d'entr'eux, à qui la langue Françoise n'étoit pas tout-à-fait inconnuë, se glissant la nuit le long de nos tentes entendoient tout ce qui s'y disoit, & par cette finesse découvroient les mystères qu'on pretendoit leur cacher. Deux jours après leur arrivée, ce Chef fit dire à Mr. *de la Barre* qu'il étoit prêt à l'écouter, & à l'heure donnée, tout le monde se rangea & se plaça de la manière qu'il est ici designé.

La *Grangula* qui étoit assis à la manière Orientale à la tête des siens, la pipe à la bouche, ayant vis à-vis de lui le grand Ga'umet de Paix, prêta l'oreille avec beaucoup d'attention au discours suivant, prononcé par nos interprêtes; mais comme vous n'y sauriez presque rien comprendre sans l'explication de ce Calumet, dont il y est parlé, non plus que des Coliers, voici ce que c'est.

Le Calumet de paix est une grande pipe faite de certaines pierres ou marbre rouge, noir, ou blanc; Le tuyau a 4. ou 5. pied de long. Le corps du Calumet a huit pouces; la bouche où l'on met le tabac en a trois. Sa figure est à peu près comme celle d'un marteau d'armes. Les Calumets rouges sont les plus en vogue & les plus estimez. Les Sauvages s'en servent, pour les Négociations, pour les affaires politiques, & sur tout dans les voyages, pouvant aller par tout en seureté dès qu'on porte ce Calumet à la main; Il est garni de plumes jaunes, blanches & vertes, & il fait chez eux le même effet, que le pavillon d'amitié fait chez nous; car les

Sau-

Sauvages croiroient avoir fait un grand crime, & même attirer le malheur sur leurs Nations, s'ils avoient violé les droits de cette vénérable pipe. Les Coliers, sont certaines bandes de deux ou trois pieds de longueur & de six pouces de largeur garnis de petits grains de porcelaine, qui sont faits de certains coquillages qu'on trouve au bord de la mer entre la *Nouvelle York* & la *Virginie*. Ces grains sont ronds & gros comme de petits poids, & une fois plus longs qu'un grain de bled. Ils sont bleus ou blancs, percez en long comme les perles, & enfilez de la même manière, à des fils à côté les uns des autres. On ne sauroit faire aucune affaire, ni entrer en négociation avec les Sauvages de *Canada*, sans l'entremise de ces Coliers; qui servent de contracts & d'obligations parmi eux, l'usage de l'écriture leur étant inconnu. Ils gardent quelques fois un siecle ceux qu'ils ont reçû de leurs voisins; & comme chacun à la marque differente, on aprend des vieillards le temps & le lieu où ils ont été donnez, & ce qu'ils signifient, après lequel siecle ils s'en servent à de nouveaux traitez.

» Le Roi mon Maître informé que les
» cinq Nations Iroquoises contrevenoient
» depuis long-temps à la paix, m'a ordonné
» né de me transporter ici suivi d'une
» escorte, & d'envoyer *Akouessan* au Village
» ge des *Onnatagues*, pour engager les principaux
» cipaux Chefs à s'approcher de mon Camp.
» L'In-

,, L'intention de ce grand Monarque est
,, que nous fumions toi & moi ensemble
,, dans le grand *Calumet* de paix ; pourvû
,, que tu me promettes au nom des *Tson-*
,, *nontouans*, *Goyoguans*, *Onnotagues*, *On-*
,, *noyoutes* & *Agnies*, de donner un entiere
,, satisfaction & dédommagement à ses su-
,, jets, & de ne rien faire à l'avenir, qui
,, puisse causer une fâcheuse rupture.

,, Les *Tsonnontouans*, *Goyogouans*, *Onno-*
,, *tagues*, *Onnoyoutes* & *Agnies*, ont pillé,
,, ruiné & mal traité, tous les Coureurs
,, de bois, qui alloient en traitte chez les
,, *Ilinois*, chez les *Oumamis* & chez les au-
,, tres peuples enfans de mon Roi. Or com-
,, me ils ont agi en ces occasions contre les
,, traitez de la paix concluë avec mon Pré-
,, decesseur ; je suis chargé de leur en de-
,, mander réparation, & de leur signifier qu'en
,, cas de refus, ou de recidive à ces pilla-
,, ges, j'ai ordre exprès de leur déclarer la
,, guerre.

*Ce Colier affermit ma parole.*

,, Les guerriers des cinq Nations ont in-
,, troduit les *Anglois* dans les Lacs du Roi
,, mon Maître, & chez les Peuples ses en-
,, fans, pour détruire le Commerce de ses
,, sujets, & pour obliger ces Nations à se
,, soustraire de l'obéïssance qu'elles lui
,, doivent. Ils les y ont menez malgré les
,, défences du précédent Gouverneur de
,, *Nieu-Yorc*, qui prévoyoit les risques où
,, ils s'exposoient les uns & les autres. Je
,, veux bien oublier ces demarches, mais
,, si pareille chose arrive dorenavant,
,, j'ai

Affermit est la phrase Iroquoise au lieu de garantir.

*Tome I.*         C

» j'ai ordre exprès de vous déclarer la guer-
» re.

*Ce Colier affermit ma parole.*

» Ces mêmes guerriers ont fait plusieurs
» incursions Barbares, chez les *Hinois* &
» chez les *Oumamis*. Ils y ont massacré hom-
» mes, femmes & enfans, pris, lié, garroté &
» emmené un nombre infini de Sauvages
» de ces deux Nations qui se croyoient bien
» assurez dans leurs Villages au milieu de la
» paix. Ces Peuples qui ne sont enfans de
» mon Roi doivent cesser d'être vos escla-
» ves. Il faut leur rendre la liberté & les
» renvoyer au plus vîte dans leur païs, &
» si les cinq Nations refusent de le faire,
» j'ai ordre exprès de leur déclarer la guer-
» re.

*Ce Colier affermit ma parole.*

» Voilà ce que j'avois à dire à la *Gran-*
» *gula*, à qui je m'adresse pour raporter
» aux *Tsonnontouan*, *Goyogouans*, *Onnon-*
» *tagues*, *Onnoyotes* & *Agnies*, la déclaration
» que le Roi mon Maître m'a commandé
» de leur faire. Il ne voudroit pas qu'ils
» l'obligeassent d'envoyer une forte Armée
» au Fort de * *Cataracouy* pour entre-
» prendre une guerre qui leur seroit fata-
» le. Il seroit encore fâché que ce Fort,
» qui est un ouvrage de paix servit de pri-
» son à vos guerriers. Il faut empêcher de
» part & d'autre que ce malheur n'arrive. Les
» François qui sont frères & amis des cinq
» Nations, ne troubleront jamais leur re-
» pos, pourvû qu'elles donnent la satis-
» fac-

* Appel-
le Fort
Frontenac
par les
François.

„ faction que je leur demande, & que les
„ traitez de la paix soient desormais obser-
„ vez exactement. Je serois au desespoir
„ que mes paroles ne produsirent pas l'ef-
„ fet que j'en attend ; car je serois alors
„ obligé de me joindre au Gouverneur de
„ la *Nieu-York*, qui par l'ordre du Roi son
„ Maître m'aideroit à brûler les cinq Villa-
„ ges, & à vous détruire.

*Ce Colier affermit ma parole.*

Voilà, Monsieur, le contenu de la harangue de Mr. *de la Barre*.

Ma digression est finie : Je reprens le fil de ma rélation. L'Interprète de Mr. *de la Barre* ayant cessé de parler, la *Grangula* qui pendant ce discours ne regardoit que le bout de sa pipe, se leva, & après avoir fait cinq ou six tours dans le cercle composé de Sauvages & de François, il revint en sa place & se tint debout en parlant à ce Général, qui étoit dans son fauteuil. Ensuite le regardant fixement, il lui répondit en ces termes.

„ *Onnontio*, je t'honore ; tous les Guer-
„ riers qui m'acompagnent t'honorent aussi.
„ Ton Interprète a cessé ton discours, je
„ m'en va commencer le mien, ma voix court
„ à ton oreille, écoute mes paroles.
„ *Onnontio*, il faloit que tu creusses en par-
„ tant de *Quebec*, que l'ardeur du Soleil
„ eût embrazé les Forêts, qui rendent
„ nos païs inaccessibles aux François, ou
„ que le Lac les eut tellement inondez
„ que nos Cabanes se trouvant environnées
„ de

,, de ses eaux, il nous fût impossible d'en
,, sortir. Ouï *Onnontio*, il faut que tu l'ayes
,, creu, & que la curiosité de voir tant de
,, païs brûlez ou submergez t'ait porté jus-
,, qu'ici. T'en voila maintenant desabusé,
,, puisque moi & mes Guerriers venons ici
,, t'assurer que les *Tsonontouans*, *Goyogouans*,
,, *Onnontagues*, *Onneyoures* & *Agnies* n'ont
,, pas encore peri. Je te remercie en leur
,, nom, d'avoir raporté sur leurs Terres ce
,, Calumet de Paix que ton prédecesseur a
,, reçû de leurs mains. Je te felicite en mê-
,, me tems d'avoir laissé sous la terre la ha-
,, che meurtriere qui a rougi tant de fois du
,, sang de tes François. Ecoute, *Onnontio*,
,, je ne dors point, j'ai les yeux ouverts, &
,, le Soleil qui m'éclaire, me fait découvrir
,, un grand Capitaine à la tête d'une troupe
,, de Guerriers qui parle en sommeillant. Il
,, dit qu'il ne s'est aproché de ce Lac que
,, pour fumer dans le grand Calumet avec
,, les *Onnontagues*, mais la *Grangula* voit au
,, contraire que c'étoit pour leur casser la
,, tête, si tant de vras François ne s'étoient
,, affoiblis.

,, Je voi qu'*Onnontio* rêve dans un Camp
,, de malades, à qui le *grand Esprit* a sauvé
,, la vie par des infirmitez. Ecoute, *Onnontio*,
,, nos femmes avoient pris les Cassetétes, nos
,, enfans & nos vieillards, portoient l'arc & la
,, fléche à ton Camp, si nos Guerriers ne les
,, eussent retenus & desarmez lorsque ton Am-
,, bassadeur *Akouessan* parut à mon Village;
,, c'en est fait, j'ai parlé.

,, Ecoute, *Onnontio*, nous n'avons pillé
,, d'au

,, d'autres *François* que ceux qui portoient
,, des fufils, & de la poudre & des bales aux
,, *Oumamis* & aux *Ilinois* nos ennemis, par-
,, ce que ces armes nous auroient pû couter
,, la vie. Nous avons fait comme les Jefui-
,, tes, qui caffent tous les barrils d'eau de
,, vie qu'on porte dans nos Villages, de
,, peur que les yvrognes ne leur caffent la
,, tête ; nos Guerriers n'ont point de Caftors
,, pour payer toutes les armes qu'ils ont pil-
,, lez, & les pauvres vieillards ne craignent
,, point la guerre.

*Ce Colier contient ma parole.*

,, Nous avons introduit les *Anglois* dans
,, nos Lacs pour y trafiquer avec les *Ou-*
,, *tiouas* & les *Hurons*. De même que les
,, *Algonkins* ont conduit les *François* à nos
,, cinq Villages pour y faire un Commerce
,, que les *Anglois* difent leur apartnenir. Nous
,, fommes nez libres, nous ne dépendons
,, c d'*Onnontio* non plus que de b *Corlar*, il
,, nous eft permis d'aller où nous voulons,
,, d'y conduire qui bon nous femble, d'a-
,, cheter & vendre & à qui il nous plaît. Si tes
,, Alliez font tes efclaves ou tes enfans,
,, traite-les comme des efclaves, ou com-
,, me des enfans, ôte leur la liberté de ne
,, recevoir chez eux d'autres gens que les
,, tiens.

a Ils pre-
tendent que
les Lacs
leur apar-
tiennent.

b *Onnontio*
c'eft le Gou-
verneur
Général
de Canada.
c *Corlar*
c'eft le Gou-
verneur Gé-
néral de la
nouvelle
York.

*Ce Colier contient ma parole.*

,, Nous avons caffé la tête aux *Ilinois* &
,, aux *Oumamis*, parce qu'ils ont coupé les
,, Arbres de Paix qui fervoient de limites à
,, nos Frontiéres. Ils font venus faire de
,, grandes chaffes de Caftors fur nos terres,

,, ils

» ils en ont entiérement enlevé † & mâles &
» femelles, contre la coutume de tous les
» Sauvages. Ils ont attiré les *Chaouanons*
» dans leurs païs & dans leur parti. Ils leur
» ont donné des armes à feu, aprés avoir
» medité de mauvais desseins contre nous.
» Nous avons moins fait que les *Anglois* &
» les *François*, qui sans droit ont usurpé les
» terres qu'ils possedent sur plusieurs Na-
» tions qu'ils ont chassées de leurs païs pour
» bâtir Villes, des Villages & des Forte-
» resses.

† *C'est un crime capital parmi les Sauvages de détruire tous les Castors d'une Cabane.*

    *Ce Colier contient ma parole.*
» Ecoute, *Onnontio*, ma voix est celle
» des cinq *Cabanes Iroquoises*. Voilà ce qu'el-
» les te répondent. Ouvre encore l'oreille
» pour entendre ce qu'elles te font savoir.
» Les *Tsonontouans*, les *Goyogouans*, les
» *Onnontagues*, les *Onnoyoutes* & les *Agniés*
» disent, que quand ils * enterrerent la ha-
» che à *Cataracouy*, en presence de ton pré-
» decesseur, dans le centre du Fort, ils
» planterent au même lieu l'arbre de Paix
» pour y être soigneusement conservé,
» qu'au lieu d'une retraite de Guerriers, ce
» poste ne seroit plus qu'une retraite de
» Marchands : Qu'au lieu d'armes & de
» munitions qu'on y transportoit, il n'y au-
» roit que des Marchandises & des Castors
» qui pourroient y entrer. Ecoute, *Onnon-*
» *tio*, prens garde à l'avenir qu'un aussi
» grand nombre de Guerries que celui qui
» paroît ici, se trouvant enfermé dans un si
» petit Fort n'étouffe cet arbre. Ce seroit
» dommage qu'ayant si aisément pris raci-
                        » ne,

* *Chez eux enterrer la hache, c'est à dire faire la Paix. Et la deterrer, c'est faire la guerre.*

„ ne, on l'empêchât de croître & de couvrir
„ un jour de ses rameaux ton païs & le nôtre.
„ Je t'assure au nom des cinq Nations, que
„ nos Guerriers danseront sous ses feuilla-
„ ges la danse du Calumet : qu'ils † demeu-
„ reront tranquilles sur leurs nattes, & qu'ils
„ ne déterreront la hache pour couper l'ar-
„ bre de la Paix, que quand leurs freres On-
„ nontio & Corlar conjointement ou sépare-
„ ment se mettront en devoir d'attaquer les
„ païs dont le grand esprit a disposé en fa-
„ veur de nos ancêtres.

† *Demeurer sur la natte. Cette phrase signifie con-server la Paix.*

„ Ce Colier contient ma parole, & cet autre
„ le pouvoir que les cinq Nations m'ont donné.
Ensuite la *Grangula* s'adressant à Mr. le Moine, il lui dit.

„ *Akouessan* prens courage, tu as de l'es-
„ prit, parle, explique ma parole, n'ou-
„ blie rien, dis tout ce que tes freres & tes
„ amis annoncent à ton Chef *Onnontio* par
„ la voix de la *Gragula* qui t'honore, & t'in-
„ vite à recevoir ce present de Castors, & à
„ te trouver tout à l'heure à son festin.

„ Ces presens de Castors sont envoyez à
„ *Onnontio* de la part des cinq nations, la
„ *Grangula* finit ici.

Dès que l'*Iroquois* eut cessé de parler, Mr.
*le Moine* & les Jesuites qui étoient presens ex-
pliquerent la réponse à Mr. *de la Barre*, qui
rentrant dans sa tente, se mit à pester comme il faut, jusqu'à ce qu'on lui eût repre-
senté que *Iroca progenies nescit habere modos.*
Ce Sauvage regala plusieurs François, après
avoir dansé à l'Iroquoise le prélude du festin.

C 4

Au bout de deux jours ayant repris la route de son païs, suivi de ses Guerriers, nôtre Armée prit le parti de s'en retourner à *Monreal*. Dès que ce Général fut embarqué avec le peu de gens en santé qui lui restoient, tous les Canots se dispersèrent ; c'étoit à qui feroit le plus de diligence, car toutes ses Milices s'en allerent à la débandade. Il n'y eut que nos trois Compagnies qui ne se quitterent point, parce que nous étions tant Officiers que Soldats dans des bâteaux plats de planches de sapin, qu'on avoit construit expressément pour nos Troupes. J'aurois bien souhaité de descendre toutes les cheutes d'eau, les cascades & cataractes dans le même Canot où je les avois monté, car tout le monde nous menaçoit d'un naufrage infaillible à ces passages pleins de bouillons & de rochers, & où les Canots sautent à peine lors qu'ils sont chargez. On n'avoit jamais oüi dire qu'aucun Bâteau eût encore monté ni descendu ces dangereux précipices ; cependant il falut risquer le paquet, chacun étant fort embarassé de sa contenance ; & si nous n'eussions engagé plusieurs Canoteurs de sauter dans leurs Canots ces Cataractes à la tête de nos Bâteaux pour nous montrer le chemin ( après avoir dressez nos Soldats à ramer tantôt à droit, tantôt à gauche, & à scier quand l'occasion le requerroit ) nous aurions été tous engloutis par ces Montagnes d'eau. Imaginez-vous, Monsieur, que les courans vont presque aussi vîte qu'un boulet de canon, & qu'il faut éviter des rochers sur lesquels on seroit porté si on donnoit un

faux

faux coup d'aviron, car on descend en ziguezague pour suivre le fil de l'eau qui fait cinquante détours. Les Canots chargez perissent quelquefois en ces lieux-là; mais si ces risques sont grands, on a en recompense la satisfaction de faire bien du chemin en peu de tems, cela est si vrai que nous ne demeurâmes que deux jours en chemin de la *Galete* en cette Ville, quoique nous traversâmes les deux petits Lacs dont je vous ai parlé, où l'eau est presque dormante. Dès que nous eumes mis pied à terre, On nous aprit que Mr. *le Chevalier de Callieres* étoit venu relever Mr. *Perrot*, Gouverneur de cette Place. Celui-ci avoit eu plusieurs démêlez avec Messieurs *de Frontenac* & *de la Barre*, comme je vous l'expliquerai lors que j'en serai mieux informé. Tout le monde blâme nôtre Général d'avoir si mal réüssi. On dit hautement qu'il vouloit favoriser & couvrir la marche de plusieurs Canots pleins de Castors qu'il avoit fait trafiquer chez les Sauvages des Lacs. On mande à la Cour mille faussetez contre lui, les gens d'Eglise & de Robe le diffament par leurs Ecrits. Cependant tout ce qu'on lui impute est faux, car le bon homme ne pouvoit mieux faire. On vient de me dire presentement que Messieurs de *Hainaut*, *Montortier*, & *Durivau*, Capitaines de Vaisseaux, sont arrivez à *Quebec*, pour y passer l'hiver, & lui servir de Conseillers; que le dernier des trois a amené une Compagnie franche qu'il commande lui-même.

Je ne puis vous écrire jusqu'au printems

prochain, parce que les derniers Vaisseaux qui doivent repasser cette année en France sont prêts à faire voile.

Je suis Monsieur vôtre &c.

*A Monreal le 2. Novembre 1684.*

# LETTRE VIII.

*On travaille à fortifier le Monreal, le Zéle indiscret des Prêtres Seigneurs de cette Ville. Description de Chambli. De la descente des Sauvages des grands Lacs pour faire leur Commerce, & comment il se fait.*

MONSIEUR,

Je viens de recevoir de vos nouvelles par la voye d'un petit Vaisseau de Bordeaux chargé de Vin, qui est le seul qui soit encore arrivée cette année à *Quebec.* Vous me faites plaisir de m'aprendre que le Roi a accordé quatre Vaisseaux à Mr. *de la Salle* pour aller à la découverte de l'embouchure du *Missisipi.* J'admire vôtre curiosité de savoir à quoi j'ai passé mon tems depuis le commencement de cette année, & tout ce qui s'est fait ici.

Dès que Mr. *de Callieres* fut en possession de son Gouvernement, il ordonna à tous les habitans de cette Ville & des envirôns de couper & d'aporter de gros ▓▓▓x de quinze piez de longueur pour la fortifier. Ils y travaillerent avec tant de diligence durant l'hiver, qu'il ne reste plus qu'à les planter pour en faire l'enceinte, à quoi l'on est prêt d'employer cinq ou six cens hommes. J'ai été une partie de l'hiver à la chasse avec les *Algonkins* pour mieux aprendre leur langue; & j'ai passé le reste du tems ici bien desagréablement. On n'y sauroit faire aucune partie de plaisir, ni jouer, ni voir les Dames que le Curé n'en soit informé, & ne le prêche publiquement en Chaire. Son zéle indiscret va jusqu'à nommer les gens, & s'il refuse la Communion aux femmes des Nobles pour une simple fontange de couleur, jugez du reste. Vous ne sauriez croire à quel point s'étend l'autorité de ces Seigneurs Ecclesiastiques. J'avoüe qu'ils sont ridicules en leurs maniéres d'agir, ils excommunient tous les masques, & même ils accourent aux lieux où il s'en trouvent pour les demasquer & les accabler d'injures; ils veillent plus soigneusement à la conduite des filles & des femmes que les peres & les maris. Ils crient après les gens qui ne font pas leurs devotions tous les mois, obligeant à Pâques toutes sortes de personnes de porter des billets à leurs Confesseurs. Ils deffendent & font brûler tous les livres qui ne traitent pas de dévotion. Je ne puis songer à cette tirannie, sans pester contre le zéle indiscret du Curé de cette Ville. Ce cruel entrant chez mon hôte & trouvant des livres sur ma table, se jette à corps perdu sur le Roman d'avantures de *Petrone*,

que

que j'estimois plus que ma vie, parce qu'il n'étoit pas mutilé. Il en arracha presque tous les feuillets avec si peu de raison, que si mon hôte ne m'eut retenu lorsque je vis ce malheureux débris, j'eusse alors accouru chez ce turbulant Pasteur pour arracher aussi tous les poils de sa barbe. Ils ne se contentent pas d'étudier les actions des gens, ils veulent encore fouiller dans leurs pensées. Jugez, après cela, Monsieur, l'agrément qu'on peut avoir ici.

Les glaces du fleuve qui fondirent & se détacherent le 30. de Mars (car c'est ordinairement dans ce tems que le Soleil commence à reprendre vigueur) me donnerent occasion d'aller avec un petit détachement de Soldats à *Chambli* qui n'est éloigné de cette Ville que de cinq ou six lieuës. Ce poste est situé sur le bord d'un bassin de deux lieuës de circonference, où se décharge le *Lac Champlain* par une cascade d'une lieuë & demi de longueur, dont il se forme une Riviére qui se décharge à *Sorel* dans le fleuve de *S. Laurent*, comme je vous l'ai expliqué dans ma quatriéme lettre. On y faisoit autrefois beaucoup plus de Commerce de Castors qu'aujourd'hui, car les *Soccokis* les *Mahingans*, & les *Openangos* (qui se sont retirez chez les Anglois pour éviter la poursuite des *Iroquois*) y venoient en foule échanger leurs peleteries pour d'autres Marchandises. Le *Lac Champlain* qu'on trouve au dessous de cette Cascade est de 80. lieuës de circonference. Au bout de ce Lac on trouve celui du *S. Sacrement*, par lequel on peut aller facilement à

la

la nouvelle Yorck, en faisant un portage de deux lieuës jusqu'à la *Riviere du Fer*, qui se décharge dans celle de *Manathe*. Je vis passer secrétement dans le tems que j'étois à *Chambli* deux Canots François chargez de Castors, qu'on prétendoit y être envoyez par Mr. *de la Barre*. Ce Commerce clandestin est expressément deffendu, parce qu'on est obligé de porter ces peaux au bureau de la Compagnie, où elles sont taxées cent soixante pour cent moins que les Anglois ne les achettent à leurs Colonies. Le petit Fort qui est situé au pié du saut sur le bord du bassin de *Chambli*, n'étant que de simples palissades, ne sauroit empêcher que bien des gens n'entreprennent un voyages qui donne tant de profit. Les habitans qui demeurent aux environs, sont fort exposez aux courses des *Iroquois* en tems de guerre. Malgré cette foible Forteresse, j'y séjournai un mois & demi, ensuite je revins ici, où Mr. *de la Barre* arriva quelques jours après accompagné de Messieurs *de Henaut*, *Montortier* & *du Rivau*. Je vis débarquer presque en même tems vingt-cinq ou trente Canots de Coureurs de bois, chargez de Castors venant des grands Lacs. La charge de chacun étoit de quarante paquets. Chaque paquet pesant cinquante livres, & valant cinquante écus au bureau des Fermiers. Ils étoient suivis de cinquante Canots *Ontaouas* & *Hurons*, qui descendent presque tous les ans à la Colonie, pour y faire leur amplete à meilleur marché qu'en leur propre païs de *Missilimakinac*, situé sur le Rivage du *Lac des H...ons* à l'embouchure de celui des *Ilinois*. comment ce petit Commerce se fait.

Prémiérement ils se campent à cinq ou six cens pas de la Ville. Le jour de leur arrivée se passe tant à ranger leurs Canots & débarquer leurs Marchandises, qu'à dresser leurs tentes, lesquelles sont faites d'écorce de bouleau. Le lendemain ils font demander au Gouverneur Général une audience, qu'il leur accorde le même jour en place publique. Chaque Nation fait son cercle particulier, ensuite ces Sauvages étant assis par terre la pipe à la bouche, & le Gouverneur dans son fonteuil, l'Orateur de l'une de ces Nations se leve, & dit en forme de hangue, Que ses freres sont venus pour le
„ visiter, & renouveller en même tems avec
„ luy l'ancienne amitié ; que le principal
„ motif de leur voyage est celui de procu-
„ rer l'utilité des François, parmy lesquels
„ il s'en trouve qui n'ayant ni moyen de
„ trafiquer, ny même assez de force de
„ corps pour transporter des Marchandises
„ le long des Lacs, ne pourroient manier
„ de Castors, si les freres ne venoient eux-
„ mêmes faire le trafic dans les Colonies
„ Françoises ; qu'ils savent bien le plaisir
„ qu'ils font aux habitans du *Monreal*, par
„ raport au profit que ces mêmes habitans en
„ retirent ; que ces peaux étant estimées en
„ France, & au contraire les Marchandises
„ qu'on leur troque étant de petite valeur,
„ ils veulent témoigner aux François l'en-
„ vie qu'ils ont de les pourvoir de ce qu'ils
„ recher-

,, recherchent avec tant d'empressement;
,, Que pour avoir le moyen d'en aporter
,, d'avantage une autre année, ils sont ve-
,, nus prendre en échange des fusils, de la
,, poudres & des bales, pour s'en servir à
,, faire des chasses plus abondantes, ou à
,, tourmenter les *Iroquois*, en cas qu'ils se
,, mettent en devoir d'attaquer les habita-
,, tions Françoises; & qu'enfin pour assurer
,, leurs paroles, ils jettent un colier de por-
,, celaine avec une quantité de Castors au
,, *Kitchi Okima* dont ils demandent la pro-
,, tection, en cas qu'on les vole ou qu'on
,, les maltraite dans la Ville.

Le discours fini, l'Orateur reprend sa place & sa pipe, pendant que l'Interprête en explique le contenu au Gouverneur, qui leur répond ordinairement en termes civils, sur tout quand le don gratuit est un peu fort. Il leur fait de même un present de peu de chose, ensuite les Sauvages se levent, & s'en retournent à leurs Cabanes pour se préparer à faire l'échange.

Le jour suivant chaque Sauvage fait porter ses peaux par ses Esclaves chez les Marchands qui leur donnent à meilleur prix les hardes qu'ils demandent. Tous les habitans de cette Ville ont permission de faire ce Commerce, il n'y a que celuy du vin & d'eau de vie qui soit deffendu, parce que la plûpart de ces Sauvages ayant des Castors de reste, après avoir fait leur amplette, boivent excessivement, & tuent ensuite leurs Esclaves. Ils se querellent, se battent, se mangent le nez & se tueroient infailliblement,

si

si ceux qui deteſtent ces ſortes de breuvages ne les retenoient. Il faut que vous remarquiez qu'aucun d'eux ne veut manier de l'or ni de l'argent. C'eſt un plaiſir de les voir courir de boutique en boutique l'arc & la flèche à la main tout-à-fait nuds. Les femmes les plus ſcrupuleuſes portent leur évantail ſur les yeux, pour ne pas être effrayées à l'aſpect de ſi vilaines choſes ; mais ces droles qui connoiſſent auſſi-bien que nous les jolies Marchandes, ne manquent pas de leur offrir ce qu'elles daignent quelquefois accepter, quand elles voyent la marchandiſe de bon aloi. Il y en a plus d'une, s'il en faut croire l'hiſtoire du païs ; que la conſtance & le merite de pluſieurs Officiers ne ſauroient fléchir, pendant que ces vilains cupidons ont l'entrée libre chez elles. Je m'imagine que c'eſt moins *per in guſto, che per la curioſita*, car afin ils ne ſont ni galans ny capables d'attachement. Quoi qu'il en ſoit, l'occaſion dans un tel cas eſt d'autant plus pardonnable qu'elle eſt rare. Dès qu'ils ont fait leurs amplettes ils prenent congé des Gouverneurs, enſuite ils s'en retournent en leur païs par la Rivière des *Outaouas*. Au reſte ils firent beaucoup de bien aux pauvres & aux riches, car vous ſaurez que dans ce tems-là tout le monde devient Marchand.

Je ſuis Monſieur vôtre &c.

*A Monreal le* 28. *Juin* 1685.

## LETTRE IX.

*Qui contient un description du commerce de Monreal. Arrivée de Mr. le Marquis de Denonville avec des Troupes. Rapel de Mr. de la Barre. Description curieuse de certains Congez pour le Commerce des Castors, dans les païs lointains.*

# MONSIEUR,

Il y a trois semaines que j'ai reçû vôtre seconde lettre, mais je n'ai pû répondre aussi-tôt que je l'aurois souhaité, parce qu'il n'est point encore parti de Vaisseau pour France. Vous voudriez savoir, dites vous, en quoi consiste le Commerce de la Ville de Monreal, le voicy. Presque tous les Marchands qui sont établis en cette Ville-là ne travaillent que pour ceux de Quebec, dont ils sont Commissionnaires. Les barques qui transportent là les Marchandises séches, les vins, & les eaux de vies sont en très-

petit,

petit nombre, mais elles font plusieurs voyages
durant l'année de l'une de ces Villes à l'autre. Les habitans de *l'Isle de Monreal* & des
Côtes circonvoisines viennent faire leurs emplettes à la Ville deux fois l'an, achetant les
Marchandises cinquante pour cent plus qu'à
*Quebec*. Les Sauvages des environs, établis
ou vagabons, y portent des peaux de Castors,
d'Elan, de Caribou, de Renards & de Martres, en échange de fusils, de poudre, de
plomb & autres nécessitez de la vie. Tout le
monde y trafique avec liberté, & c'est la
meilleure profession du monde pour s'enrichir en très-peu de tems. Tous les Marchands s'entendent à merveilles pour vendre
leurs effets au même prix. Mais lorsque les
habitans du païs le trouvent exhorbitant,
ils encherissent leurs danrées à proportion.
Les Gentilshommes qui sont chargez d'enfans, & sur tout de filles sont obligez de
vivre d'économie, pour survenir aux dépenses des habits magnifiques dont on les voit
parées; car le faste & le luxe regnent autant
dans la nouvelle France que dans l'ancienne. Il faudroit, à mon avis, que le Roi fit
taxer les Marchandises à un prix raisonnable, & qu'il deffendit aux Négotians de ne
vendre ni brocards, ni franges, ni rubans
d'or & d'argent, non plus que des points &
des dantelles de haut prix.

Mr. le *Marquis* de *Denonville* est venu en
qualité de Gouverneur Général relever
Mr. *de la Barre* que le Roi rappelle, sur
les accusations que ces ennemis ont faites
contre lui. Etant sur les lieux vous savez

mieux

mieux que moi que Mr. de *Denonville* étoit Meſtre de Camp du Regiment de Dragons de la Reine, qu'il vendit à Meſſieurs *Mercey* quand le Roi lui donna ce Gouvernement, qu'il partit de France ſuivi de quelques Compagnies de Marine avec Madame ſon épouſe, & ſa famille, Madame ſa femme n'ayant point été effrayée par les riſques & par les incommoditez d'un ſi long & ſi penible voyage. Il eſt arrivé à *Monreal* après avoir ſéjourné quelques ſemaines à *Quebec* ; Il a amené cinq ou ſix cens hommes de Troupes réglées, & renvoyé Meſſieurs de *Hainaut*, *Montortier* & *Durivo* Capitaines de Vaiſſeaux & de Compagnie, avec pluſieurs autres Officiers. Ce Général a diſperſé les troupes en diverſes Côtes pour y paſſer l'hiver. Mon quartier s'appelle *Boucherville*. Il n'eſt éloigné de *Monreal* que de trois lieuës : J'y ſuis depuis quinze jours, & ſelon toutes les apparences, à la ſolitude près, je m'y trouverai mieux qu'à la Ville, car au moins il n'y aura que l'emportement zelé d'un ſimple Prêtre à eſſuyer en cas de Bal, de Jeu, & de Feſtin. On vient de me dire que le Général a donné les ordres pour achever de fortifier le *Monreal*, & qu'il doit s'embarquer inceſſamment pour retourner à *Quebec*, où les Gouverneurs Généraux paſſent ordinairement l'hiver. Les mêmes Sauvages dont je vous ai parlé dans ma derniere, ont rencontré des *Iroquois* ; ſur la grande Riviere des *Outaouas*, qui les ont avertis que les Anglois ſe préparoient à tranſporporter à leur Villages, situez à *Missilima-kinac*, de meilleures marchandises & à plus bas prix que celles des François. Cette nouvelle allarme également les Gentils-hommes, les Coureurs de bois & les Marchands qui perdroient en ce cas-là considerablement. Car il faut que vous sçachiez que le *Canada* ne subsiste que par le grand Commerce de Pelleteries, dont les trois quarts viennent des Peuples qui habitent aux environs des grands Lacs. Si ce malheur arrivoit tout le païs en souffriroit, par raport à la ruine totale de certains Congez dont il est à propos de vous donner l'explication.

Ces Congez, sont des permissions par écrit que les Gouverneurs Généraux accordent, par ordre du Roi aux pauvres Gentilshommes & aux vieux Officiers chargez d'enfans, afin qu'ils puissent envoyer des marchandises dans ces Lacs. Le nombre en est limité à vingt cinq par année, quoy qu'il y en ait d'avantage d'accordez, Dieu sçait comment. Il est défendu à toutes sortes de personnes, de quelque qualité & condition qu'elles puissent être, d'y aller ou d'y envoyer, sous peine de la vie, sans ces sortes de permissions. Chaque Congé s'étend jusqu'à la charge de deux grands Canots de marchandises. Quiconque obtient pour lui seul un congé ou un demi congé peut le faire valoir soi-même ou le vendre au plus offrant. Un congé vaut ordinairement six cens écus, & les marchands ont coutume de l'acheter. Ceux qui les obtiennent

nent n'ont aucune peine à trouver des Coureurs de bois pour entreprendre les longs voyages qu'ils sont obligez de faire s'ils veulent en retirer des profits considerables. Le terme ordinaire est d'une année & quelque fois plus. Les Marchands mettent 6. hommes dans les deux Canots stipulez dans ces congez ; avec mille écus de marchandises propres pour les Sauvages, qui sont taxées & comptées à ces Coureurs de bois à quinze pour cent plus qu'elles ne sont vendües argent comptant à la Colonie. Cette somme de mille écus raporte ordinairement au retour du voyage sept cens pour cent de profit, quelquefois plus, quelquefois moins ; parce qu'on écorche les Sauvages du bel air ; ainsi ces deux Canots qui ne portent que mille écus de marchandises trouvent après avoir fait la traite assez de Castors de ce provenu pour en charger quatre : Or quatre Canots peuvent porter 160. paquets de Castor, c'est à dire 40. chacun, chaque paquet valant cinquante écus ; ce qui fait en tout au retour du voyage la somme de huit mille écus. Voici comment on en fait la repartition. I. Le Marchand retire en Castors de ces huit mille écus de Peleteries, le payement du congé que j'ai fait monter à 600. écus: celui des marchandises qui va à 1000. Ensuite sur les 6400. de surplus il prend quarante pour cent pour la *bomerie.* * ce qui fait encore 2560. écus. Après quoi le reste en partagé entre les cinq Coureurs de bois qui n'ont asseurément pas volé les six cens écus,

* *Bomerie prêt à grosse avanture.*

ou à peu près, qui reste à chacun d'eux, car leur travail est inconcevable. Au reste vous remarquerez que le Marchand gagne, outre cela, vingt-cinq pour cent sur ces peaux des Castors, en les portant au Bureau des Fermiers Généraux où les prix des quatre sortes de Castor est fixé. Car s'il vendoit ces Peleteries à quelque autre Marchand du païs argent comptant, il ne seroit payé qu'en monnoye courante du païs qui vaut moins que les lettres de change du Directeur de ce Bureau pour la *Rochelle* ou pour *Paris* où elles sont payées en livres de France qui valent 20. sols; au lieu que la livre de Canada n'en vaut que 15. Il faut que vous preniez garde que c'est seulement sur les Castors, où l'on profite de 25. pour cent qu'on appelle ici de *Benefice*; car si l'on compte à quelque Marchand de *Quebec* 400. livres de *Canada* en argent, & qu'on porte la lettre de change en France, son correspondant n'en payera que trois cens de *France* qui est la même valeur. Vous n'aurez que cela de moi cette année ci qui nous a donné un commancement d'Automne assez froid. Les Vaisseaux de *Quebec* doivent en partir à la mi-Novembre selon la coûtume ordinaire.

Je suis Monsieur vôtre &c.

*A Boucherville le 2. Octobre 1685.*

L ET-

## LETTRE X.

*Qui contient l'arrivée de Mr. de Champigni à la place de Mr. de Meules rapellé en France. Il amene des Troupes. Description curieuse des Raquettes & des chasses des Orignaux, avec [une] description de ces animaux.*

# Monsieur,

Quoi que je n'aye pas encore receu [de] vos nouvelles cette année-cy, je ne laisserai pourtant pas de vous écrire. Il e[st] arrivé à *Quebec* quelques Vaisseaux d[e] France qui y ont porté Mr. de *Champign[i] Noroua* suivi de quelques Compagnies de Marine ; il vient prendre à la place de Mr. de *Meules* Intendant de *Canada*, que le Roi rapelle, sur les plaintes injustes qu'on a faites contre lui. On l'accuse d'avoir préféré son interêt particulier au bien public, mais c'est à tort, & il n'aura guére de peine à se justifier. Je veux croire qu'il a pû

11.ᵉ Raquettes

**BRAYER**
Est un morceau d'Etoffe de toutes couleurs qu'il passe à une ceinture de corde tant par le devant que par le derrière

gnaux ou Elans

faire quelque forte de Commerce couvert ; cependant il n'a fait de tort à perfonne, au contraire il a procuré du pain à mille pauvres gens qui feroient morts de faim fans fon fecours. Ce nouvel Intendant eft d'une des plus Illuftres Maifons de Robe qui foient en France. On dit qu'il eft très-honnête homme, & que Madame fon époufe eft une Dame d'un merite diftingué. il doit venir au premier jour à *Monreal* avec Mr. de *Denonville*, & ils y doivent faire le récenfement des Habitans de cette *Ifle* & des Côtes circonvoifines. C'eft aparemment pour faire quelque nouvelle tentative contre les *Iroquois* qu'on prend tant de précautions. Il ne s'eft rien paffé de nouveau à la Colonie l'hiver dernier. J'ai été durant tout ce temps-là à la chaffe des *Orignaux* avec les Sauvages, dont je vous ai dit plufieurs fois que j'aprenois le langage. Cette chaffe fe fait fur les néges ; avec des *Raquettes* telles que vous les voyez deffignées fur ce papier. Elles ont deux pieds & demi de longueur & quatorze pouces de largeur ; le tour de la Raquette eft de bois fort dur d'un pouce d'épaiffeur, qui retient les mailles de la manière que celles dont on fe fert pour joüer à la paume, à la referve que celles-ci font faites de cordes de boyau, & les autres de petits lacets de peaux de Cerfs ou d'Orignaux. Vous y voyez deux petites barres de bois qui les traverfent ; afin que les mailles tenant à plufieurs endroits foient plus roides & plus ftables. Le trou qui eft à l'endroit où vous découvrez ces deux courroyes, est le lieu où l'on met la pointe du pied, afin qu'étant bien attaché par ces ligatures qui font deux tours au dessus du talon, le pied soit fermé par le bout qui à chaque pas qu'on fait sur la nége s'enfonce en ce trou, lorsqu'on leve le talon. On marche bien plus vîte avec ces machines sur la nége qu'on ne feroit avec des souliers sur le chemin batu. Elles sont si necessaires qu'il seroit impossible, non seulement de chasser & d'aller dans les bois, mais même d'aller aux Eglises, pour peu qu'elles soient éloignées des habitations; car il y a ici ordinairement trois ou quatre pieds de nége pendant l'hyver. J'ai donc été obligé de marcher trente ou quarante lieües dans les bois pour faire la chasse de ces animaux, à laquelle j'ai trouvé que la peine du voyage tout au moins égale au plaisir. L'Orignal est un espéce d'Elan qui differe un peu de ceux qu'on voit en *Moscovie*. Il est grand comme un Mulet d'Auvergne, & de figure semblable, à la reserve du musle, de la queüe & d'un grand bois plat qui pese jusques à 300. livres, & même jusqu'à quatre cent, s'il en faut croire les gens qui en ont veu de ce poids-là. Cet animal cherche ordinairement les terres franchez. Le poil de l'Orignal est long & brun, sa peau, forte & dure, quoi que peu épaisse; & la viande délicate, sur tout des femelles dont le pied gauche de derriere guerit du mal caduc. *si credere fas est*. Il ne court ni ne bondit, mais son trot égale presque la course du Cerf. Les Saüvages assurent qu'il peut en Eté trotter trois jours & trois nuits sans se reposer. Ces sortes d'Animaux s'atroupent ordinairement à la fin de l'Automne, & la bande grossit au commencement du Printems lorsque les femelles sont en rut, ensuite ils se séparent. Voici comment nous fimes cette chasse. Premierement, nous allâmes jusqu'à quarante lieües au Nord du Fleuve *S. Laurens*, où nous trouvâmes un petit Lac de trois ou quatre lieües de circuit au bord duquel nous cabanâmes avec des écorces d'arbres, aprés avoir ôté la nége qui couvrit le terrain où nous fimes nos cabanes. Nous tuâmes, en chemin faisant, autant de liévres, & de gelinotes de bois que nous en pûmes manger. Dés que nous eumes cabané, quelques Sauvages allerent à la découverte des Orignaux, les uns vers le Nord & les autres vers le Midi, jusqu'à deux ou trois lieües du cabanage. Dés qu'ils avoient découvert des pistes fraiches, un d'eux se détachoit pour nous en donner avis, afin que toute la bande eût le plaisir de la chasse. Nous suivions quelque fois une lieüe ou deux ces mêmes pistes ; ensuite nous trouvions cinq, dix, quinze ou vingt Orignaux ensemble : qui conjointement ou séparément prenoient la fuite, & s'enfonçoient dans la nége, jusqu'au poitral. Si la nége étoit dure & condensée ou qu'il y eut quelque verglas au dessus causé par un temps humide suivi de gelée, nous les joignions

D 2         aprés

après un quart de lieü de pourſuite, mais ſi elle étoit molle ou fraîchement tombée, nous étions obligez de les pourſuivre trois ou quatre lieües ſans les attraper, à moins que les chiens ne les arrêtaſſent dans les endroits les plus couverts de néges. Lors qu'on les joint, on leur tire des coups de fuſil, quelques fois ils entrent en fureur & viennent à la charge ſur les Sauvages, qui ſe couvrent d'un arbre pour ſe garantir de leurs pieds, avec leſquels ils les foulent juſqu'à les écraſer. Dès qu'on les a tuez on fait de nouvelles cabanes ſur le lieu même, avec de grands feux au milieu, pendant que les eſclaves les écorchent & tendent les peaux à l'air. Un des Soldats qui m'accompagnoient me dit qu'il falloit avoir le ſang d'eau de vie, le corps d'airain & les yeux de verre pour reſiſter au grand froid qu'il faiſoit. Ce n'étoit pas ſans raiſon, car nous étions contraints de voir pendant la nuit du feu tout au tour de nous. Tant que la viande de ces Animaux peut ſervir de proviſion, l'on ne ſonge guére à s'écarter, mais quand elle eſt finie on fait une nouvelle découverte & la même boucherie. On fait cette chaſſe juſqu'à ce que les néges & les glaces ſe fondent. Dès que le grand dégel commence, il eſt impoſſible d'aller loin ; on ſe contente de tuer des Liévres, & des Perdrix qu'on trouve en grand nombre dans les bois. Dès que les Rivieres ſont libres on travaille à faire des Canots avec ces peaux d'Elans qu'on coût facilement les unes aux autres ensuite on couvre les coutures de terre grasse au lieu de goudron, & ce travail ne durant que trois ou quatre jours on se sert de ces Canots pour revenir aux habitations avec tout le bagage. Voilà, Monsieur, en quoi mon divertissement à consisté pendant trois mois que j'ai couru les bois. Au reste nous avons pris soixante six Orignaux, & nous en aurions pu massacrer deux fois autant, si nous eussions fait une chasse d'interêt, c'est-à-dire expressément pour les peaux. On les prend l'Eté de deux maniéres, quoi qu'avec bien de la peine, soit avec des lacets de corde qu'on pend entre deux arbres sur quelque passages qu'on a environné des broussailles, soit à coups de fusil par surprise en s'approchant d'eux par le dessous du vent, en rampant comme un serpent entre les arbres & les millis. On prend les Cerfs & les Caribous l'été & l'hiver de la même maniére que les Orignaux, à la reserve que le *Caribou* qui est une espéce d'Ane Sauvage, s'échape facilement par la largeur de ses pieds, lorsque la nége est un peu dure, au lieu que l'Orignal est alors presque aussi-tôt forcé que levé. Au reste j'ai pris un tel goût pour la chasse, que j'ai resolu de ne faire autre métier, pendant que j'en aurai le loisir : les mêmes Sauvages m'ont promis de me faire voir dans trois mois d'autres chasses moins penibles & plus agreables.

Je suis Monsieur vôtre &c.
*A Boucherville le 8. Juillet 1686.*

D 5        LIT-

## LETTRE XI.

*Qui contient une autre chasse curieuse de divers Animaux.*

# MONSIEUR,

Vous vous plaignez de n'avoir reçû l'an passé qu'une seule de mes lettres du 8. Juillet, en m'assûrant que vous m'en avez écrit deux, dont aucune ne m'a été renduë. J'en reçois une aujourd'hui qui me fait d'autant plus de plaisir que je vous croyois mort, & que vous continuez à me donner des marques de vôtre souvenir. Vous dites que ma relation vous a fait plaisir, je vois que vous prenez goût à la chasse curieuse des Orignaux, & que vous serez ravi d'aprendre celles que j'ai fait depuis ce temps-là. Cette curiosité est digne d'un aussi grand chasseur que vous, mais je ne sçaurois vous parler de celle des Castors dont vous seriez bien aise d'être informé, car je ne sçai pas encore la manière dont on les prend, si ce n'est par le recit qu'on m'en a fait.

Je partis au commencement de Septembre pour aller à la chasse en Canot sur quelques Rivieres, Etangs ou Marais qui se déchargent dans le *Lac de Champlain*. J'étois avec trente ou quarante Sauvages tréshabiles en ce métier, & qui connoissent parfaitement bien les lieux propres à prendre les Oiseaux de Riviere & les bêtes fauves. Nous commançâmes à nous poster sur le bord d'un marais de quatre ou cinq lieües de circuit, & après avoir dressé nos cabanes, ces Sauvages firent des huttes sur l'eau en différens endroits. Au reste ils ont des peaux d'Oyes, d'Outardes, & de Canards, sechées & remplies de foin attachées par les pieds avec deux clous sur un petit bout de planche legere, qu'ils laissent flotter aux environs de cette hutte de feuillages, où ils se renferment trois ou quatre, aprés avoir attaché leurs Canots. En cette posture ils attendent les *Oyes*, les *Canards*, les *Outardes*, les *Sarcelles*, & tant d'autres Oiseaux inconnus en Europe dont on voit ici des quantitez surprenantes. Ceux-ci voyant ces peaux remplies de paille la tête levée imitant si bien le naturel, viennent aussi-tôt se poser au même endroit, & les Sauvages alors tirent dessus, les uns sur l'eau, les autres à la volée; ensuite, ils se jettent dans leurs Canots pour les ramasser. Ils les prennent encore avec des filets qu'ils tendent à plat à l'entrée des Rivieres sur la superficie de l'eau. Nous nous lassames

D 4

au bout de quinze jours de ne manger que des Oiseaux de Riviere, nous voulumes faire la guerre aux *Tourterelles* dont le nombre est si grand en *Canada* que Mr. l'Evêque a été obligé de les excommunier plus d'une fois, par le dommage qu'elles faisoient aux biens de la terre. Nous nous embarquâmes pour aller à l'entrée d'une prairie où les arbres des environs étoient plus couverts de ces Oiseaux que de feuilles : car comme c'étoit justement le temps que ces Oiseaux se retirent des païs Septentrionaux, pour aller vers le Midi, il sembloit que ceux de toute la terre avoient choisi leur passage en ce lieu-là. Je croi que mille hommes auroient pû s'en rassasier sans peine durant dix-huit ou vingt jours que nous y sejournâmes. Vous remarquerez qu'il passoit un ruisseau par le milieu de cette prairie, tout le long duquel j'allois en compagnie de deux jeunes Sauvages tirer sur des *Becasses*, sur des *Ralles* & sur un certain Oiseau gros comme une Caille qu'on appelle *Bateur de Faux*, dont la chair est très-délicate. Nous y tuâmes quelques *Rats Musquex*, qui sont de petits Animaux gros comme des Lapins & faits comme des Rats, dont les peaux sont assez estimées, par le peu de difference qu'elles ont d'avec celles des Castors ; leurs testicules sentent si fort le musc qu'il n'y a point de civete ni de gazelle en *Asie* dont l'odeur soit si forte & si suave. On les voit soir & matin sur l'eau le né au vent ; c'est ainsi que ces petits Animaux se sont découverts

*par*

par les chasseurs, qui accourent vers le lieu où ils voyent que l'eau frise. Les *Pouteriaux*, qui sont de petites fouïnes amphibies, se prenent de la même maniere. Je vis encore de petites bêtes qu'on apelle *Sifleurs*, parce qu'ils sislent au bord de leur taniere pendant les beaux jours. Ils sont gros comme des Liévres, mais plus courts, la viande n'en vaut rien, mais la peau en est très-curieuse par sa rareté. Les Sauvages me donnerent le plaisir d'en ouïr sisler un par reprise une heure entiere; ensuite ils le tuerent d'un coup de fusil. J'étois si ravi de voir tant d'espéces d'Animaux differents qu'ils voulurent me donner le plaisir tout entier. Pour y réüssir ils chercherent avec soin des tanieres de *Carcajoux*, & après en avoir trouvé quelques-unes à deux ou trois lieües de nôtre marais, ils m'y conduisirent. Nous nous postâmes à la pointe du jour ventre à terre, aux environs de leurs trous; pendant que quelques esclaves tenoient les chiens à une portée du mousquet derriere. Dès que les Animaux commencerent à voir l'Aurore, ils en sortirent. Les Sauvages en même temps se jettant sur les tanieres les boucherent en apellant les chiens qui les joignirent sans peine. Nous n'en vîmes que deux, quoi qu'il en fut sorti plusieurs autres, ils se défendirent vigoureusement contre les chiens. Le combat dura plus d'une demi-heure, mais à la fin, ils furent étranglez. Ces Animaux sont à peu près faits comme des blereaux, mais plus gros & plus méchants. Si les chiens mou-

rurent

trerent leur courage en cette attaque, ils firent voir le lendemain leur poltronerie envers un *Porc-épi* que nous découvrîmes sur un arbrisseau que nous coupâmes, pour avoir le plaisir de voir tomber cet animal. Ces chiens n'oserent jamais en approcher, non plus que nous, se contentant de japer à l'entour. Ils n'avoient pas tout le tort, car il lance ses poids longs & durs comme des poinçons jusqu'à trois ou quatre pas de distance. A la fin on l'assomma, on le jetta sur le feu pour bruler tout ces petits dards, & lors qu'il fut pelé comme un cochon, on le vuida, ensuite on le fit rotir, mais quoi qu'il fut extrêmement gras, je ne le trouvai pas si bon ni si delicat que les gens du païs me l'avoient dit, en comparant cette viande aux Chapons, & aux Perdrix. Aprés que le grand passage des tourterelles eût cessé, les Sauvages me dirent que m'étant dégouté l'année précedente de la chasse des Orignaux par le grand froid que j'avois resenti, ils me donneroient de leurs gens pour me ramener en Canot aux habitations, avant que les Rivieres & les Lacs commençassent à se glacer ; mais qu'ayant encore plus d'un mois à demeurer avec ceux, avant la gelée, ils prétendoient me faire voir des chasses plus divertissantes que celles dont je vous parle. Ils me proposerent d'aller à 15. ou 16. lieuës plus avant dans le païs ; en m'assurant qu'ils connoissoient l'endroit du monde le mieux situé pour y trouver du plaisir & du profit, & qu'on y prenoit des loutres en

*quan-*

quantité, & qu'ils tâcheroient de faire un grand amas de leurs peaux. Nous détendîmes nos cabanes, après avoir embarqué nôtre bagage dans nos Canots, nous remontâmes contre le courant de la Riviere, jusques dans un petit Lac de deux lieües de circuit, au bout duquel il s'en trouve un autre plus grand, separez l'un de l'autre par un Istme de 150 pas. Nous cabanames à une lieüe de ce petit espace de terre ; & les Sauvages s'occuperent, les uns à pêcher des *Truites* & les autres à faire des piéges ou trapes pour prendre des Loutres sur les bords de ce Lac. Ces machines se font avec de petits piquets plantez en figure de quarré long qui forment une petite Chambre, dont la porte est soutenuë par un piquet, au millieu duquel est attachée une corde passée dans une petite fourche où la truite est bien liée. Lorsque la lontre vient à terre & qu'elle voit ces appas, elle entre plus de la moitié du corps dans cette cage fatale, pour avaller ce poisson : mais à peine y touche-t-elle que le piquet attiré par la petite corde qui tient l'apas, venant à tomber, la porte lourde & pesante chargée de bois, lui tombe sur les reins & l'écrase. Ces Sauvages en prirent plus de deux cens cinquante pendant le temps que nous séjournâmes en cet endroit là. Ces sortes de peaux sont incomparablement plus belles en *Canada* qu'en *Moscovie*, ni qu'en *Suéde*. Les meilleures, qui ne valent pas ici deux écus, se vendent quatre ou cinq en *France*, & même jusqu'à dix, lors qu'elles sont noires & bien fournies de poil. Dès qu'ils eurent fait ces trapes, ils en donnerent la direction à leurs esclaves qui ne manquoient pas tous les matins de faire le tour du Lac, pour les visiter & prendre ces amphibies. Ils me menerent ensuite à l'Istme que je viens de vous dire, où je fus fort étonné de voir une espéce de parc de pont d'arbres abatus les uns sur les autres entrelassez de broussailles & de branches, au bout duquel on trouvoit un quarré de pieux dont l'entrée étoit assez étroite. Ils me dirent qu'ils avoient accoutumé de faire en cet endroit là de grandes chasses de Cerfs, & qu'après qu'ils l'auroient un peu racommodé, ils m'en donneroient le divertissement. En effet ils me menerent à deux ou trois lieües de-là, par des chemins, à côté desquels je ne voyois que marais & étangs ; & après s'être separez, les uns d'un côté les autres de l'autre chacun avec son chien, je vis passer & courir quantité de *Cerfs* qui alloient & venoient, cherchant des passages pour se sauver. Le Sauvage avec qui je demeurai m'assura que nous étions les seuls qui ne seroient pas obligez de courir à toute jambe, parce qu'il s'étoit posté sur le chemin le plus droit & le plus court. Il se presenta plus de dix Cerfs devant nous, qui étoient obligez de reprousser chemin plûtôt que de se précipiter dans ces païs couverts de bourbe, d'où ils n'auroient jamais pû se retirer. Enfin après avoir marché à grands pas, & couru de temps en temps, nous arri-

Tom. y.er Pag. 85.

Sauvage tuant les Martres ou des Chats Sauvages

Sauvage tuant des Gelinotes de bois par la voix d'un Chien avec ses Flèches.

PARC

Cerfs renfermés dans un parc après avoir été pourfuivis par les Sauvages.

Renard qui se tue lui même par un fusil tendu et pointé sur un appas.

Sauvage tuant un Ours sur un Arbre

arrivâmes à nôtre Parc, aux environs duquel plusieurs Sauvages étoient couchez ventre à terre, pour fermer la porte du quarré de pieux lorsque les Cerfs y seroient entrez. Nous y en trouvâmes trente cinq, & si le Parc eût été mieux fermé nous en tenions plus de soixante; car les plus legers sauterent par dessus, au lieu d'entrer dans le reduit. Le carnage fut grand, quoi que les femmelles furent épargnées à cause qu'elles étoient pleines. Je leur demandai les langues & la moëlle de ces Animaux qu'il m'accorderent avec plaisir. La viande, quoi qu'extraordinairement grasse, n'étoit delicate, que vers le Côtes seulement. Ce ne fût pas la seule chasse que nous fimes, car deux jours après nous allâmes a celle des Ours; & comme ces peuples passent les trois quarts de la vie à chasser dans les bois, ils ont un talent merveilleux pour cet exercice là, particulierement celui de connoître les troncs d'arbres où ces Animaux se nichent. Je ne pouvois me lasser d'admirer cette science, lors qu'en marchant dans les forêts à cent pas les uns des autres, j'entendis un Sauvage qui crioit, voici un Ours; Je leur demandai à quoi il connoissoit qu'il y eut un Ours dans l'arbre, au pied duquel il donnoit des courps de hache, il me répondirent tous que cela étoit aussi facile à découvrir que la piste d'un Original sur la nége. Il ne se tromperent presque point en cinq ou six chasses que nous fimes, car après avoir donné quelque coups aux arbres où

ils

ils s'arrêtoient, l'Animal sortant de son trou se voyoit en même temps criblé de coups de fusil. Les Ours de *Canada* sont extrêmement noirs & peu dangereux, ils n'attaquent jamais, à moins qu'on ne tire dessus & qu'on ne les blesse. Ils sont si gras, particulierement dans l'Automne, qu'à peine ont-ils la force de marcher ; ceux que nous prîmes l'étoient extraordinairement, mais cette graisse n'est bonne qu'à brûler, au lieu que la viande, & sur tout les pieds, sont d'un goût exquis. Les Sauvages soutiennent, que c'est la chair plus délicate qu'on puisse manger. Pour moi j'avoüe qu'ils ont raison. Nous eûmes le plaisir en cherchant des *Ours* de voir des martres & des chats sauvages sur des branches, ausquels Animaux ils tirerent à la tête pour conserver la peau. Mais ce que je trouvai de plus plaisant fut la stupidité des *Gelinotes* de bois, qui étant perchées à troupes sur les arbres se laissoient tuer les unes après les autres à coups de fusil sans branler ; les Sauvages les abbattent ordinairement à coups de flêches ; ils disent qu'elles ne valent pas une charge de poudre qui peut arrêter un Orignal ou un Cerf. J'ai fait cette chasse pendant l'hiver autour des habitations, usant d'une sorte de chien qui les sentant du pied de l'arbre se met à japer ; alors je m'aprochois & regardant sur les branche j'y découvrois ces Oiseaux. Le dégel étant survenu, je fis une partie avec quelques Canadiens pour aller à deux ou trois lieuës avant dans le Lac expressément pour le seul plaisir de les voir battre des ailes. Je vous assûre que c'est la chose du monde la plus curieuse, car on entend de tous côtez un bruit à peu près comme celui d'un tambour qui dure une minute ou environ. On est ensuite un demi quart d'heure sans rien entendre, pendant qu'on s'aproche vers le lieu, d'où le bruit est venu, & ce même bruit recommançant on avance toûjours en s'arrétant de temps en temps, jusques à ce qu'enfin on découvre sur un arbre abatu pourri & couvert de mousse la malheureuse Gelinote, qui apelle son Mâle, en battant si fort les ailes l'une contre l'autre qu'on entend ce bourdonnement d'un demi quart de lieüe. Cela ne dure que les mois d'Avril, May, Septembre & Octobre. Il faut remarquer que c'est toûjours sur le même arbre qu'elles battent constamment sans changer, commançant le matin à la pointe du jour, & ne finissant qu'à neuf heures, & le soir une heure devant le coucher du soleil jusqu'à la nuit. Je vous avoüe que je me suis contenté de voir & d'admirer plusieurs fois ce bâtement d'ailes, sans vouloir tirer dessus. Enfin, Monsieur, outre le plaisir de tant de chasses differentes, j'ai encore eu celui de m'entretenir au milieu des bois avec les honnêtes gens des siécles passez : le bon homme *Homere*, l'aimable *Anacreon* & mon cher *Lucien* n'ont jamais voulu me quitter. *Aristote* mourroit d'envie de me suivre, mais mon Canot n'étant pas assez grand pour le contenir avec son équipage de Sillogismes

Peri-

Peripateciens, il fut contraint de retourner chez les Jesuites qui l'entretiennent fort genereusement. Je me défis de ce grand Philosophe avec beaucoup de raison ; car il n'auroit pas manqué defrayer mes Sauvages par son jargon ridicule & ses termes vuides de sens. Adieu, Monsieur, je suis au bout de mes chasses & de ma lettre ; je n'ai pas encore receu de nouvelles de *Quebec*, où l'on continüe à faire de grands preparatifs pour quelque entreprise considerable. Le temps nous aprendra bien des choses dont je vous informerai par la voye des derniers Vaisseaux, qui partiront de *Quebec* à la fin de l'Automne. Je finis par le compliment ordinaire de

Vôtre &c.

*A* Boucherville *ce* 18. *May*. 1687.

LET-

## LETTRE XII.

*Qui contient l'Arrivée de Mr. le Chevalier de Vaudreuil en Canada avec des Troupes. Les Troupes & les Milices sont à S. Helene prêtes à partir pour aller faire la guerre aux Iroquois.*

MONSIEUR,

J'ai tant de nouvelles à vous aprendre que je ne sçai par où commencer. Je viens de recevoir des lettres du Bureau de Monsieur de *Senelay*, qui m'aprennent que Monsieur de *Denonville* a ordre de me laisser passer un France pour y vaquer à mes affaires Domestiques. Il me dit hier qu'après la Campagne, il me seroit permis de faire ce voyage. Mes parens m'écrivent qu'ils ont eu bien de la peine d'obtenir ce congé, & qu'enfin le plûtôt que je pourrai me trouver à *Paris* sera le meilleur.

Ce Gouverneur est arrivé à *Monreal* il y a trois ou quatre jours, accompagné des Mi-

Milices de tout le païs qui sont campées avec nos Troupes dans cette Isle. Mr. d'*Amblemont*, qui est à *Quebec* depuis un mois avec cinq ou six gros Vaisseaux du second rang, ne fût que vingt-huit jours en chemin de la *Rochelle* jusques-là. Son Esquadre a transporté dix ou douze Compagnies de Marine, qui doivent garder la Colonie, pendant la Campagne que nous allons faire aux païs des *Iroquois*: Mr. de *Denonville* envoya l'an passé, à ce qu'on dit, plusieurs Canadiens connus & considerez des peuples Sauvages nos Alliez qui habitent sur les bords des Lacs & aux environs, pour les engager à seconder le dessein qu'il a d'aneantir les Iroquois. Il a fait remplir durant l'hiver les Magazins de munitions de guerre de bouche, & il a renvoyé quantité de Canots chargez de vivres au *Fort de Frontenac*, faisant construire une infinité de bateaux, tels que ceux dont je vous ay parlé dans ma quatriême lettre, pour l'embarquement de 20. Compagnies de Marine. Les Milices qui sont campées en cette Isle avec ces Troupes composent quinze cens hommes, & les Sauvages Chrétiens des environs de *Quebec* & de *l'Isle de Monreal* y sont au nombre de cinq cens. Monsieur le Chevalier *Vaudreuil* qui vient de France pour commander nos Troupes, veut être aussi de la partie malgré les fatigues de la Mer qu'il a essuyées durant la traverse. Le Gouverneur de *Monreal* en est aussi. Mr. de *Champigni*, Intendant du Païs, est parti depuis deux jours pour aller au

Fort

Fort de *Frontenac*. Mr. *de Denonville* doit partir après demain à la tête de sa petite Armée, accompagné d'un vieux *Iroquois*, le plus recommandable & le plus estimé des cinq villages ; l'histoire & le sort de ce Sauvage sont trop longs pour les écrire. Tout le monde augure aussi mal de cette entreprise que de celle de Mr. *de la Barre* : si cela est le Roi dépense bien mal son argent. Pour moi je juge par les réfléxions que j'ay fait sur la tentative que nous fîmes il y a trois ans, qu'il est impossible que celle-ci réüssise. Le tems nous en aprendra les suites, peut-être qu'on se repentira, mais trop tard, d'avoir écouté les avis de quelques perturbateurs du repos public, qui cherchent leur utilité particuliére dans le desordre général. Nous ne saurions détruire les *Iroquois* par nous-mêmes, je pose cela comme incontestable. Quelle nécessité de les troubler, puis qu'ils ne nous en donnent aucun sujet ? Je ne sai ce qui en arrivera ; quoi qu'il en soit, je ne manquerai pas au retour de ce voyage, de vous en envoyer la rélation, à moins que je ne vous l'aporte moi-même, en m'embarquant pour la *Rochelle*. Cependant croyez moi toûjours,

Monsieur vôtre &c.

*A l'Isle S. Helene vis-à-vis du Monreal le 8. Juin 1687.*

## LETTRE XIII.

*Qui contient une description desavantageu-se de la Campagne faite aux Païs des Iroquois. Embuscade. Ordre à l'Auteur de partir pour les grands Lacs avec un détachement de Troupes.*

MONSIEUR,

Il en est aujourd'hui comme de tout tems; l'évenement ne répond pas toûjours au projet; tel s'imagine d'aller au but qui lui tourne le dos. C'est de moi que je parle, car au lieu de passer en France comme je vous l'écrivis il y a deux mois, il faut que j'aille au bout du monde, comme vous le verrez à la fin du recit de nôtre expédition.

Nous partîmes de l'*Isle S. Helene* à peu près le tems que je vous le mandai. Mr. *de Champigni* qui prit le devant de l'Armée, arriva bien escorté au Fort de *Frontenac* en Canot huit ou dix jours avant nous. Dès qu'il fut debarqué, il envoya deux ou trois

cens

gens-Canadiens pour surprendre les Villages de *Kente* & de *Ganeoussé*, situez à sept ou huit lieües de ce Fort, & habitez par certains *Iroquois* qui ne meritoient rien moins que le traitement qu'on leur fit. On n'eut encore peine à les enlever, car ils se virent bloquez, pris & liez à la pointe du soir, lors qu'ils y songeoient le moins. On les amena au Fort de *Frontenac*, au milieu duquel on les attacha de file à des piquets par le cou, par les mains & par les piez. Nous arrivâmes à ce poste le 1. de Juillet, aprés avoir franchi les mêmes sauts, cataractes, rapides & courants, dont je vous ai fait la description dans la relation de l'entreprise de Mr. *de la Barre*. Il est vrai que nous eûmes double peine & double embarras, cette derniére fois, parce que ne pouvant faire le portage de nos pesants bâteaux, comme nous avions fait alors celui des Canots, nous fûmes obligez de les haler à force d'hommes & d'amarres en ces impraticables passages. Dès que nous fûmes débarquez j'entrai dans le Fort où je vis ces pauvres gens dans la posture que je viens de vous dire. Cette tirannie me fit fremir de compassion & d'horreur. Ces infortunez chantoient jour & nuit (à la maniére des Peuples de *Canada*, lors qu'ils tombent entre les mains de leurs ennemis.) Ils disoient qu'on les trahissoit sans raison, qu'on
„ leur rendoit le mal pour le bien, que
„ pour les recompenser du soin qu'ils a-
„ voient toûjours eu depuis la paix, de pour-
„ voir ce Fort de poissons & de bêtes fauves
„ pour la subsistance de la garnison, on les
„ lioit

» lioit & les attachoit à des piquets, de telle
» manière qu'ils ne pouvoient ni dormir ni
» se deffendre des moucherons. Qu'en re-
» connoissance du Commerce de Castors
» & d'autres péléteries qu'ils avoient pro-
» curé aux Fançois, on les faisoit escla-
» ves, après avoir égorgé leurs peres & leurs
» vieillards en leur presence. Sont-ce-là ces
» François, disoient-ils, dont les Jesuites
» nous ont tant prêché la bonne foi, non, la
» mort n'étoit rien pour nous, quelque
» cruelle qu'elle eût été, en comparaison
» du spectacle odieux du sang de nos peres
» qu'on a cruellement répandu devant nos
» yeux. Les cinq Villages nous vangeront
» & conserveront à jamais un juste ressenti-
» ment de la tirannie qu'on exerce sur nous.
Je m'aprochai d'un de ces malheureux, âgé
de cinquante-cinq ans ou environ, qui m'a-
voit souvent régalé dans sa Cabane auprès
du Fort, pendant les six semaines de service
que j'y fis l'année de l'entreprise de Mr. de la
Barre. Et comme il entendoit l'*Algonkin*, je
lui dis que j'étois touché d'une véritable
douleur de le voir dans cette affreuse situation, que je lui ferois porter deux fois le
jour à boire & à manger, & qu'ensuite je
lui donnerois des lettres pour mes amis de
*Monreal*, afin qu'ils le traitassent avec moins
de dureté que ses camarades. Il me répondit qu'il voyoit & connoissoit, parfaitement
bien l'horreur que la plûpart des François té-
moignoient avoir de la cruauté qu'on exer-
çoit envers eux; & qu'il ne vouloit recevoir
de nourriture ni de traitement plus doux
que

que ses camarades. Il me raconta la manière dont on les avoit surpris, & comment on avoit massacré leurs ayeuls. Je ne croi pas qu'on puisse être pénétré d'une douleur plus vive qu'étoit la sienne, en me rapellant tous les services qu'on avoit rendu pendant sa vie aux François. Enfin après avoir jetté bien des sanglots & des soupirs, il baissa la tête & se teut: *Quæqua potest narrat, restabant ultima, flevit.* Ce ne fut pas la seule peine que je ressentis à la vûë de ces pauvres innocens. Celle de leur voir brûler les doits à petit feu dans des pipes allumées par quelques jeunes Sauvages de nôtre parti, me poussa tellement à bout, que je pensai les rouër de coups de bâton: j'en fus quitte pour une mercuriale, & pour quatre ou cinq jour d'arrêt dans ma tente, où je me repentis de n'avoir pas doublé la doze. On eut toute les peines imaginables d'étouffer le ressentiment de ces Sauvages qui coururent aussitôt à leur Cabanes, où ils prirent leur fusils pour me tuër. L'affaire étoit si délicate qu'ils alloient tous nous quitter, si on ne les eut asseurez que j'étois ivre * qu'on avoit défendu à tous les François de me donner ni vin ni eau de vie; & qu'on me mettroit en prison au retour du voyage. Cependant on emmena ces pauvres gens à Quebec, d'où on les doit transférer aux Galéres de France. Le Sieur *de la Forest* Officier de Mr. *de la Salle*, arriva à ce Fort dans un grand Canot conduit par huit ou dix Coureurs de bois. Il aprit à Mr. *de Denonville* qu'un parti d'*Ilinois* & d'*Oumamis* avoient

* Etre ivre chez les Sauvages est un sujet à tout pardonner, on n'y chérie jamais la bouteille.

avoient attendu les *Hurons* & les *Outaouas* au Lac de *S. Claire* pour se joindre à eux, & s'approcher ensuite jusques à la Riviére des *Tsonontouans*, où l'on avoit marqué le rendez vous général. Il lui dit aussi que Mr. *de la Durantais* avoit pris dans le *Lac Huron* près de *Missilimakinac*, par le secours des Sauvages amis, une troupe d'*Anglois* conduite par quelques *Iroquois*, qui transportoit pour cinquante mille écus de Marchandises dans leurs Canots pour trafiquer avec les Nations des Lacs . . . . . que Mr. *Dulhut* avoit aussi pris une autre troupe de la même Nation par le secours des Coureurs de bois & Sauvages qui l'accompagnoient, lesquels avoient partagé une capture des Marchandises que ces *Anglois* & *Iroquois* transportoit à *Missilimakinac* ; qu'on avoit retenu ceux-ci prisonniers aussi bien que leur Commandant nommé *Major Gregori*. Ensuite il dit à Mr. *de Denonville* qu'il étoit tems de partir du Fort *de Frontenac*, s'il vouloit se trouver à point nommé au susdit rendez-vous, parce que le secours des Lacs dont j'ai parlé ne pouvoit pas tarder d'y arriver. Le lendemain 3. Juillet le Sr. *de la Forest* se rembarqua presque en même tems que nous pour s'en aller à *Niagara* par le Nord du Lac, attendre ce considerable renfort, pendant que nous suivions de l'autre côté, favorisez des calmes assez ordinaires en ce mois là. Il est vrai que par un bonheur extraordinaire nous arrivâmes les uns & les autres le même jour & presque à la même heure à la *Riviére des Tsonontouans*. Ce qui fit que nos Sauvages Alliez qui tirent des augures des moindres bagatelles, se mirent en tête avec leur superstition ordinaire qu'une rencontre si ponctuelle présageoit infailliblement la destruction totale des *Iroquois* ; mais ils se tromperent comme vous l'aprendrez dans la suite. Le même soir que nous mîmes pié à terre, on commança à tirer de l'eau les Canots & les Bâteaux qu'on fit garder par un bon Corps de garde. Ensuite on travailla à construire un Fort de pieux, où on laissa quatre cens hommes, sous le commandement du Sieur *Dorvillers*, pour garder les bâtimens & le bagage. Le lendemain on y fusilla injustement un jeune Canadien nommé la *Fontaine Marion*. Voici son histoire. Ce pauvre malheureux qui connoissoit les Païs & les Sauvages de *Canada* par la quantité de voyages qu'il avoit fait en ce Continent, après avoir rendu de bons services au Roi, il demanda à quelques Gouverneurs Généraux la liberté de continuer ses courses pour y faire son petit commerce, ce qu'il ne pût jamais obtenir. Alors il se résolut de passer à la nouvelle Angleterre, n'y ayant point de guerre entre les deux Couronnes. Il y fut très-bien reçû, parce qu'il étoit homme d'entreprise, & savoit presque toutes les langues sauvages. On lui proposa de conduire dans les Lacs ces deux Troupes d'Anglois qui furent prises ; il l'accepta, & il fut pris malheureusement ce jour-là comme les autres. L'injustice qu'on lui a fait me paroît extraordinaire ; car nous sommes en paix avec l'Angleterre, qui d'ailleurs prétend que les

*Tome I.*          E.          *Lacs*

*Lacs de Canada* lui doivent apartenir. Le jour suivant nous nous mîmes en marche pour aller au grand Village des *Tsonontouans*, sans autres provisions que dix Galétes, que chacun étoit obligé de porter soi-même. Nous n'avions que sept lieuës à faire dans de grands bois de haute futaye sur un terrain fort égal. Les Coureurs de bois faisoient l'avant-garde avec une partie des Sauvages dont l'autre faisoit l'arriére garde; les Troupes & les Milices étoient au milieu. Le premier jour nos découvreurs marchérent à la tête sans rien apercevoir. La marche de l'Armée fut de quatre lieuës ce jour-là. Le second ces mêmes découvreurs prirent aussi le devant, & poussérent jusqu'au champs du Village sans apercevoir qui que ce soit; quoi qu'ils n'eussent passé qu'à une portée de pistolet de cinq cens *Tsonontouans* couchez sur le ventre, qui les laissérent aller & venir sans leur couper chemin. Sur le raport qu'ils firent nous marchâmes avec autant de précipitation qu'avec peu d'ordre, croyant que ces *Iroquois* ayant pris la fuite nous pourrions au moins attraper les femmes, & les enfans & les vieillards. Mais lorsque nous fûmes au pié du côteau sur lesquels ils étoient embusquez, à un quart de lieuë du Village, ils commencérent à faire leurs cris ordinaires, suivis de quelques decharges de mousqueterie. Si vous eussiez vû, Monsieur, le desordre de nos Milices & de nos Troupes parmy arbres épais, vous demeureriez d'acord avec moi qu'il faudroit bien des milliers d'Européans pour faire tête à ces

barba-

Village des Iroquois    Tom. 1.er Page 98.

long Coteau sur lequel 500 Iroquois étoient embusques

Coureurs

Chemin

troupes réglées

Coureurs de bois

Chemin    M.r de Denonville

Sauvages Anisciables

barbares. Nos Bataillons furent auſſi-tôt diviſez en Pélotons, qui couroient ſans ordre pêle mêle à droit & à gauche ſans ſavoir où ils alloient. Nous tirions les uns ſur les autres, au lieu de tirer ſur les *Iroquois*. on avoit beau crier *à moi*, *Soldats d'un tel Bataillon*, à peine ſe voyoit-on de trente pas. Enfin nous étions tellement brouillez que ces ennemis venoient fondre ſur nous la maſſuë à la main, lorſque nos Sauvages raſſemblez les repouſſerent & les pourſuivirent avec tant de chaleur juſqu'à leurs Villages, qu'ils en tuërent plus de quatre-vint, dont ils raporterent les têtes, ſans compter les bleſſez qui ſe ſauverent. Nous perdîmes en cette occaſion dix Sauvages & cent François. Nous eûmes vingt ou vingt-deux bleſſez, entre leſquels ſe trouva le bon Pere *Angeleran* Jeſuite, qui reçût un coup de fuſil aux parties dont *Origene* voulut bien ſe priver pour enſeigner le beau ſexe avec moins de ſcandale. Dès que les Sauvages eurent aporté ces têtes à Mr. *de Denonville*, ils lui demanderent pourquoi il ſe repoſoit au lieu d'avancer. Il leur répondit qu'il ne pouvoit pas quitter ſes bleſſez, & que pour donner le tems aux Chirurgiens de les penſer, il jugeoit à propos de camper. Ceux-ci lui propoſerent de faire des brancards & de les porter juſqu'au Village qui étoit aſſez proche. Ce Général ne voulant pas ſuivre ce conſeil, tâcha de leur faire entendre raiſon, mais au lieu de l'écouter ils ſe raſſemblerent, & après avoir tenu Conſeil entr'eux, quoi qu'ils étoient de plus de dix

E 2

Nations différentes, ils résolurent d'aller seuls à la poursuite de ces fuyards, dont ils prendroient au moins les femmes, les enfans & les vieillards. Ils étoit déja prêts à se mettre en marche, lorsque Mr. *de Denonville* leur fit dire qu'il les exhortoit à ne le pas quitter, & à ne s'éloigner pas de son Camp, mais à se reposer ce jour-là; que le lendemain il iroit brûler les Villages des Ennemis, & ravager leurs moissons pour les faire mourir de faim. Ce compliment les chagrina si fort que la plûpart s'en retournerent dans leur Païs, disant, que les
» *François* étoient venus plûtôt pour se pro-
» mener, que pour faire la guerre, puisqu'ils
» ne vouloient pas profiter de la plus belle
» occasion du monde; que leur ardeur étoit
» un feu de paille aussi-tôt éteint qu'alumé;
» qu'il paroissoit inutile d'avoir fait venir
» tant de guerriers de toutes parts pour
» bruler des Cabanes d'écorce qu'on pou-
» voir rétablir en quatre jours; que les
» *Tsonontouans* se soucioient fort peu qu'on
» ravageat leurs bleds d'Inde, puisque les
» autres Nations *Iroquoises* en avoient assez
» pour leur en faire part, qu'enfin après
» les avoir engagez deux fois de suite à se
» joindre aux Gouverneurs de *Canada*, pour
» ne rien entreprendre, ils ne s'y fieroient
» jamais, quelque protestation qu'on leur
» fît à l'avenir. Quelques-uns disent que Mr. *de Denonville* eût dû passer outre; d'autres soutiennent qu'il étoit impossible de mieux faire. Je ne me hazarderai point de décider là-dessus; ceux qui tiennent le ti-

mon sont les plus embarassez. Je me contente de vous raconter le fait comme il est à la lettre. Quoi qu'il en soit, nous marchâmes le lendemain au grand Village, portan nos blessez sur des brancards, mais nous n'y trouvâmes que la cendre, car ces *Iroquois* eurent la précaution de brûler eux-mêmes leur Village. Nous fûmes occupez durant cinq ou six jours à couper le bled d'Inde avec nos épées dans les champs. De-là nous passâmes aux deux petits Villages de *Thegaronhiés* & *Danoncaritaoui*, éloignez de deux ou trois lieuës du précédent. Nous y fîmes les mêmes exploits; ensuite nous regagnâmes le bord du Lac. Nous trouvâmes dans tous ces Villages des chevaux, des bœufs, de la volaille, & quantité de cochons. Tout le Païs que nous vîmes est le plus beau, le plus uni & le plus charmant qui soit au monde. Les bois que nous traversâmes étoient pleins de chênes, de noyers & de châtaigniers sauvages. Deux jours après nous nous embarquâmes pour aller à *Niagara*, & comme nous n'en étions éloignez que de trente lieuës, nous y arrivâmes le quatriéme jour de Navigation. Dès que l'Armée eût débarqué on travailla à la construction d'un Fort de pieux à quatre bastions, qui fut fait en trois jours. On y doit laisser cent-vingt soldats commandez par Mr. *des Bergéres*, sous les ordres de Mr. *de Troyes*, avec des vivres & des munitions pour huit mois. Ce Fort est situé au Sud du côté du Détroit du *Lac Herrié* sur un côteau, au pied duquel il se décharge dans le Lac de *Frontenac*. Nos

Sau-

Sauvages Alliez prirent hier congé de Mr. *de Denonville*, après avoir fait leur Harangue selon leur coutûme, & avoir marqué entr'autre chose qu'ils voyoient avec plaisir un Fort si bien posté, pour favoriser leur retraite lors qu'il feroient quelque entreprise contre les *Iroquois*; qu'ils contoient sur la parole qu'il leur donnoit de ne finir la guerre que par la destruction des cinq Nations, ou en les forçant d'abandonner leurs Païs; qu'ils le conjuroient d'envoyer incessamment des Partis en Campagne Hiver & Eté, l'assura qu'ils en feroient autant de leur côté; qu'enfin, puis qu'ils n'étoient entrez dans l'Alliance des François que sous la promesse qu'on leur avoit fait de n'écouter aucune proposition de paix, jusqu'à ce que ces cinq Nations fussent entiérement exterminé, ils croyoient qu'on ne leur manqueroit pas de parole, d'autant qu'une cessation de guerre flétriroit l'honneur des *François*, & causeroit infailliblement la perte de leurs Alliez. Mr. *de Denonville* les assura derechef de l'intention qu'il avoit de pousser son entreprise encore plus loin, étant si résolu de continuer la guerre, que malgré tous les efforts & toutes les tentatives des *Iroquois*, il ne demordroit jamais de son dessein; qu'en un mot il agiroit avec tant de vigueur qu'à la fin ces Barbares periroient ou seroient obligez de se retirer du côté de la Mer. Ce jour même ce Général me fit appeller pour me dire, que comme j'entendois la langue de ces Sauvages, il falloit que j'acceptase un dé-

détachement qu'ils demandoient pour couvrir leurs Païs, & m'assura de mander à la Cour les raisons qui l'obligeoient à me retenir en *Canada*, malgré le congé qu'il avoit ordre de me donner. Jugez, Monsieur, si ce coup-là me surprit, ne m'attendant à rien moins qu'à faire un voyage si opposé à celui de France & à mes interêts. Cependant il fallut s'en consoler, la force majeure l'emporte par tout. J'obéïs donc, & sans perdre de tems, je me preparai à partir. Je fis mes adieux, & mes amis me donnerent leurs meilleurs Soldats, & me firent presque tous des presens de hardes, de tabac, de lievres, & de mille autres choses dont ils pouvoient se défaire sans s'incommoder, puis qu'ils retournoient à la Colonie où l'on trouve tout ce qu'on peut souhaiter. Je me suis heureusement garni de mon Astrolabe en partant de *Montreal*, avec lequel je pourrai prendre les hauteurs de ce Lac. Il ne me sera pas moins utile dans mon voyage, qui sera de deux ans ou environ selon toutes les apparences. Les soldats qu'on me donne sont vigoureux & de bonne taille, & mes Canots sont grands & neufs. Je dois aller en compagnie de Mr. *Dulhut* Gentilhomme Lionnois, qui a beaucoup de merite & de capacité, & qui a rendu des services très-considérables au Roi & au Païs. Mr. *de Tonti* doit être aussi de la partie; Il y a une troupe de Sauvages qui sont prêts à nous suivre. Mr. *de Denonville* partira dans deux ou trois jours pour s'en retourner à la Colonie par le Nord du

*Lac de Frontenac.* Il doit laisser en passant au Fort du même nom, autant d'hommes & de munitions qu'en celui-ci. Je vous envoye quelques lettres pour mes parens, à qui je vous prie de les faire tenir sûrement. Je vous écrirai l'année prochaine, si j'en trouve l'occasion en vous envoyant la relation de mon voyage.

Je suis Monsieur vôtre &c.

*A Niagara le 2. Août 1687.*

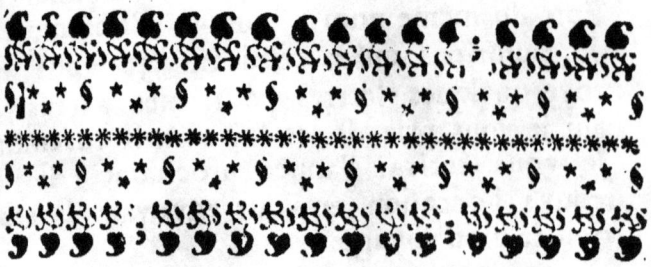

# LETTRE XIV.

*Qui contient le depart de* Niagara. *Rencontre des* Iroquois *au bout du portage. Suite du voyage. Brieve description des Païs situez sur la route. Arrivée de l'Auteur du Fort* S. Joseph *à l'embouchure du Lac des Hurons. Celle d'un parti des Hurons à ce Fort. Le coup qu'ils firent. Leur depart pour* Missilimakinac. *Rencontre du frere de Mr. de la Salle miraculeusement conduit. Description de* Missilimakinac.

MONSIEUR,

Je ne sçai si c'est par insensibilité ou par force d'esprit, que la perte de tous mes biens que je prevois infaillible ne me touche point. Vôtre lettre ne me confirme que trop dans cet augure là. Au reste le conseil que vous me donnez d'écrire à la Cour me paroît si judicieux que je suis obligé de le suivre. Cependant je vous tiendray parole, & voici la Relation de mes voyages que je vous ai promise. Je m'embarquai à *Niagara* le 3. Août dans un Canot conduit par huit Soldats de mon détachement, & je remontai ce jour-là trois lieuës contre le courant du Détroit, jusqu'à la fin de la Navigation. J'y rencontrai le Sieur *Grifolon de la Tourete* frere de M. *Dulhut*, qui s'étoit risqué dans un seul Canot à venir de *Miffilimakinac* pour joindre l'Armée. Le 4. nous commençâmes à faire le grand portage du Sud, transportant nos Canots d'une lieuë & demi au dessous du grand *Saut de Niagara* jusques à une demi lieuë au dessus. Nous fûmes obligez de monter trois montagnes avant que de trouver le chemin plat & battu, où il étoit facile à cent *Iroquois* de nous assommer à coups de pierres. Nous eûmes deux ou trois allarmes dans ce portage, qui nous contraignirent à faire une garde tout-à-fait exacte, & à transporter aussi nôtre bagage avec toute sorte de diligence: encore malgré toutes nos précautions il fallut en laisser la moitié vers le milieu de ce long portage, sur la nouvelle de la découverte de mille *Iroquois* qui s'approchoient de nous. Jugez, Monsieur, si nous n'avions pas sujet d'être alarmez, & si nous hesitâmes à tout sacrifier au desir naturel qu'ont tous les hommes de conserver leur vie. Cependant nous pensâmes la perdre malgré nos soins. Un demi quart d'heure après nous être embarquez au dessus du *Saut*, nous les vîmes paroître

sur

DU BARON DE LAHONTAN. 107
sur le bord du Détroit. Je vous l'avouë, je l'échapai belle, m'étant écarté cent pas à côté du chemin il n'y avoit qu'un quart d'heure, avec trois ou quatre Sauvages, pour voir cet effroyable Cataracte. Un moment avant que nos découvreurs accourussent pour nous avertir de l'aproche de ces coquins, tout ce que je pûs faire en aprenant cette nouvelle, ce fut d'arriver là dans le tems que les Canots commançoient à défiler. Ce n'étoit pas une bagatelle pour moi d'être pris par ces tirans. *Il morir è niente, ma il vivere brugiando e troppo.* Au reste ce Saut a sept ou huit cens piez de hauteur, & demi lieuë de nape ou de largeur. On voit une Isle vers le milieu qui penche vers le précipice, comme si elle étoit prête d'y tomber. Tous les Animaux qui traversent un demi quart de lieuë au dessus de cette Isle infortunée y sont entrainez par la force des courants. Les bêtes & les poissons qui se tuent en tombant de si haut, servent de nourriture à cinquante *Iroquois* qui se tiennent à deux lieuës delà, pour les retirer de l'eau avec leurs Canots. Ce qui est remarquable, c'est qu'entre l'eau qui forme la cascade par un talus effroyable, & le pié du rocher d'où elle se précipite, il y a un chemin ou trois hommes peuvent aisément traverser d'un côté à l'autre, sans recevoir que quelques goutes d'eau. Pour revenir à nos mille *Iroquois*, je vous dirai que nous traversâmes le Détroit avec bien de la vigueur, & qu'aprés avoir ramé ou vogué durant toute la nuit à force de bras, nous

* La mort n'est rien, mais c'est trop de perir à petit feu, car les prisonniers que sont les Iroquois courent grand risque d'être brûlez.

E 6 arri-

arrivâmes le lendemain au matin à l'embouchure du Lac, qui nous parut assez rapide. Dès que nous eûmes attrapé ce Lac nous fûmes en seureté, car les Canots dont les *Iroquois* se servent sont si lourds & si grands qu'ils n'aprochent pas de la vîtesse de ceux qui sont faits d'écorce de bouleau. Ils les font d'écorce d'ormeau, laquelle est naturellement pesante ; & la figure qu'ils leur donnent est extravagante ; ils sont si longs & si larges que trente hommes y peuvent ramer deux à deux assis ou debout quinze de chaque rang, mais le bord en est si bas que pour peu de vent qu'il fasse ils ne sauroient naviguer dans les Lacs. Nous côtoyâmes le *Lac Errie* par la côte du Nord, à la faveur des calmes qui regnent universellement en cette saison, sur tout dans les Païs Meridionaux. Nous découvrions très-souvent sur le Rivage du Lac, des volées de cinquante ou soixante Cocqs d'Inde, qui couroient sur le sable d'une vîtesse incroyable: les Sauvages qui nous accompagnoient en tuoient assez tous les jours pour nous en faire part, en échange du poisson que nos pêcheurs leur fournissoient. Le 25. nous arrivâmes à la longue pointe qui avance quatorze ou quinze lieuës dans ce Lac. Nous preferâmes la peine d'y faire un portage de deux cens pas à celle de côtoyer 3. lieuës, à cause de la grande chaleur. Le 6. Septembre nous entrâmes dans le détroit du *Lac Hurron*, que nous remontâmes contre un foible courant de demi lieuë de largeur, jusqu'au *Lac de Ste. Claire*, qui a douze lieuës de circuit. Le huit du même mois nous suivîmes les bords jusques à l'autre bout, d'où il ne nous restoit plus que six lieuës de détroit à refouler pour gagner l'entrée du *Lac Huron*, où nous mîmes pied à terre le 14. Vous ne sauriez vous imaginer la beauté de ce détroit & de ce petit Lac par la quantité d'arbres fruitiers sauvages qu'on voit de toutes les espéces sur les bords. J'avouë que le defaut de culture en rend les fruits moins agréables, mais la quantité en est surprenante. Nous ne découvrions sur le rivage que des troupes de Cerfs & de Chevreuils. Nous bations aussi les petites Isles pour obliger ces Animaux à traverser en terre ferme, pendant que les Canoteurs dispersez au tour de l'Isle leur cassoient la tête dés qu'ils étoient à la nage. Arrivez au Fort dont j'allois prendre possession, Messieurs *Dulhut de Tonti* voulurent se reposer quelques jours devant que de passer outre, aussi-bien que les Sauvages qui nous accompagnoient. Ce Fort qui avoit été construit par le premier de ces deux Gentilshommes, étoit gardé à ses dépens par des Coureurs de bois qui avoient eu le soin d'y semer quelques boisseaux de bled d'Inde, dont l'abondante moisson me fut d'un trés-grand secours. Ceux-ci ravis de céder ce poste à mon détachement, s'en allerent achever leur Commerce chez nos Sauvages, ce qu'ils firent, chacun ayant la liberté de retourner du côté qui lui sembloit le meilleur. Cela me donna lieu de faire partir deux Canots conduits par des Soldats, que j'envoyai pour aller trafiquer un grand rouleau de tabac de Bresil de deux quintaux, que Mr. *Dulhut* eut l'honnêteté de me donner, parce qu'il me dit que mes Soldats réüssiroient avec plus de facilité dans l'échange que je leur envoyois faire pour du bled d'Inde contre ce tabac, qu'avec les marchandise que je leur voulois donner. Je lui en aurai toute ma vie obligation, mais je crains fort qu'il n'en soit pas mieux payé du Trésorier de la Marine que de mille autres dépenses qu'il a faites pour le Roi. Ces Soldats furent de retour à mon Fort à la fin de Novembre, ils amenerent avec eux le R. P. *Avenau* de la Compagnie de Jesus, qui n'eût assûrément pas l'ambarras de nous prêcher l'abstinance des viandes durant le Carême. Il m'aprirent qu'un parti de *Hurons* se préparant à partir de leurs Villages pour aller insulter les *Iroquois* dans leurs chasses de Castors, ils ne devoient pas tarder long-tems à se rendre à mon Fort pour s'y reposer. Cependant j'attendois avec impatience le nommé *Turcot* & quatre autre Coureurs de bois qui devoient arriver au commencement de Novembre, suivi de quelques autres chasseurs que Mr. *de Denonville* avoit promis d'envoyer, mais ils ne parurent point. Ainsi j'aurois été fort embarassé, faisant assez maigre chere, si quatre jeunes Canadiens bons chasseurs n'eussent passé l'Hiver avec moi. Ce parti de *Hurons* arriva enfin le 2. Decembre. Il étoit commandé par le nommé *Saintsouan* Chef de guerre, qui me laissa les Canots & son bagage

gage en garde jusqu'à son retour, lui étant impossible de naviguer plus long-tems, à cause des glaces qui commençoient à couvrir la surface de l'eau. Ces Sauvages aimerent mieux aller par terre au Fort de *Niagara*, où ils contoient de prendre langue avant que d'entrer dans le Païs des *Iroquois*. Ils firent dix journées de Guerriers, c'est-à-dire cinquante lieuës sans rencontrer personne. A la fin ses découvreurs aperçûrent les pistes de quelques chasseurs, sur lesquelles ils marcherent à grand pas durant toute la nuit, la terre étant couverte d'un pied de nége. Ils retournerent sur leur pas vers la pointe du jour pour avertir leurs camarades qu'ils avoient trouvé six Cabanes de dix hommes chacune. Cette nouvelle leur fit faire halte pour se peindre le visage, pour mettre leurs armes en état, & pour prendre leurs mesures. Ils convinrent que deux hommes se jetteroient doucement aux deux portes de chaque Cabane la massuë à la main, pour assommer tous ceux qui voudroient sortir, pendant que les autres feroient de vigoureuses décharges. Ils y réüssirent à merveilles; car le Parti des *Iroquois* ayant été surpris & renfermé dans ces prisons d'écorces, fut si bien défait & battu, que de soixante-quatre il n'en échappa que deux, qui étant nuds sans armes & sans fusils à faire du feu, perirent infailliblement de froid & de misére dans les bois. Trois *Hurons* resterent sur la place, mais les agresseurs en furent dedommagez par quatorze prisonniers & quatre femmes; ils firent après ce coup toute

la

la diligence possible pour regagner mon Fort. Parmi ces esclaves il s'en trouva trois qui étoient l'année dernière avec les mille hommes qui penserent nous surprendre dans le grand portage de *Niagara*. Ils nous aprirent que le Fort situé en cet endroit étoit bloqué par huit cens *Iroquois*, qui devoient s'approcher incessamment de mon poste. Cette fâcheuse nouvelle me chagrinant au dernier point par la crainte de jeuner, me fit resoudre à menager le peu de bled d'Inde qui me restoit. Je n'aprehendois pas qu'ils m'attaquassent, car les Sauvages ne se battent point à découvert, ni n'entreprennent jamais de saper une palissade, mais je craignois qu'en empêchant nos chasseurs de s'écarter, ils ne nous affamassent. Au reste durant les quinze jours que ces *Hurons* demeurerent dans mon Fort pour se délasser j'eus la précaution de les engager à se joindre à mes chasseurs pour faire des provisions de viandes boucanées, mais dès qu'ils furent partis pour retourner chez eux la chasse finit & les portes de mon Fort demeurerent fermées. Ensuite mes vivres étant presque consumez, je pris la resolution d'aller à *Missilimakinac*, pour acheter des bleds chez les *Hurons* & les *Outouans*. Je laissai quelques Soldats pour garder mon Fort pendant mon absence. Je partis avec le reste de mon détachement le 1 d'Avril d'un petit vent de Sud-Est, à la faveur duquel nous traversâmes insensiblement la Baye de *Saguinan*. Ce petit Golfe à six heures de traverse, au milieu duquel

quel on trouve deux petites Isles, qui sont quelquefois d'un grand secours lors que le vent s'éleve dans le trajet. Toute la Côte que je vis jusques-là est remplie de rochers & de batures, entre lesquelles on en voit une qui a jusqu'à six lieuës d'étenduë en largeur. De cette traverse à l'endroit nommé l'*Anse du Tonnerre* l'on compte trente lieuës. La Côte est saine & les Terres basses, sur tout à la Riviere aux sables, qui est moitié chemin de cette Anse. Il nous restoit encore trente lieuës de Navigation, que nous fîmes avec un peu de risque, à la faveur d'un vent d'Est Sud-Est, qui avoit furieusement grossi les vagues. Nous rencontrâmes à l'embouchure du Lac des *Ilinois*, le parti de *Hurons* ( dont je vous ai parlé ( accompagné de quatre ou cinq cens *Outaouas* qui s'en retournoient à leurs Villages, après avoir fait pendant l'hiver la chasse des Castors, sur la Riviére du *Saguinan*. Eux & nous fûmes obligez de rester là trois ou quatre jours à cause des glaces ; ensuite le Lac s'étant nettoyé nous le traversâmes ensemble. Etant arrivez, les *Hurons* tinrent Conseil sur la distribution de leurs Esclaves, ils en donnerent un à Mr. *de Juchereau*, qui commandoit en ce lieu-là ; ce malheureux fut aussi-tôt fusillé. Ils en presenterent un autre aux *Outaouas*, qui lui donnerent la vie, par des raisons que vous concevriez facilement, si vous étiez mieux informé de la fine politique de cette espéce d'hommes que vous prenez pour des bêtes.

Le 18. d'Avril qui fut le jour de mon arrivée en ce poste ; fut aussi le jour de mon inquiétude. Le bled d'Inde y étoit si rare, à cause du peu qu'on en receuillit l'Automne passée, que je desespérai d'en trouver la moitié de ce qu'il m'en falloit. Cependant, je crois que j'en tirerai des deux Villages, à peu près la quantité que je demande. Monsieur *Cavelier* arriva ici le 6. de Mai, accompagné de son Neveu, du Pere *Anastase* Recolet, d'un Pilote, d'un Sauvages, & de quelques François, ce qui, comme vous voyez, faisoit une espéce d'Arche bien bigarrée ; Ces François sont du nombre de ceux que Mr. *de la Salle* a amenez à la découverte du *Missisipi*. Ils disent qu'il les a envoyez en *Canada*, pour passer en France & porter ses Dépêches au Roy, mais nous soupçonnons ici qu'il doit être mort, puis qu'il n'est pas venu lui-même. Je ne vous dis rien du grand Voyage qu'ils viennent de faire par terre, je ne le crois guéres moindre que de huit cens lieuës sur leur propre Relation. Quoi qu'il en soit, je reviens au lieu où je suis, c'est assurément un endroit important ; je veux vous en faire une description dont vous jugerez par le plan que j'y joins. *Missilimakinac* est situé au 45. degré & trente minutes de latitude. Pour ce qui est de la longitude, je ne m'en mêle point, vous vous souvenez sans doute de la raison que j'en ai, c'est celle de l'impossible, comme je vous l'ai marqué dans ma seconde Lettre. Ce poste n'est qu'à demi lieuë de l'embouchure

chure du Lac des *Ilinois*, dont je dois vous parler ailleurs, aussi-bien que des autres. Les *Hurons* & les *Outaouas* y ont chacun un Village, séparé l'un de l'autre par une simple palissade, mais ces derniers commencent à construire un Fort sur un Côteau, qui n'est qu'à mille ou douze cens pas d'ici. Ils prennent cette précaution à l'occasion du meurtre d'un certain *Huron*, nommé *Sandaouires*, que quatre jeunes *Outaouas* assassinerent au *Saguinan*. Les Jésuites y ont une petite Maison * à côté d'une espéce d'Eglise dans un enclos de palissades qui les sépare du Village des *Hurons*. Ces bons Peres employent en vain leur Théologie & leur patience à la conversion de ces incrédules ignorans. Il est vrai qu'ils baptisent assez souvent des enfans moribons, & quelques vieillards, qui consentent de recevoir le Bâtême lors qu'ils se voyent à l'article de la mort. Les Coureurs de Bois n'ont dans ce poste qu'un très-petit établissement, qui ne laisse pas d'être considérable, en ce qu'il sert d'entrepos à toutes les marchandises qu'ils trafiquent avec les Sauvages du Sud & de l'Oüest, car il faut indispensablement passer par cet entrepos, lors qu'on va chez les *Ilinois*, les *Oumamis*, à la *Baye des Puants*, & sur le Fleuve de *Mississipi*. Les Peleteries qu'on raporte de ces différens lieux doivent y rester avant que d'être transportées à la Colonie. Sa situation est avantageuse, en ce que les *Iroquois* n'oseroient traverser dans leurs chetifs Canots, le Détroit

*C'est comme leur Chef d'Ordre en ce Païs-là, & toutes les Missions que l'on dit parse parmi les autres Nations) Sauvages dépendent de cette résidence.

troit du *Lac des Ilinois*, qui a deux lieuës de large ; & que d'ailleurs la Navigation du *Lac des Hurons* est trop rude pour cette sorte de voiture, dont je vous ai déja fait la discription. Ils ne peuvent non plus y venir par terre, à cause de la quantité de Marais, d'Etangs, & de petites Riviéres qu'ils seroient obligez de franchir, ce qu'ils ne pourroient sans beaucoup de difficulté, outre qu'ils auroient toûjours à traverser ce Détroit.

Vous ne sçauriez croire, Monsieur, combien de *Poissons blancs* il se pêche à mi-Canal de la Terre ferme à l'Isle de *Missilimakinac* ; Sans cette commodité les *Outaouas* & les *Hurons* n'y pourroient jamais subsister, car étant obligez d'aller à plus de vingt lieuës dans les bois à la chasse des Orignaux & des Cerfs, ils essuyeroient trop de fatigue de les transporter si loin. Ce Poisson est à mon goût celui de tous les Lacs qui peut passer pour bon. Il est vrai, qu'il surpasse toutes les autres espéces de Poisson de Riviére. Ce qu'il y a de singulier, c'est que toute sauce diminuë sa bonté, aussi ne le mange-t'on que boüilli ou rôti sans assaisonnement. On apperçoit dans ce Canal des Courans si forts qu'ils entraînent souvent les filets à deux ou trois lieuës de là, Il arrive qu'en certain temps ces Courans portent trois jours à l'Est, deux à l'Oüest, un au Sud, quatre au Nord, quelquefois plus & quelquefois moins, sans qu'on en puisse pénétrer la cause, car on les voit porter en calme de tous côtez le même jour,

une

*Tome 1.er Page 116.*

Isle du bois blanc

Isle de Makinac

LAC DES HURONS

Courants surprenant portant tantôt icy et tantôt là

la Pesche du Poisson blanc

25 25
25
20
18  20
18
28  25  28
15  15
15  15

Embouchure
E. Village des Outaouas

12  12  12
10  10  10
Brasses  d'Eau
6  6  6
4  4  4
3  3  3
2  2  2
2  2  1  1

A. Village des François. B. Maison des
Jesuites. C. Village des Hurons. D. Chams des Sauvages.

une heure d'un côté, une heure de l'autre, sans qu'on puisse limiter le temps: je laisse aux Disciples de Copernic à décider sur cette variation. On y pêche avec des alênes des Truites grosses comme la cuisse, attachant l'instrument à du fil d'archal qui tient au bout de la ligne qu'on jette au fond du Lac. Ces sortes de Pêches se font Hiver & Eté, aussi-bien avec les filets qu'avec ces sortes d'hameçons, en faisant des trous à la glace à côté les uns des autres, pour y passer les rets avec des perches. Les *Outaouas* & les *Hurons* ont d'agréables Campagnes où ils sement du bled d'Inde, des Poix, des Féves, des Citroüilles & des Melons differens des nôtres, je vous en parlerai quelque jour. Ces Sauvages vendent quelquefois si cher leur bled d'Inde, sur tout quand la chasse des Castors n'a pas réüssi, qu'ils se récompensent bien à leur tour de la cherté de nos Marchandises.

Dès que j'aurai ramassé soixante Sacs, chacun pesans cinquante livres, j'irai avec mon détachement seul au Fort *Sainte Marie* pour engager les *Sauteurs* à se joindre à quelques *Outaouas*, & tous ensemble nous irons jusqu'au Païs des *Iroquois*. Il se forme encore un parti de cent *Hurons* plus ou moins, commandé par le grand Chef *Adario*, à qui les François ont donné le nom de *Rat*, mais sa route est differente de celle que nous tiendrons. Je vous écrirai au retour de cette Course, si j'en trouve l'occasion. Peut-être que les Jesuites m'envoyeront vos Lettres avec celles de Mr. de *Denonville*

118    VOYAGES

nonville au Fort S. *Joseph*, où je ferai ma résidence. J'aurai tout le temps de m'ennuyer en attendant ce plaisir-là. Cependant je vous adresse une Lettre pour Mr. de *Seignelai*, dont voici la teneur, afin que vous voyez dequoi il s'agit. Vous me ferez un plaisir sensible de me croire toûjours, &c.

Je suis Monsieur vôtre &c.

*A Missilimakinac*, ce 26. Mai 1688.

## LETTRE
### A Mr. DE SEIGNELAI.

*M*ONSIEUR,

*Je suis fils d'un Gentilhomme, qui a dépensé trois cens mille écus pour grossir les Eaux des deux Gaves Bearnois ; Il a eu le bonheur de réüssir dans cet Ouvrage, en faisant entrer quantité de ruisseaux dans ces deux Rivières ; Le Courant de l'Adour en a été tellement renforcé que grossissant la Barre de Bayonne, un Vaisseau de cinquante Canons y peut entrer avec plus de facilité, que ne faisoit auparavant une Fregate de dix. Ce fut en vertu de ce grand & heureux travail, que le Roi, pour récompenser mon pere, lui accorda, comme aussi à ses descendans à perpetuité, certains Droits & profits, le tout montant à la valeur de trois mille livres par an, ce qui se verifie par le commencement d'un Arrêt donné au Conseil d'Etat, le neuvième jour de Janvier 1658. signé Bossuet, & collationné, &c. La seconde utilité que le Roi & la Province retirent des travaux de mon pere, consiste en la descente des Mâts & des Vergues des Pirenées que nul autre que lui n'auroit jamais entrepris, & qui auroit infailliblement échoüé, si par ses soins & par des sommes immenses il n'eût doublement grossi les Eaux du Gave d'Oleron. Aprés* sa mort ces Droits & profits qu'il obtint avec tant de justice pour lui, ses Hoirs, & ayant Cause à perpétuité, cesserent aussi-tôt ; & pour comble de disgrace, je perdis encore ses Charges de Conseiller Honoraire du Parlement de Pau & de Réformateur du Domaine des Eaux & Forêts de Bearn, dont je devois légitimement heriter. Ces pertes sont suivies aujourd'hui d'une Saisie que des Créanciers mal fondez, on fait de la Baronnie de Lahontan, d'une autre Terre contiguë & d'une somme de cent mille livres dont la Maison de Ville de Bayonne m'est redevable. Ces gens de mauvaise foi ne m'intentent des Procés que parce que je suis au bout du monde, qu'ils sont riches, qu'ils ont du credit & de la protection au Parlement de Paris, où ils esperent en mon absence venir à bout de leurs injustes prétentions. J'avois obtenu la liberté de repasser en France l'année derniere pour y mettre ordre, mais Mr. de Denonville me donna un détachement, & m'envoya aces Lacs, d'où je supplie trés-humblement Vôtre Grandeur de vouloir bien m'accorder un Congé pour l'année prochaine, & de m'honorer en même temps de sa protection je suis avec bien du respect,

Monseigneur, vôtre, &c.

A Missilimakinac, ce 26. Mai 1688.

## LETTRE XV.

*Qui contient une Description du* Saut Sainte Marie, *où l'Auteur engage les Sauteurs à se joindre aux* Outaouas *pour aller en parti chez les* Iroquois. *Départ, accidens, & rencontres durant le voyage jusqu'à son retour à* Missilimakinac.

# MONSIEUR,

Me voici revenu du Païs des *Iroquois*, j'ai quitté malgré moi le Fort S. *Joseph*. Je ne doute pas que vous n'ayez eu soin de la Lettre que je vous envoyai il a trois mois pour Monsieur de *Seignelai*. Je partis d'ici, & m'embarquai le 2. de Juin dans mon Canot pour aller au *Saut Sainte Marie*, où j'engageai quarante jeunes Guerriers à se joindre au parti d'*Outaouas*, dont je vous ai parlé dans ma derniere Lettre. Le *Saut Sainte Marie* est un Cataracte ou plûtôt une Cascade de deux lieuës de longeur, où les eaux du *Lac Superieur* se déchargent, & au pied duquel les *Outchipoues* appellez

*Sauteurs*, ont un Village près de la Maison des Jésuites. Ce poste est un grand passage pour les Coureurs de bois trafiquans avec les Peuples du Nord, qui ont coûtume de se rendre l'Eté sur les rives de ce Lac. Il ne croit point de bled d'Inde en ce triste lieu, parce que les broüillards continuels qui s'élevent du Lac *Superieur*, qui se repandent jusques-là, rendent les terres stériles. J'en partis le 13. du même mois, avec ces quarante jeunes *Sauteurs*, qui s'embarquerent dans cinq Canots, chaque Canot contenant huit hommes.

Nous arrivâmes le 16. à l'Isle du *Détour*, où mes Soldats & le parti d'*Outaouas* m'attendoient depuis deux jours. Le premier jour se passa en festins de Guerre entre ces deux Nations, en Danses & en Chansons selon leur coûtume. Le lendemain nous nous embarquâmes, & traversant d'Isle en Isle, nous gagnâmes en quatre jours celle de *Manitoualin*. Cette Isle a 25. lieuës de longueur, & sept ou huit de largeur. Les *Outaouas du Talon*, appellez *Otontagans*, y demeuroient autrefois ; mais ils furent obligez de se retirer ici par le progrès des *Iroquois*, qui ont détruit tant de Nations. Nous côtoyâmes cette Isle un jour entier, & à la faveur des calme nous passâmes encore d'Isle en Isle jusqu'à la Côte Orientale du Lac, nous fimes entr'autres une traversée de six lieuës, pendant laquelle les Canoteurs, peu accoûtumez à faire de longs trajets dans une voiture si fragile, eurent occasion d'exercer leurs bras. Les Sauvages

ges ne vouloient pas s'y résoudre, ils ai-moient mieux se détourner de cinquante lieuës que de naviguer si prés de terre, mais à la fin leur ayant persuadé que je ne me risquerois pas, si je n'étois parfaitement instruit contre le danger par la connoissan-ce des vents & des tempêtes, ils le risque-rent aussi. Le calme continuant toûjours nous eûmes le temps de gagner la Rivière de *Theonontaté*, où nous entrâmes le 25. de bonne heure. Le lendemain un vent d'Oüest-Sud - Oüest s'éleva qui nous y retint quatre ou cinq jours, ce qui ne nous fut pas fort utile, la pluye nous ôtant la liberté de la chasse. Ce lieu-là est l'ancien Païs des *Hurons*, comme on le peut remarquer par le nom de leurs Nations, qui s'appellent en leur langage *Theonontateronons*, c'est-à-dire, Habitans de *Theonontaté*; mais les *Iro-quois* en ayant défait & pris un grand nom-bre en differentes occasions, les autres quit-terent leur Païs pour éviter le même sort. Le 29. nous nous rembarquâmes, & le 1. de Juillet nous arrivâmes au Fort S. *Joseph*, où les Soldats que j'y avois laissé m'atten-doient avec impatience. Le 3. nous en partîmes, aprés y avoir dechargé quelques sacs de bled d'Inde. Ensuite nous conti-nuâmes nôtre Navigation avec diligence, afin d'arriver à temps au Païs des *Iroquois*. Nous descendîmes le *Détroit* & nous ran-geâmes la Côte Meridionale du Lac *Errié* avec un temps si favorable que nous arri-vâmes le 17. à la Riviere de *Condé*, dont j'aurai lieu de vous parler dans la description des Lacs de *Canada*. Incontinent après nôtre débarquement, les Sauvages commencerent à couper des Arbres & à construire une Redoute de pieux pour y renfermer leurs Canots & leur Bagage, & y trouver en même temps une retraite en cas de poursuite.

Le 20 ils se mirent en marche, chacun ayant pour tout équipage une couverture legere, son arc, ses fleches, ou son fusil avec un petit sachet de dix livres de farine de bled d'Inde. Ils jugerent à propos de suivre les bords de cette Riviere, où les *Goyogoans* ont coûtume de faire la pêche des Éturgeons qui sont des Poissons de six pieds de longueur, lesquels sortent des Lacs durant la chaleur pour remonter les Rivieres. Ils résolurent, en cas qu'ils trouvassent les chemins libres, de pousser jusqu'au pied des Villages des *Goyogoans*, pour y faire quelque coup de surprise; mais ils n'eurent pas l'embarras d'aller si loin, car à peine avoient-ils marché deux jours, que les Découvreurs apperçûrent trois cens *Iroquois*, dont ils furent eux-mêmes si bien découverts qu'ils eurent toutes les peines du monde à s'échaper & de ratraper le gros de leur parti, qui trouva pareillement son salut dans la fuite. Je fus fort étonné d'entendre crier la sentinelle de ma redoute, aux armes nôtre parti est batu & poursuivi, & sur tout quand je vis ces Fuyards courir à toute jambe, sans que je visse personne aprés eux. Ils demeurerent selon leur coûtume une demi-heure sans parler, & le Chef

prenant

prenant enfuite la parole me raconta l'avanture. Je crûs que les Découvreurs s'étoient trompez dans le nombre des ennemis, car je favois que les *Outaouas* n'ont pas la réputation d'avoir trop de courage; mais le lendemain les *Iroquois* qui parurent à la vûë de la Redoute, me firent juger que nos gens avoient raifon. Cette verité fe confirma par un certain Efclave *Chaouanon*, lequel aprés s'être échapé & fauvé dans la Redoute, m'affûra que les *Iroquois* n'étoient guéres moins de quatre cens. Il ajoûta qu'ils en attendoient foixante, qui devoient bien-tôt arriver du Païs des *Oumamis*, où ils étoient allez depuis quelques mois. Il nous aprit auffi que Mr. le Marquis de *Denonville*, cherchant les moyens de faire la paix avec les cinq Nations, un Anglois nommé *Aria* accompagné de quelques autres, tâchoit de les en détourner par ordre du Gouverneur de la *Nouvelle York*. Cependant nos Sauvages m'ayant prié d'entrer en confeil avec eux, ils me propoférent d'attendre un vent favorable pour nous embarquer. Ils me dirent que leur deffein étoit d'aller au bout du Lac pour furprendre ce parti de foixante *Iroquois*, qu'ils les trouveroient infailliblement, mais qu'ils ne pouvoient fe réfoudre à partir dans un calme, parce qu'aprés avoir quitté la Redoute & nous être embarquez, un vent contraire pourroit nous obliger de gagner terre, où nous ferions égorgez en cas de pourfuite. Je leur répondis que la Saifon étoit trop belle pour avoir d'autre temps que des calmes,

mes, que si nous attendions davantage, nous donnerions loisir au parti découvert de faire des Canots pour nous suivre, que n'étant pas certains d'avoir si-tôt le vent à souhait, nous ne devions pas hesiter à nous jetter dans nos Canots, que nous pourrions naviguer la nuit & nous cacher le jour à l'abri des pointes de terre & des rochers, & qu'enfin manœuvrant ainsi, ils ne pourroient jamais deviner si nous aurions suivi la Côte Meridionale ou Septentrionale du Lac. Ils me répondirent qu'à la verité ce retardement pourroit être nuisible en toutes façons, mais qu'aussi mon expedient étoit dangereux, que néanmoins ils alloient gommer leurs Canots pour s'embarquer avec nous, ce qui fut executé la nuit du 24. au 25. Nous navigâmes jusqu'au jour avec beaucoup de vîtesse, & comme le temps étoit clair, calme & serain, nous en profitâmes jusqu'à la nuit, à l'entrée de laquelle nous nous arrêtâmes sans sortir de nos Canots pour dormir trois ou quatre heures. Vers la minuit nous levâmes nos petits ancres de bois, & la moitié des Canoteurs ramoient pendant que l'autre moitié se reposoit. Nous fimes cette manœuvre avec bien de l'exactitude & de la précaution, naviguant la nuit, & nous reposant le jour.

Le 28. lors que nous étions à l'abri d'une petite Isle & presque tous ensevelis dans le sommeil; les trois Soldats qui faisoient le *quart* ayant aperçû des Canots qui venoient à nous, éveillerent quelques Sauvages qui avoient passé dans l'Isle pour dormir

mir plus commodément. A ce bruit tout nos gens étant alertes, nous nous mîmes auſſi-tôt en état d'aller au devant de ces Canots, lesquels, quoi que la distance ne fût que de demi-lieuë, nous ne pouvions distinguer, à cauſe que le Soleil donnoit à plomb ſur le Lac, ce qui faiſoit qu'on auroit pris la ſurface de l'eau pour la glace d'un miroir. Il eſt vrai que comme il ne paroiſſoit que deux Canots, nous ſoupçonnâmes qu'ils étoient *Iroquois*; croyant que chaque Canot porteroit au moins vingt Guerriers; le Chef des *Sauteurs* me dit qu'il s'en alloit à terre avec les ſiens, & qu'il ſe poſteroit à l'entrée du Bois ſuivant doucement leurs Canots ſans ſe montrer, juſqu'à ce que nous les obligeaſſions à débarquer; que de nôtre côté les *Outaouas* & mes Soldats devoient attendre qu'ils arrivaſſent à la portée du mousquet de l'Iſle avant que de nous découvrir, & que de leur donner la chaſſe, parce que ſi nous les laiſſions approcher davantage, bien loin de gagner terre, ils ne penſeroient qu'à ſe battre, ce qu'ils feroient en deſeſperez, ſe laiſſant plûtôt tuer ou noyer, que de ſe laiſſer prendre. Cet avis ſe trouva fort juſte. Ces inconnus ne nous eurent pas plûtôt découverts qu'ils gagnerent terre avec toute la précipitation imaginable, & ſe mettant en devoir de caſſer la tête aux priſonniers qu'ils amenoient, les *Sauteurs* les enveloperent ſi bien que pour les vouloir prendre tous en vie, ils n'y trouverent pas leur compte. Car ils ſe battirent à outrance, & comme des gens qui mettent leur salut à vaincre ou à perir. *Una salus victis nullam sperare salutem.* Ce combat se donnoit pendant nôtre debarquement. Cependant les *Sauteurs* sortirent glorieusement de leur action ; ils y perdirent quatre hommes, & de vingt-deux *Iroquois* avec qui ils avoient à faire, ils en tuerent trois, en blesserent cinq aux jambes, & firent les autres prisonniers, si bien qu'il ne leur en échapa pas un seul. Ces Barbares amenoient dix huit esclaves *Oumamis* blessez, & sept femmes grosses, de qui nous aprîmes que le reste de ce parti revenoit par terre sur les rives du Lac, emmenant trente-quatre autres prisonniers, tant hommes que femmes, & qu'ils ne pouvoient pas être fort éloignez. Sur cette nouvelle, les *Outaouas* étoient d'avis que l'on se contentât de ce que l'on avoit fait, alleguant pour raison que les quatre cens *Iroquois*, dont j'ai parlé, ne manqueroient pas d'aller au devant d'eux. Les *Sauteurs* au contraire soûtenoient qu'il valoit mieux perir, que de ne pas tenter la délivrance de ces prisonniers, & la défaite de tout le parti, & qu'ils ne balanceroient pas à l'entreprendre eux-mêmes, quand même on ne voudroit pas les seconder. Je fus engagé par cette brave résolution des *Sauteurs* d'encourager les *Outaouas*. Je leur fis comprendre que ces mêmes *Sauteurs* ayant eu toute la gloire de l'action, ils avoient beaucoup plus de sujet que nous de ne vouloir pas risquer un second combat, & que si nous refusions de les suivre, cette lâcheté

nous

nous couvriroit d'une infamie éternelle, & que pour agir avec plus de sûreté, il falloit user de précaution ; cherchant au plus vîte quelque pointe ou langue de terre pour y faire un reduit de palissades où nous renfermerions les Canots, le bagage & les prisonniers. Ils eurent assez de peine à s'y résoudre, mais après avoir tenu Conseil entr'eux, ils s'y déterminerent, plus par honte que par un veritable courage ; en sorte que le petit Fortin étant fait en sept ou huit heures, nous envoyâmes des découvreurs de toutes parts, pendant que le gros se préparoit à partir au premier avis.

Le 4. d'Août il en revint deux sur les dix heures, courant à toute jambe, pour nous avertir qu'ils avoient vû les *Iroquois* à trois lieuës, & qu'ils s'avançoient vers nous ; ils ajoûterent avoir remarqué sur la route un petit ruisseau prés duquel on pourroit leur dresser assez heureusement une embuscade. Il n'en fallut pas davantage pour faire marcher nos Sauvages, qui coururent aussi-tôt pour se saisir de ce petit poste avantageux, mais ils n'en surent pas profiter : Les *Outaouas* se pressérent trop de faire leurs décharges, & ayant tiré de trop loin, ils furent cause que les ennemis se sauverent tous, à la réserve de dix ou douze, dont les *Sauteurs* aporterent les têtes au petit Fort où j'étois demeuré. Il est vrai que tous les esclaves furent repris, & par conséquent délivrez de la tirannie de ces tigres, ce qui nous donna lieu d'être contens. Aprés cette expedition, nous embarquâmes

F 5

quâmes ces pauvres gens dans nos Canots, & nous fimes toute la diligence possible pour gagner le Détroit du *Lac Huron*, où nous arrivâmes le 13. Ce fut avec beaucoup de plaisir que nous remontâmes le courant de ce Détroit, dans lequel nous trouvâmes les Isles dont je vous ai parlé, couvertes de Chevreüils ; nous profitâmes de l'occasion, & nous n'eûmes pas de peine à rester là huit jours que nous employâmes à la chasse, & pendant lesquels nous eûmes tout le moyen de nous rafraîchir par des fruits excellens & parfaitement meurs. Les *Oumamis* blessez & repris eurent occasion de se reposer & de boire quantité de boüillons de plusieurs sortes de viandes, nous eûmes aussi le temps d'en faire boucaner autant que nos Canots en pûrent porter, sans compter la quantité de Poulets d'Inde que nous fûmes obligez de manger sur le champ, de crainte que les chaleurs ne les corrompissent.

Pendant ce temps-là, ces pauvres blessés furent soigneusement pensez avec des racines connuës des Ameriquains, comme je vous l'expliquerai en temps & lieu, & les boüillons ni les consommez ne leur manquoient pas. Nous nous rembarquâmes le 24. & le soir même nous arrivâmes au Fort *S. Joseph*. J'y trouvai un parti de 80. *Oumamis*, commandez par le Chef *Michitonki*, qui revenu nouvellement de *Niagara* m'attendoit avec impatience. Si je fus supris en abordant ce Fort de le voir rempli de Sauvages, ceux-ci ne le furent pas moins de retrouver avec nous leurs camarades, dont ils ignoroient le sort : tout retentissoit de cris de joye, jamais on entendit de loüanges plus fortes, ni plus outrées. Que n'étiez-vous là, Monsieur, pour avoir vôtre part de toutes ces belles choses ? Vous fussiez demeuré d'accord avec moi que toute nôtre Rethorique n'a point de figures plus vives, ni plus énergiques, sur tout en matiere d'hyperbole, qu'étoit le contenu des Harangues & des Chansons de ces pauvres gens, qui ne s'exprimoient qu'avec des transports. *Michitonka* me dit, qu'étant allé au Fort de *Niagara*, dans le dessein de pousser jusqu'au Champ des *Tsonontouans*, pour y faire quelques expeditions il avoit trouvé que le scorbut avoit fait dans ce Fort un si terrible ravage, que le Commandant & tous les Soldats en étoient morts, excepté douze, qui eurent le bonheur déchaper aussi-bien que Mr. *de Bergéres*, qui graces à son bon temperament avoit résisté à la violence de ce mal ; que le même Mr. *de Bergéres* avec ses douze réchapez voulant s'emparquer pour le Fort *Frontenac*, il l'avoit prié de lui donner quelques jeunes *Oumamis* pour l'accompagner ; ce que lui ayant accordé, & après avoir vû partir la Barque de Mr. *de Bergéres*, il s'en alla par terre au Païs des *Onnontagues*, où il rejoignit l'escorte qu'il avoit accordée à Mr. *de Bergéres*, par laquelle il aprit que les douze Soldats partis de *Niagara* n'avoient pû éviter la mort au Fort *Frontenac*, & que Mr. le Marquis de *Denonville* travailloit à faire la Paix avec les *Iroquois*. Le Commandant du Fort *Frontenac* avoit exhorté *Michitonka* de ne rien entreprendre, mais plûtôt de s'en retourner avec son parti dans son païs ; que cette nouvelle l'ayant obligé de rebrousser chemin, il avoit été attaqué par trois cens *Onontagues*, contre qui n'ayant pû se défendre qu'en se battant en retraite, ils lui avoient tué quatre hommes. Instruit de toutes ces circonstances, je tins conseil avec les trois différentes Nations qui se trouvoient alors en mon Fort, pour savoir quel parti je devois prendre. Ayant fait leurs reflexions sur toutes ces nouvelles, ils conclurent que depuis que Mr. le Marquis de *Denonville* vouloit faire la paix, & que le Fort de *Niagara* étoit abandonné, le mien n'étoit plus d'aucune utilité ; que n'ayant des vivres & des munitions que pour deux mois, je serois obligé au bout de ce temps-là de venir ici ; qu'alors la Navigation seroit rude & dangereuse ; que deux mois plûtôt ou plus tard étoient peu de chose, puisqu'il falloit que je me retirasse indispensablement, & qu'enfin ne recevant ni ordres, ni secours, je devois me préparer à partir avec eux. Il n'en fallut pas davantage pour m'engager à les suivre. Cette résolution réjouit beaucoup les Soldats de mon détachement, qui craignoient d'être obligez de faire encore en ce poste une abstinence plus rigoureuse que la précédente, ce qui n'accommode pas le Soldat. Le 27. nous brûlâmes le Fort, & nous nous embarquâmes le même jour,

&

& rangeant la Côte Méridionale du Lac dont je vous ai parlé dans ma derniere Lettre, nous arrivâmes ici le 10. Septembre. Les *Oumamis* s'en retournerent par terre chez eux, emmenant les blessez qui se trouverent en état de marcher. Je trouvai en arrivant Mr. de *la Durantay*, à qui Mr. *Denonville* a donné la commission de Commandant des Coureurs de bois qui trafiquent dans l'étenduë des Lacs & autres Païs Méridionaux de *Canada*. Ce Gouverneur m'envoye ordre de revenir à la Colonie, en cas que la saison & l'occasion le permettent, ou d'attendre jusqu'au Printems, si je prévoyois des difficultez insurmontables. Cependant ce Général m'a fait tenir en Marchandises la paye des Soldats de mon détachement, pour les faire subsister durant l'hiver. Cet ordre me réjouïroit extrêmement, si je pouvois sortir d'ici, & m'en retourner à la Colonie ; mais la chose paroît absolument impossible, les François & les Sauvages en conviennent également. Il faudroit franchir en Canot tant de Sauts, de Cascades, de Cataractes & d'endroits où l'on est obligé de faire de longs partages, que je n'oserois exposer à tous ces dangers des Soldats, qui ne sauroient naviguer que sur l'eau dormante. J'ai jugé plus à propos d'attendre jusqu'à l'année prochaine ; alors je profiterai de la Compagnie des François & des Sauvages qui doivent descendre, & qui m'offrent de prendre un de mes Soldats dans chaque Canot. Cependant je suis sur le point d'entreprendre

dre un autre voyage, ne pouvant me résoudre à me morfondre ici l'hiver. Je veux profiter du temps, & parcourir les Païs Méridionaux dont on m'a parlé si souvent. J'engage quatre ou cinq bons Chasseurs *Outaouas* à me suivre. Le parti de *Hurons*, dont je vous ai parlé au commencement de ma Lettre, est de retour ici depuis deux mois ; il a amené un esclave *Iroquois* que le Chef de ce parti a presenté à Mr. de *Juchereau* ci-devant Commandant des Coureurs de bois, qui l'a fait aussi-tôt fusiller. Ce rusé Chef fit en cette occasion, selon sa coûtume, un coup si adroit & si malin que j'en prévois les suites funestes. Il n'en a fait confidence qu'à moi seul, parce qu'il est veritablement mon ami, & qu'il sait que je suis le sien ; je n'oserois vous écrire cette affaire, de crainte que ma Lettre ne soit interceptée. Si pourtant le coup étoit encore à faire, ou qu'il y eût du remede, l'amitié ne m'arrêteroit point, j'en donnerois avis à Mr. de *Denonville*, qui s'en tireroit comme il pourroit. Je vous raconterai moi-même le fait, si Dieu permet que je fasse le voyage de France l'année prochaine, vous m'aprenez que le Roi a nommé l'Abbé de *S. Valiers* son Aumônier à l'Evêché de *Quebec*, & qu'il a été sacré dans l'Eglise de *S. Sulpice*. Cette nouvelle me réjoüiroit, s'il étoit moins rigide que Mr. de *Laval* dont il vient occuper la place ; mais quelle apparence y a-t-il que ce nouvel Evêque soit traitable ; s'il est vrai qu'il ait refusé d'autres bons Evêchez, il

faut

faut qu'il foit auſſi ſcrupuleux que le Moine *Draconce* à qui *S. Athanaſe* reprocha de n'avoir pas accepté celui qu'on lui preſentoit. Or s'il eſt tel, on ne s'accommodera guéres de ſa rigidité, car on eſt déja fort las des excommunications de ſon Prédéceſſeur.

Je ſuis Monſieur vôtre &c.

A *Miſſilimakinac*, ce 18. Septembre 1688.

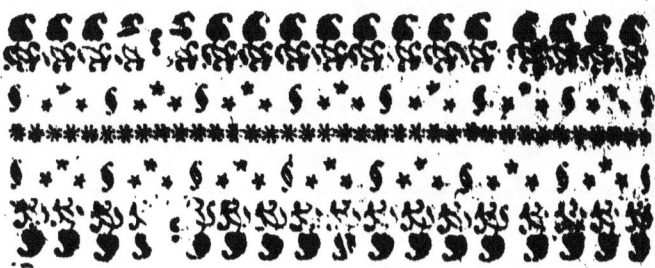

## LETTRE XVI.

*Qui contient le depart de l'Auteur de Missilimakinac. Description de la Baye des Puants, & de ses Villages. Ample description des Castors, suivie du voyage remarquable de la Rivière Longue, avec la Carte des Païs découverts, & autres. Retour de l'Auteur à Missilimakinac.*

# MONSIEUR,

Me voici, graces à Dieu, de retour de mon voyage de la *Rivière Longue* qui se décharge dans le Fleuve de *Missisipi*. J'en aurois bien pû suivre le cours jusqu'à son origine: si plusieurs obstacles ne m'en avoient empêché. Je partis d'ici le 24. du mois de Septembre dernier avec mon détachement, & ces cinq *Outaouas* bons chasseurs, dont je vous ai parlé, qui m'ont été fort utiles.

Tou-

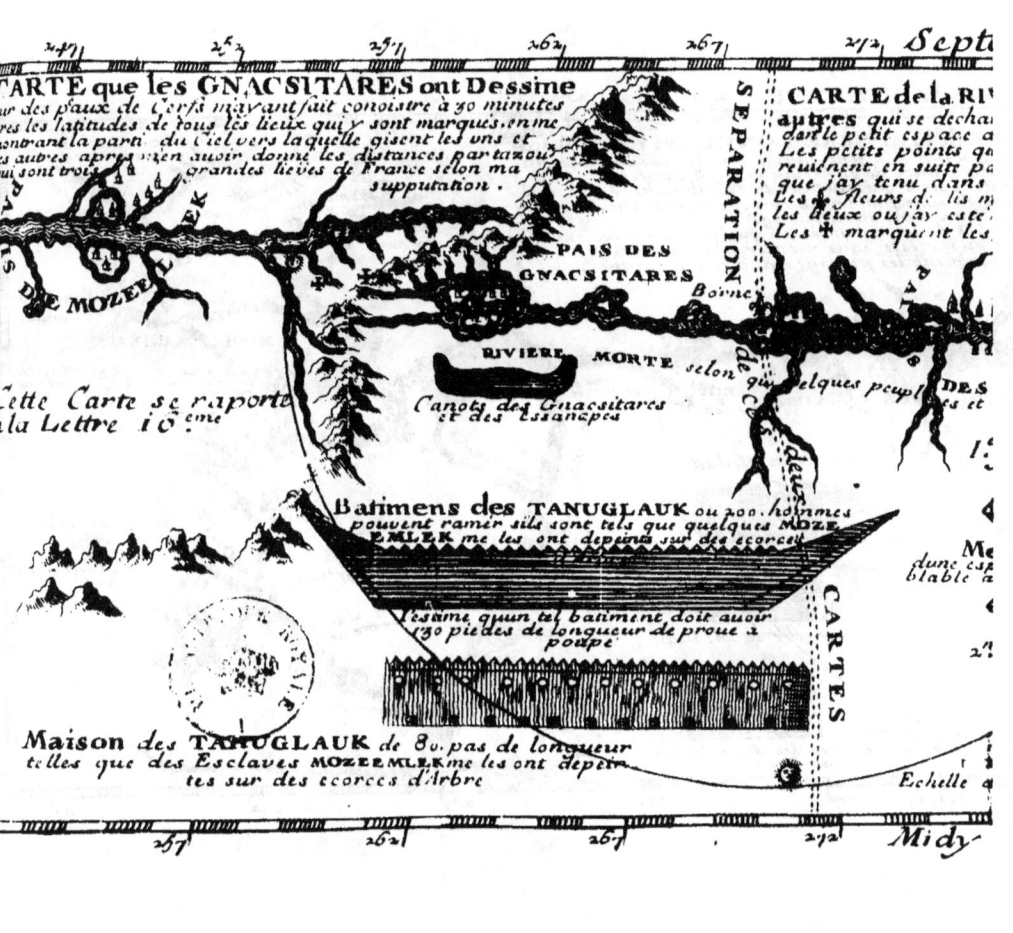

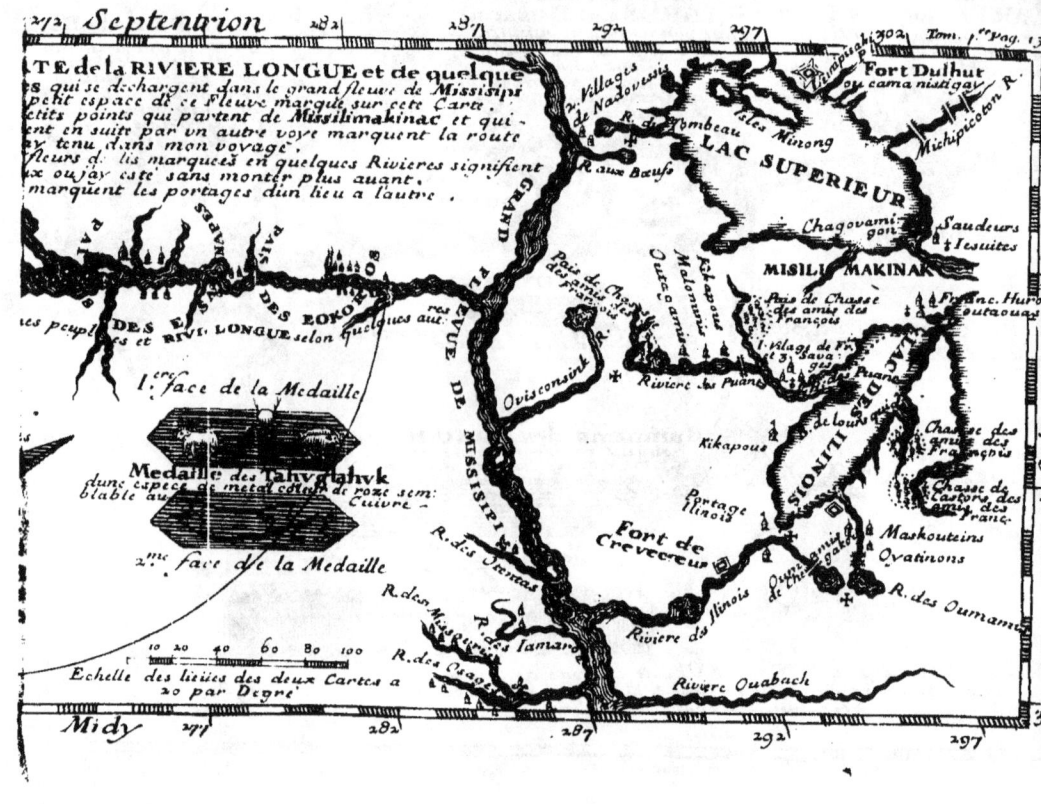

Tous mes Soldats étoient pourvûs de Canots neufs remplis de vivres, de munitions de guerre & de Marchandises propres pour les Sauvages. Le vent de Nord, dont je profitai me poussa en trois jours à l'entrée de la Baye des *Poutéouatamis*. Elle est éloignée d'ici d'environ quarante lieuës. L'ouverture de cette Baye est presque fermée d'Isles ; elle a dix lieuës de largeur, & 25. de profondeur.

Nous entrâmes le 29. dans une petite Riviere assez profonde, qui se décharge où l'eau du Lac monte trois pieds à pic en 12. heures & descend tout autant ; c'est une remarque que je fis durant trois ou quatre jours que j'y séjournai. Les *Sakis*, les *Poutéouatamis* & quelques *Malominis* ont leurs Villages situez au bord de cette Riviére. Les Jesuites y ont aussi une Maison. Il se fait en ce lieu-là un grand commerce de Peleteries & de bled d'Inde que ces Sauvages trafiquent aux coureurs de bois, qui vont & viennent ; car c'est le passage le plus court & le plus commode pour aller au Fleuve de *Mississipi*. Les terres y sont si fertiles qu'elles produisent presque sans culture du Froment de nôtre Europe, & des Poix, des Féves & quantité d'autres fruits inconnus en France. Dès que j'eus mis pied à terre, les Guerriers de ces trois Nations vinrent tour à tour dans ma Cabane me régaler de la danse du Calumet & de celle du Capitaine ; la premiére en témoignage de paix & de bonne amitié ; la seconde pour me marquer leur estime & leur con-

considération. J'y répondis par quelques brasses de tabac de Bresil dont ils font beaucoup de cas, & par certains cordons de rassade ou conterie de Venise, dont ils brodent leurs Capots. Le lendemain matin, je fus prié de me trouver au Festin d'une de ces Nations; & après y avoir fait porter de la vaisselle selon la coûtume, je m'y en allai vers le Midi. Ils débuterent par me complimenter sur mon arrivée, & moi leur ayant fait une réponse de remerciment, ils se mirent tous l'un après l'autre à chanter & danser d'une maniere, dont je vous ferai le détail quand j'aurai plus de loisir. Ces chansons & ces danses durerent deux heures. Cela fut assaisonné de cris de joye, & de quolibets qu'ils font entrer dans leur Musique ridicule. Ensuite les esclaves servirent : Toute la troupe étoit assise à la maniere Orientale, chacun avoit sa portion comme nos Moines dans leurs Refectoires.

On commença par mettre devant moy quatre plats, le premier consistoit en deux Poissons blancs boüillis simplement à l'eau; le second étoit garni de côtelettes, & d'une langue de Chevreüil, le tout boüilli; le troisiéme de deux Gelinotes de bois, d'un pied d'Ours de derriére, & d'une queuë de Castor, le tout rôti; le quatriéme contenoit un copieux bouillon de plusieurs sortes de viandes. Ils me firent boire d'une liqueur délicieuse, qui n'est pourtant qu'un syrop d'érable battu avec de l'eau, je vous en parlerai quelque jour.

Le

Le Festin dura deux heures, après quoi je priai un des Chefs de cette Nation de chanter pour moi, car c'est la coûtume, lorsqu'on a des affaires, d'employer un second pour foi en toutes les cérémonies qui se font parmi les Sauvages. Je lui fis present de quelques morceaux de tabac pour l'obliger à tenir la partie jusqu'au soir. Le lendemain & le jour suivant, je fus pareillement engagé d'aller aux Festins des deux autres Nations, où l'on observa les même formalitez. Je ne trouvai rien de plus curieux dans ces Villages, que dix ou douze Castors aussi apprivoisez que des chiens. Ils alloient & venoient des Cabanes aux Riviéres, & des Riviéres aux Cabanes sans s'égarer. Je m'informai des Sauvages, si ces Animaux pouvoient vivre hors de l'eau; ils me répondirent qu'ils y vivoient aussi facilement que les chiens, & qu'ils en avoient gardé pendant un an, sans en sortir que pour courir dans le Village; d'où je conclus que Messieurs les Casuistes ont grand tort de ne pas mettre les Canards, les Oyes, & les Sarcelles au nombre des amphibies aussi-bien que les Naturalistes. Il y avoit déja long-temps que plusieurs Ameriquains m'avoient dit la même chose, mais comme je croyois qu'il y avoit des Castors de differentes espéces, je voulus en être encore mieux informé. Il est vrai qu'il s'en voit d'un certain genre particulier, qu'on appelle terriens; mais selon le rapport même des Sauvages ceux-cy sont d'une espéce differente des amphibies: Ils
font

font des tanières ou des trous en terre, comme les Lapins & les Renards, n'allant jamais à l'eau que pour boire. Ils les appellent des paresseux qui ont été chassez de quelques Cabanes dans lesquelles ces Animaux habitent jusqu'au nombre de 80. Je vous en parlerai quelque jour. Ces Animaux fainéans ne voulant pas travailler font chassez par les autres, comme les Guespes par les Abeilles, & ils en font maltraitez si violemment qu'ils font obligez d'abandonner les Cabanes que la bonne race construit elle-même sur les Etangs. Ces Castors indolens ont la figure des autres, si ce n'est que leur poil est rongé sur le dos & sur le ventre, ce qui vient de ce qu'ils se frottent contre la terre quand ils vont à leur tanière ou quand ils en sortent. Les Naturalistes se trompent grossierement lors qu'ils pretendent que ces Animaux se coupent les testicules quand les Chasseurs les poursuivent. C'est une vision toute pure, car la partie que les Medecins appellent *Castoreum* ne réside point là, elle est renfermée dans une certaine poche que la Nature semble avoir faite exprès pour ces Animaux. Ils s'en servent pour se dégacer les dents, quand ils ont mordu quelques arbrisseaux gommeux. Mais supposé que le *Castoreum* fut dans les testicules, il seroit impossible que cet Animal pût les arracher sans déchirer les nerfs des aînes où elles sont cachées près de l'*os pubis*. Il est aisé de s'apercevoir qu'*Elian* & plusieurs autres Naturalistes ne connoissoient guères

la

la chasse des Castors : ils n'auroient point avancé qu'on pourfuit ces Animaux, qui ne s'écartent jamais du bord de l'Etang où leurs Cabanes sont construites, & qui au moindre bruit plongent & nagent entre deux eaux pour retourner dans leurs nids après le danger. Si ces Animaux savoient la raison pour laquelle on leur fait la guerre, ils devroient s'écorcher tous vifs, puis qu'on n'en veut qu'à leur peau ; car le *Castoreum* n'est rien en comparaison de ce qu'elle vaut. Un grand Castor a 26. pouces de longueur de l'occiput à la racine de la queuë ; sa circonference est de 3. pieds huit pouces ; sa tête a sept pouces de longueur & six de largeur ; sa queuë fait bien l'étenduë de quatorze pouces, elle en a six de largeur, & au milieu elle est épaisse d'un pouce & deux lignes. Cette queuë est d'une figure ovale, l'écaille dont elle est couverte est un exagone irrégulier, ce qui fait un épiderme, c'est à dire, en terme de Medecine, une petite peau qui enveloppe la grande. Cet Animal se sert de sa queuë pour porter de la bouë, de la terre & toutes les autres matiéres dont sont formées les Digues & les Cabanes qu'il construit par un instinct admirable. Ses oreilles sont courtes, rondes & enfoncées ; ses jambes ont cinq pouces, ses pattes trois & demi du talon jusqu'au bout du grand doigt ; ses pieds ont six pouces & huit lignes de longueur. Ses pattes sont faites à peu près comme la main d'un homme, & il s'en sert pour manger à la maniére des
Singes,

Singes, elles font feüilluës, & les cinq doigts joints enfemble comme ceux d'un Canard par une membrane de couleur d'ardoife. Ses yeux plus petits que grands à proportion de fon corps, font de la figure de ceux des Rats. Il a au devant de fon muſeau quatre dents de défenſe, deux à chaque machoire, comme les Lapins; & 16. molaires, huit en haut & huit en bas. Ses dents de défenſe ou inciſives ont plus d'un grand pouce de longueur, & un quart de largeur, avec cela elles font fortes & tranchantes comme un fabre de Damas, car cet Animal (fecondé par fes confreres, pardonnez-moi ce terme là, j'entens d'autres Caſtors,) coupe des arbres gros commes des bariques, ce que je n'euſſe jamais crû fi je n'avois remarqué moi-même plus de vingt troncs de ces arbres coupez. Son poil eſt double; l'un eſt long, noirâtre, luiſant & gros comme du crin; l'autre délié, uni, long de quinze lignes pendant l'hiver; en un mot le plus fin duvet qui foit au monde. La peau d'un tel Caſtor peſe deux livres, le prix en eſt différent. La chair en eſt délicate l'Hiver & l'Automne, mais il faut la rôtir pour la manger tout à fait bonne. Voilà, Monſieur, la deſcription exacte de ces prétendus amphibies, dont les ouvrages font la production d'une fi fine ſtructure, qu'à peine l'Art peut-il fournir rien d'auſſi beau. Peut-être vous en ferai-je quelque jour le détail, la digreſſion ſeroit à préſent trop longue.

Il n'eſt donc plus queſtion que d'abandonner

donner la Navigation des Lacs en partant de cette Baye, où je commençai le Journal que je vous envoye avec la Carte de tous les Païs que j'ai découverts. Je m'embarquai le 30. Septembre avec tous mes gens, & le 2. Octobre j'arrivai au pied du Saut du *Kakalin*, après avoir refoulé quelques petits courans dans la Rivière *des Puants*. Le lendemain nous fîmes ce petit portage, & le 5. j'arrivai au Village des *Kikapous*, auprès duquel je campai le jour suivant pour y prendre langue. Ce Village est situé sur le bord d'un petit Lac, où les Sauvages pêchent quantité de Brochets & de Goujons. Je n'y trouvai que trente ou quarante Guerriers pour la garde, car les autres étoient allez à la chasse des Castors depuis quelques jours. Le 7. je me rembarquai; & après avoir bien ramé, nous entrâmes vers le soir dans le petit Lac des *Malominis*, où nous tuâmes assez de Canards & d'Outardes pour souper. Nous y cabanâmes sur une pointe de terre. Dès le point du jour nous nous mîmes en Canot pour aller à leur Village, où nous ne restâmes qu'une heure pour parler à quelques Sauvages à qui je fis present de deux brasses de tabac, qui par reconnoissance nous donnerent deux ou trois sacs de farine de *fols Avoine*. Ce Lac est couvert de cette sorte de Grain qui y croît en touffes, & dont la tige est haute. Ces Sauvages en font des moissons abondantes. Le 9. j'arrivai au pied du Fort des *Outagamis*, où je ne trouvai que peu de gens;

Ils

Ils me firent un fort bon accüeil. Car après avoir dansé le Calumet à la porte de ma Cabane, ils m'apporterent des Chevreüils & du Poisson. Le lendemain, ils m'accompagnerent jusqu'au haut de la Riviére où leurs gens étoient à la chasse des Castors. Le 11. nous nous ambarquâmes de compagnie, & nous mîmes pied à terre le 13. au bord d'un petit Lac où nous trouvâmes la Cabane du Chef de cette Nation. Dés que nous eûmes cabané, ce Capitaine vint me rendre une visite de cérémonie, & s'informa de quel côté je prétendois aller. Je lui répondis que bien loin de marcher vers les *Nadouessions* ses ennemis, je n'en approcherois de plus de cent lieuës, & que pour l'en assurer d'vantage je le priois de vouloir bien me donner six Guerriers pour m'accompagner à la *Riviére Longue* que je voulois remonter jusqu'à sa source. Il me dit qu'il étoit ravi que je ne portois ni armes, ni hardes aux *Nadouessions*, qu'il voyoit bien que je n'étois pas en équipage de *Coureur de bois*, & qu'au contraire je méditois quelque découverte; mais qu'il ne me conseilloit pas de remonter trop haut cette belle Riviére, à cause de la multitude de Peuples que j'y trouverois, quoi qu'ils n'eussent pourtant aucun talent pour la guerre. Il vouloit dire par là que je pourrois être surpris durant la nuit par quelque grand parti, cependant au lieu de six Guerriers que je lui demandai il m'en donna dix, qui savoient la langue & connoissoient le Païs des *Eokoros*

avec

avec lesquels sa Nation étoit en paix depuis plus de vingt ans. Je demeurai deux jours avec ce Chef, pendant lesquels il me régala parfaitement bien, se promenant même avec moi, pour me donner le plaisir de remarquer la séparation des Cabanes des chasseurs dans les Païs où l'on trouve les Castors. Je vous expliquerai quelque jour ce que c'est que ces Cabanes. Je luy fis present d'un fusil, de deux livres de poudre, de quatre livres de balles, de douze pierres à fusil, & d'une petite hache. Je donnai aussi à ses deux enfans chacun un Capot & une brasse de tabac de Bresil. Entre ces dix Guerriers, il s'en trouva deux qui parloient parfaitement bien la langue des *Outaouas*, c'est-à-dire, des *Algonkins*. Ce n'est pas que je n'entendisse un peu la leur, parce que la différence n'en est pas fort grande. Cependant cela me fit plaisir, car il y a certains mots qui m'auroient fait de la peine ; Mes quatre *Outaouas* furent ravis de voir ce petit renfort, cela les encouragea tellement qu'ils me dirent plus de quatre fois que nous pouvions aller jusqu'à la Cabane du Soleil, sans rien craindre. Je m'embarquai donc avec cette petite escorte le 16. à midi, & nous arrivâmes le soir au portage de *Ouisconsine*, que nous fimes en deux jours ; c'est-à-dire, que nous quittâmes la Riviére des *Puants*, en transportant nos Canots & nôtre bagage jusqu'à la Riviére de *Ouisconsine*, qui n'en est éloignée que de trois quarts de lieuë tout au plus. Je ne vous dis rien de cette Rivière abandonnées, sinon qu'elle est sale, bourbeuse, & bordée de Côteaux escarpez, de marais & de rochers effroyables. Le 19. nous nous embarquâmes sur la Rivère de *Ouisconsine*, & à la faveur d'un paisible courant nous arrivâmes en quatre jours à son embouchure, dans le Fleuve de *Mississipi*, lequel peut avoir une demi-lieuë de largeur en cet endroit-là. Cette Rivière n'est ni plus large, ni plus rapide que la Loire. Elle gît *Nord-Est & Sud-Oüest*, elle est bordée de prairies : de bois de haute futaye, & de sapins ; je n'y ai vû que deux Isles, peut-être en a-t'elle d'autres que l'obscurité de la nuit m'empêcha de découvrir en descendant. Le 23. nous allâmes cabaner dans une Isle, sur le Fleuve de *Mississipi*, vis-à-vis de la Rivière dont je vous parle. Nous espérions y trouver des Chevreüils, mais par malheur il n'y en avoit point. Le lendemain nous traversâmes de l'autre côté du Fleuve en sondant par tout comme le jour précedent, & je trouvai neuf pieds d'eau en l'endroit le moins profond. Le 2. Novembre nous arrivâmes à l'entrée de la *Riviére Longue*, après avoir refoulé plusieurs courants de ce Fleuve assez rudes, quoi qu'en ce tems-là les eaux fussent au plus bas. Dans le cours de cette petite Navigation, nous tuâmes deux Bœufs sauvages que nous fimes boucaner, & nous péchâmes quelques Barbuës assez grosses. Le 3. nous entrâmes dans l'embouchure de cette *Riviére Longue* qui forme une espéce de Lac rempli de joncs :

tout

nous trouvâmes dans le milieu un petit chênail que nous suivîmes jusqu'à la nuit, laquelle nous passâmes à dormir dans nos Canots. Le matin je demandai aux dix *Outagamis* qui m'accompagnoient, si cette Navigation parmi ces Joncs dureroit long-tems; ils me répondirent qu'ils n'avoient jamais été à l'entrée de cette Riviére en Canot, que cependant ils m'assûroient qu'à vingt lieuës en haut ses bords n'étoient que des bois ou des prairies. Nous n'allâmes pas néanmoins si loin, car le lendemain sur les dix heures du matin, nous trouvâmes cette Riviére assez étroite, & les rivages garnis de bois de haute futaye, & navigeant le reste du jour, nous vîmes quelques prairies d'espace en espace. Le même soir, nous cabanâmes sur une pointe de terre pour faire cuire nos viandes boucanées, n'en ayant pas encore de fraîches. Le jour suivant, nous nous arrêtâmes à la premiére Isle que nous découvrimes: nous n'y trouvâmes ni hommes, ni bêtes, & comme il étoit un peu tard je ne voulus pas aller plus loin, me contentant de faire pêcher quelques méchans poissons qui sentoient la vase. Le 6. à la faveur d'un petit vent en poupe, nous allâmes cabaner à 12. lieuës plus haut dans une autre Isle. Nous fîmes cette Navigation fort promptement, nonobstant le grand calme qui régne dans cette Riviére, que je crois la moins rapide qu'il y ait au monde. Cette diligence me surprit, aussi-bien que de ne point voir-là autant de Cerfs, de Chevreüils &

de Poulets d'Inde, que j'en avois vû dans les autres endroits de ma découverte. Le 7. le même vent nous porta dans une troisiéme Isle, éloignée de dix ou onze lieuës de celle que nous quittâmes le matin ; Nos Sauvages y tuérent trente ou quarante Faisans, qui me firent quelque plaisir. Le 8. ne pouvant presque plus nous servir du vent, à cause de certains Côteaux couverts de Sapins, nous reprîmes l'aviron, & sur les deux heures après midi nous découvrimes de grandes prairies sur la gauche avec quelques Cabanes à un quart de lieuë de la Rivière. Aussi-tôt nos Sauvages sautérent à terre avec dix de mes Soldats pour s'y en aller. Ils y trouvérent cinquante ou soixante chasseurs, qui les ayant attendus l'arc & la fléche à la main, mirent les armes bas, dès qu'ils eurent entendu les cris des *Outagamis*. Ces chasseurs firent present à nos gens de quelques Cerfs qu'ils avoient tué sur le lieu, & ils aidérent à transporter ces viandes jusqu'à mes Canots. C'étoit des *Eokoros* qui avoient quitté leur Village pour aller à la chasse, & qui furent ravis de nous trouver ; car par politique plûtôt que par reconnoissance, je leur donnai du tabac, des coûteaux, & des aiguilles, qu'ils ne pouvoient se lasser d'admirer. Ils coururent promptement aux Villages pour avertir leurs camarades qu'ils avoient rencontré de bonnes gens, tellement que le lendmain vers le soir, nous vîmes paroître sur le bord de la Rivière plus de deux mille Sauvages qui nous ayant

*apper*

apperçûs se mirent à danser. Nos *Outagamis* aborderent à terre, & leur ayant parlé, quelques-uns des Principaux s'embarquerent dans nos Canots jusqu'au premier Village, où nous n'arrivâmes qu'à minuit. Je cabanai sur une pointe de terre à un quart de lieuë de là, prés d'une petite Riviére. Quoique ces Sauvages me pressassent extrêmement de loger dans un de leurs Villages, il n'y eût que les *Outagamis*, & les quatre *Outaouas* qui y allerent, & qui les avertirent de ne point approcher la nuit de mon Campement. Le jour suivant je laissai reposer mes Soldats, & je visitai les Chefs de cette Nation, en leur presentant des coûteaux, des cizeaux, des aiguilles & du tabac. Ils me firent dire qu'ils étoient ravis de ce que nous étions venus dans leurs Païs, parce qu'ils avoient entendu parler des François à d'autres Nations Sauvages qui les loüoient beaucoup. Le 11. j'en partis avec une escorte de cinq ou six cens Sauvages, qui marchoient par terre à côté de nos Canots, & laissant un Village à main droite de la Riviére, je fis arrêter mes gens à un troisiéme Village éloigné de 5. lieuës du premier, sans pourtant débarquer ; car je n'avois point d'autre but que de faire un present aux Chefs, de qui je reçûs plus de bled d'Inde, & de viandes boucanées qu'il ne m'en falloit. Enfin, passant de Village en Village sans m'arrêter, sinon pour cabaner la nuit, ou pour leur donner quelques bagatelles, je voulus pousser jusqu'au dernier, pour y prendre langue. Arrivá

au pied de celuy-cy, le grand Chef, qui étoit un vénérable Vieillard, envoya des chasseurs en campagne, dans le dessein de nous faire bonne chere. Il me dit qu'à soixante lieuës plus avant, je trouverois la Nation des *Essanapés*, avec laquelle ils étoient en guerre, que sans cela il me donneroit une escorte jusqu'à leur Païs ; qu'il me livreroit pourtant six esclaves de cette Nation pour les ramener chez eux, & m'en servir dans l'occasion ; & que je n'avois rien à craindre en remontant la Riviére, si ce n'étoit quelque surprise de nuit. Enfin après qu'il m'eût instruit de plusieurs autres circonstances fort utiles, je me disposai à partir incessamment. Ces Chefs nous dirent qu'ils étoient 20000. Guerriers en 11. Villages, & qu'ils avoient été beaucoup plus nombreux avant la guerre, ayant eu tout à la fois sur les bras les *Nadouessis*, les *Panimoha*, & les *Essanapés*. Ces Peuples sont assez civils, ils n'ont rien de feroce, au contraire ils paroissent avoir beaucoup de douceur & d'humanité. Leurs Cabanes sont longues & rondes par le haut, à peu près comme celles de nos Sauvages; mais elles sont faites de roseaux & de joncs entrelassez & plâtrez de terre grasse; Ils adorent le Soleil, la Lune & les Etoilles. Au reste, les hommes & les femmes vont nuds, excepté à l'égard de ce que la pudeur oblige de cacher. Les femmes sont plus laides que celles des Lacs en *Canada*. Il y a quelque sorte de subordination entre-eux. Leurs Villages sont fortifiez de
bran-

branches d'arbres & de faſſines garnies de terre graſſe. Nous nous embarquâmes à ce dernier Village le 21. à la pointe du jour, & le ſoir même nous mîmes pied à terre dans une Iſle couverte de pierres & de gravier, aprés en avoir paſſé une, où je ne voulus pas m'arrêter pour ne pas perdre l'occaſion d'un vent favorable. Ce même vent continuant le lendemain, nous fîmes voile, & nous marchâmes non-ſeulement le jour, mais encore la nuit, ſur le raport que les ſix *Eſſanapés* me firent, que la Rivière étoit ſûre, n'y ayant ni rochers, ni bancs de ſable à apréhender. Le 23. de grand matin nous abordâmes la terre à main droite, pour gommer un de nos Canots qui faiſoit eau. Pendant ce temps-là nous fîmes cuire les viandes de chevreüil dont le Chef du dernier Village des *Eokoros* m'avoit fait preſent, & comme le terrain où nous débarquâmes ce Canot étoit couvert de bois, nos Sauvages y entrerent pour chaſſer, mais ils n'y trouverent que de petits Oiſeaux, ſur leſquels ils ne s'amuſérent pas de tirer. Dés que nous fûmes rembarquez, le vent ayant ceſſé tout à coup, il fallut avoir recours aux avirons ; mais comme la plûpart de mes gens avoient fort peu dormi durant la nuit, ils ne nageoient que trés-foiblement, ce qui m'obligea de m'arrêter à une groſſe Iſle deux lieuës plus haut, étant averti par les ſix eſclaves *Eſſanapés*, que nous y trouverions quantité de Liévres, ce qui fut effectivement vrai. Ces Animaux n'étoient pas d'un mauvais instinct de chercher là leur azile, car ces bois y étoient si épais que nous fûmes contraints de mettre le feu en plusieurs endroits pour les obliger d'en sortir.

Cette chasse finie, mes Soldats se donnerent au cœur joye de ce Gibier, ce qui leur procura un sommeil si profond, que j'eus toutes les peines du monde à les réveiller, sur une fausse allarme qu'une troupe de Loups nous donna, par le bruit qu'ils faisoient en terre ferme dans les broussailles. Le lendemain 24. nous nous embarquâmes à dix-heures, & nous ne pûmes faire que douze lieuës en deux jours, parce que nos Sauvages voulurent marcher le long de la Riviére avec leurs fusils pour tuer des Oyes & des Canards, en quoi ils eurent un grand succès. Nous cabanâmes à l'embouchure d'une petite Riviére à main droite, où les *Essanapés* me firent entendre qu'il n'y avoit de là jusqu'au premier Village que 16. où 18. lieuës, ce qui fit que par le conseil de nos Sauvages, j'en fis partir deux pour y aller annoncer nôtre arrivée. Le 26. nous continuâmes à ramer de toute nôtre force pour tâcher d'y arriver le même jour ; mais la quantité de bois flottans, que nous rencontrâmes en quelques endroits nous en empêcha : de sorte que nous fûmes obligez de coucher dans nos Canots. Le 27. à dix ou onze heures, nous arrivâmes auprès du Village où nous nous arrêtâmes, après avoir arboré le grand Calumet de Paix à la prouë de nos Canots.

Dès que nous parûmes, trois ou quatre cens

cens *Essanapés* accoururent nous recevoir, & après avoir dansé vis-à-vis de l'endroit où nous étions, ils nous appellerent & nous inviterent à gagner terre. A nôtre abord, ils se mirent en devoir de se jetter sur nos Canots, mais je leur fis dire par les quatre *Essanapés* qui étoient avec moi, qu'ils se retirassent, ce qu'ils firent aussi-tôt. Ensuite je mis pied à terre avec nos Sauvages *Outagamis* & *Outaouas*, suivi de vingt Soldats, ayant donné ordre à mes Sergens de débarquer & d'établir des sentinelles. Etant sur le rivage, cette multitude de gens se prosterna trois ou quatre fois devant nous les mains sur le front, & nous fûmes à l'instant portez & enlevez au Village en cérémonie, c'est à dire avec des cris de joye qui m'étourdissoient. Quand nous fûmes à la porte, ceux qui nous portoient s'arrêterent jusqu'à ce que le Chef qui étoit un homme de cinquante ans fut sorti avec cinq ou six cens hommes, armez d'arcs & de flêches. A l'instant nos *Outagamis* me dirent que ces gens-là étoient des insolens de venir recevoir des étrangers avec des armes, ce qui les obligea de leur crier de loin en langage des *Eokoros*, qu'ils jettassent leurs arcs & leurs flêches : mais les deux *Essanapés* que j'avois renvoyé le jour précédent s'étant approchez de moi, me firent entendre que c'étoit leur coûtume de porter leurs armes, & que je n'avois rien à craindre. Cependant, les *Outagamis* obstinez m'obligeoient déja à regagner mes Canots quand tout à coup, le Chef & sa troupe

troupe jetterent l'arc & la flèche à l'écart. Je revins donc sur mes pas, & nous entrâmes tous au Village avec nos fusils que ces Sauvages ne pouvoient se lasser d'admirer; car ils ne connoissoient que par ouï dire ces instrumens meurtriers. Le Chef nous conduisit dans une grande Cabane où il ne paroissoit pas que personne eût jamais demeuré. Lors que mes vingt hommes & moi fûmes dans cette Cabane, on refuse d'y laisser entrer les *Outagamis*; par la raison, leur disoit-on, qu'ils ne meritoient pas d'entrer dans la Cabane de Paix, puis qu'ils avoient voulu susciter la guerre, & former une querelle entre nous & les *Essanapés*. Cependant, j'ordonnai à mes Soldats d'ouvrir la porte, en criant aux *Outagamis* de ne mal-traiter personne; mais au lieu d'entrer, ils me pressèrent de regagner au plus vîte nos Canots, ce que j'executai sur le champ, emmenant avec nous les quatre esclaves *Essanapés*, pour les conduire jusqu'au premier Village que nous devions trouver. Nous ne fûmes pas plûtôt embarquez que leurs deux camarades qui étoient avec cinquante hommes dans une Pirogue vinrent m'annoncer que le Chef nous barroit sa Rivière, à quoi les *Outagamis* répondirent qu'il falloit donc qu'il y transportât une montagne; & sans nous amuser davantage à disputer, nous voguâmes jusqu'à l'autre Village, quoi qu'il fut déja tard, la distance pouvant être de trois lieuës tout au plus. Il faut remarquer que durant le voyage j'avois pris soin de m'informer exacte-

Tome 2. Pag. 53.

Ruisseau

Sauvage tuant un Castor auec le fusil

Castor qui coupe un arbre

Castor tirant un arbre a la nage

Sauvage tuant un Castor auec l'Arc

Cabane de Castor

ETANG A CASTOR

Castor pris dans les filets

trou a la glace

Castor pris au piège

Sauvage harponnant un Castor, Chien ayant pris un Castor

Castor tirant un arbre a la nage

Chien qui mord un Castor

Castor allant travailler

exactement de mes six esclaves, ce que c'étoit que leur Païs, & sur tout du Village principal: ils m'avoient assûré que cette capitale champêtre étoit située sur le bord d'un espéce de Lac; Ainsi sans m'arrêter à tous les Villages, où je n'aurois fait que parlementer, & perdre mon temps & mon tabac, je résolus d'aller au Village principal, pour me plaindre au grand Chef. En effet, nous y arrivâmes le troisiéme Novembre, & l'on nous y fit la plus honnête reception du monde. Nos *Outagamis* se plaignirent de l'affront qu'ils avoient essuyé; mais le grand Chef déja informé de l'affaire, leur répondit qu'ils devoient avoir enlevé l'autre Chef, & l'avoir emmené avec nous. Au reste, pendant l'espace de cinquante lieües que nous navigâmes du premier Village à celui-ci, nous fûmes suivis d'une procession de gens qui nous parurent beaucoup plus sociables que ce Chef qui nous fit l'avanie dont j'ai parlé. Nos gens ayant dressé les Cabanes à une portée de Canon du Village, nous nous rendîmes conjointement avec les *Outagamis* & les *Outaouas* auprès du *Cacique* de cette Nation: où dix Soldats amenerent les quatre esclaves *Essanapés*. J'étois actuellement avec cette espéce de Roi, lors que ceux-cy passerent une demiheure à se prosterner plusieurs fois devant lui. Je lui fis present de tabac, de coûteaux, d'aiguilles, de ciseaux, de deux batteseux avec des pierres à fusil, d'hameçons, & d'un beau sabre; Il fut plus content de

ces bagatelles qu'il n'avoit jamais vû, que je ne ferois d'une groſſe fortune. il nous marqua ſa reconnoiſſance par une matiere qui n'étoit pas beaucoup plus precieuſe, mais qui étoit plus ſolide, c'étoit des poix, des féves, des Cerfs, des Chevreüils, des Oyes, & des Canards, qu'il fit apporter dans mon Camp en profuſion, ce qui nous fit un fort grand plaiſir. Il me dit que puis que j'avois le deſſein d'aller chéz les *Gnacſitares*, il me donneroit deux ou trois cens hommes pour m'eſcorter ; que ces Peuples étoient d'honnêtes gens ; qu'ils étoient liez d'un intérêt commun pour ſe défendre des *Mozeemlek*, qu'il avoüoit être une Nation fort inquiéte & fort belliqueuſe ; il ajoûta même qu'ils marhoient en grand nombre, que la moindre de leurs troupes étoit de vingt mille hommes, & qu'enfin pour ſe garantir des inſultes de ces dangereux ennemis, les *Gnacſitares* & ſa Nation avoient fait une Alliance depuis vingt-ſix ans, que par cette raiſon-là, ces Alliez habitoient dans des Iſles le ſeul endroit où ils peuvent trouver leur ſûreté. J'acceptai ſon eſcorte avec plaiſir, & lui en marquai beaucoup de reconnoiſſance ; je lui demandai quatre Pirogues qu'il m'accorda de fort bonne grace, m'ayant même donné à choiſir ſur cinquante autres. Quand je me vis ſûr de la choſe, je ne perdis pas de temps, je fis doler les Pirogues par mes Charpentiers qui les rendirent de la moitié plus minces & plus legeres. Ces innocens ne pouvoient concevoir le travail de la hache. Ils s'é-
crioient

crioient à chaque coup comme à quelque nouveau prodige, & nous ne pouvions pas même les faire revenir de leur admiration en tirant des coups de piftolet en l'air, quoi qu'ils fuffent également neufs en l'un & en l'autre. Mes Pirogues étant prêtes, j'abandonnai mes Canots à ce Chef; je le priai de vouloir bien me promettre que perfonne n'y toucheroit, fur quoi il me tint parole fort exactement. Je dois vous dire ici que plus je montois la Rivière, plus les Sauvages me paroiffoient raifonnables. Mais ne quittons point ce dernier Village, fans vous dire ce que c'est. Il est plus grand que tous les autres; le grand Chef y fait fa réfidance; Sa Cabane eft bâtie vers la Côte du Lac, dans un quartier féparé, mais environnée de cinquante autres où logent tous fes parens. Quand il marche, on feme des feüilles d'arbres dans le chemin. Il eft ordinairement porté par fix efclaves; Son habit Royal n'eft pas plus magnifique que celui du Chef des *Okoros*; On le voit tout nud, excepté les parties inférieures, qui font couvertes devant & derriére d'une grande écharpe de toile d'écorce d'arbre. Ce Village meriteroit bien le nom de Ville par fa grandeur. Les maifons font conftruites à peu près comme des fours, mais grandes & hautes, la plûpart des rofeaux cimentez avec de la terre graffe. La veille de mon départ, me promenant dans le Village, je vis courir à toute jambe trente ou quarante femmes. Le fpectacle me furprit. J'engageai mes *Ou-*

*tagamis*

*tagamis* de s'informer de la chose ; ils se demanderent à mes quatre esclaves, qui me servoient entiérement d'interprétes dans cette terre inconnuë. Ceux-ci furent s'informer, & rapporterent, que c'étoit de nouvelles mariées qui alloient recevoir l'ame d'un Vieillard qui se mourroit. Je conclus de là, qu'ils étoient Pitagoriciens, ce qui m'obligea de leur faire demander pourquoi ils mangeoient des Animaux & des Oiseaux où leurs ames pouvoient être transfusés. Ils répondirent que la métampsicose ne passoit point chaque espéce, que l'ame de l'homme n'entroit point dans le corps d'un Oiseau, ou de quelqu'autre bête que ce fût, & ainsi de tous les Animaux. Au reste, ces Sauvages, tant hommes que femmes, ne sont ni mieux faits, ni plus agiles que les *Okoros*. Je partis de ce Village le 4. de Décembre, ayant dix Soldats avec moi dans ma Pirogue, sans compter nos dix *Oumamis*, les quatre *Outaouas* & les quatre esclaves *Essanapés*, dont je vous ai déja parlé plus d'une fois. Ici finit le credit & l'autorité du *Calumet de Paix*. Les *Gnacsitares* ne connoissent point ce symbole de concorde. Le premier jour nous fimes six ou sept lieuës avec assez de peine, à cause de la quantité de joncs dont ce Lac est rempli ; les deux jours suivans nous fimes vingt lieuës. Le quatriéme un vent d'Oüest-Nord-Oüest nous surprit avec tant de violence que nous fûmes obligez de gagner terre ; Nous restâmes deux jours sur un fond sablonneux, & dont la sterilité

nous

nous causa d'autant plus de peine, qu'il
n'y eût pas moyen de trouver un morceau
de bois pour faire cuire les viandes ou pour
se chauffer, ce qui pensa nous faire perir
de faim & de froid, car tout le Païs d'a-
lentour n'étoit que des prairies à perte de
vûë, & des marais de vase & de roseaux.
Nous étant rembarquez, nous voguâmes
jusqu'à une petite Isle, où l'on campa. Le
séjour étoit fort désagreable ; c'étoit un ta-
pis qui ne laissa pourtant pas de nous être
utile, car nous y pêchâmes quantité de petites Truites, que nous trouvâmes une fort
bonne Manne. Enfin après six autres jours
de Navigation nous arrivâmes à la pointe
d'une Isle ; c'est celle que je vous dessine
sur ma Carte par une fleur de lis. C'étoit
justement le 19. du même mois de Décembre ; jusques-là nous n'avions point encore
éprouvé toute la rigueur du froid. Dès
que j'eus mis pied à terre & dressé mes Cabanes ; je détachai mes esclaves *Essanapés*
pour aller au premier des trois Villages
qui se trouvoient sur nôtre route, n'ayant
pas voulu m'arrêter à ceux que j'avois
trouvé dans une Isle, que je côtoyai pendant la nuit. Ils revinrent à mon cabanage fort allarmez de la mauvaise réponse du
Chef des *Gnacsitares*, qui nous prenoient
pour des *Espagnols*, & qui vouloient leur
faire un mauvais tour pour nous avoir introduit dans leur Païs. Je ne m'amuserai
pas à vous faire le recit de tout ce qui se
passa, de peur de vous ennuyer. Il me suffira de vous dire que sur le rapport de mes
escla-

esclaves, je m'embarquai sur le champ pour m'aller poster dans une petite Isle, qui se noit le milieu entre la grande & la terre ferme, sans permettre que les *Essanapés* fussent du campement. Cependant, les *Gnacsitares* envoyerent de bons Coureurs jusqu'à quatre-vingt lieuës chez des Peuples demeurant au Sud. Comme ces Peuples étoient censez connoître bien les *Espagnols* du *Nouveau Mexique*, on les pria de nous venir examiner. La longueur du chemin ne les rebuta point, ils entreprirent ce voyage aussi gayement que s'il se fût agi de quelque affaire Nationnale, & après avoir consideré nos habits, nos épées, nos fusils, nôtre air, nôtre teint, & nous avoir entendus parler, ils furent contraints d'avoüer que nous n'étions pas de véritables *Espagnols*. Cela joint à quantité de raisons que je leur donnai du sujet de mon voyage, de la guerre que nous faisions aux Espagnols mêmes, & du Païs que nous habitions du côté de l'Orient, les dissuaderent entiérement de leur opinion mal-fondée. Alors ils me priérent d'aller camper dans leur Isle, & m'apporterent d'une espéce de grains du Païs, qui ressemble fort à nos lentilles, dont ils recüeillent une copieuse moisson. Je les en remerciai, disant que je ne voulois pas être obligé à me méfier d'eux, ni leur donner occasion de se méfier de moi. Cependant, je m'embarquay pour faire ce petit trajet avec mes Sauvages & six Soldats bien armez, & faisant couper les glaces en certains endroits, car il y avoit dix ou douze jours qu'il geloit d'une grande force, je débarquai à deux lieuës d'un de ces Villages où j'allai ensuite par terre. Il est inutile de vous marquer les cérémonies qui s'observerent dans cette occasion-là; ce seroit toûjours la même chanson. Il me suffira de vous dire que mes presens produisirent un effet merveilleux dans l'esprit de ces gens, que je nommerai canailles, quoi qu'ils fussent des plus polis que j'eusse encore vû en ce Païs-là. Leur Chef est celui de tous qui a le plus la figure de Roi. Il domine absolument sur tous les Villages qui sont décris dans ma Carte, ce sont eux-mêmes qui me l'ont donnée. Il y avoit dans cette Isle aussi-bien que dans les autres, de grands Parcs remplis de Bœufs sauvages pour l'usage de cette Nation. Je demeurai deux heures avec ce grand Chef ou *Cacique*, parlant presque toûjours des *Espagnols* du Nouveau *Mexique*, qu'il m'assûra n'être pas plus éloignez de leur Païs que de 80. tazous, qui sont chacun trois lieuës. Ma curiosité ne cedoit pas à la sienne; j'avois du moins autant d'envie qu'il m'informât des Espagnols qu'il souhaitoit en être instruit de moi, & nous nous apûmes réciproquement bien des choses là-dessus. Il me pria d'accepter une grande Maison qu'il avoit fait préparer pour moi, & sa premiére civilité fut de faire venir quantité de filles, entre lesquelles il nous pressoit moi & les miens de choisir. La tentation auroit été plus forte dans un autre tems, je mets ne valoit rien pour des Voyageurs affoiblis de travail, & d'abstinence, *sine Cerere & Baccho friget Venus.* Sur cette honnêteté nos Sauvages lui representerent à ma sollicitation que les Soldats de mon détachement m'attendoient à une certaine heure, & que pour peu que je tardasse ils seroient en peine de moi. Nous nous séparâmes assez contens l'un de l'autre ; cette avanture m'arriva le 7. Janvier.

Deux jours aprés le *Cacique* vint me voir, emmenant avec lui 400. des siens, & quatre Sauvages *Mozeemlek*, que je pris pour des *Espagnols* : Cette méprise venoit de la grande difference qu'il y a entre ces deux Nations Ameriquaines. Ces quatre *Mozeemlek* étoient vêtus ; ils portoient la barbe touffuë & les cheveux jusqu'au de dessous de l'oreille : ils avoient le teint bazané ; enfin par leur abord civil & soûmis, par leur air poli & leurs manieres engageantes, je ne pouvois m'imaginer que ce fussent des Sauvages ; Je me trompois néanmoins, ils en avoient le nom & la chose. Voicy ce que j'appris du Païs de ces esclaves, suivant la description Geographique que les six *Gnacsitares* firent en forme de Carte sur une peau de Cerf ; Je vous en envoye la Copie. Leurs Villages sont situez sur le bord d'une Riviére qui tire sa source d'une chaîne de Montagnes où la *Riviére Longue* se forme aussi par quantité de grands ruisseaux qui font là un confluant. ˮ Quand ˮ les *Gnacsitares* vont à la chasse des Bœufs ˮ sauvages, ils se servent ordinairement de
ˮ Piro-

» Pirogue pour voiture, & pourſuivent
» leur route juſqu'à la croix que vous
» voyez marquée dans la Carte, laquelle
» croix † ſe trouve à la fourche de deux
» petites Riviéres. Cette chaſſe de Bœufs
» ſauvages dont les Vallées ſont toutes
» remplies pendant l'Eté, eſt quelquefois
» l'occaſion d'une cruelle guerre : Vous
» ſaurez que l'autre croix † que vous
» voyez dans la Carte ſert auſſi de borne
» aux *Mozeemlek* ; ſi bien que pour peu
» que ces deux Nations avancent mutuel-
» lement ſûr le terrain, c'eſt un ſujet de
» carnage. Ces Montagnes ont ſix lieuës
» de largeur. Elles ſont ſi hautes qu'il faut
» faire de grands detours pour les traver-
» ſer, & elles ne ſont habitées que d'Ours
» & d'autres bêtes ſauvages.

» La Nation des *Mozeemlek* eſt grande
» & puiſſante ; cependant ces quatre Sau-
» vages que j'avois pris pour Eſpagnols,
» m'apprirent quelques particularitez de
» leur Païs, & me dirent qu'à cent cin-
» quante lieuës la principale Riviére ſe
» décharge dans un grand Lac d'eau ſalée
» de trois cens lieuës de circuit, dont l'em-
» bouchure n'en a tout ou plus que deux ;
» qu'au bas de la Riviére étoient ſituées ſix
» belles Villes ; l'enceinte en eſt de pierre
» enduite de terre graſſe ; les Maiſons ſont
» découvertes, ſans toit & en maniere de
» platte-forme ; Je vous en donne le plan
» dans la Carte : Ils ajoûterent qu'il y en
» avoit encore plus de cent, tant petites
» que grandes, autour de cette eſpéce de
» Mer,

„ Mer sur laquelle ils naviguoient avec
„ des batteaux tels que vous les voyez ici
„ dépeints ; que ces gens-là faisoient des
„ étoffes, des hache de cuivre, & plu-
„ sieurs autres ouvrages, dont mes *Outa-*
„ *gamis* aussi-bien que les autres interprê-
„ tes, fort ignorans en cela, ne purent
„ jamais me donner aucune connoissance;
„ Que leur Gouvernement étoit despoti-
„ que, tout se réunissant à un Grand Chef
„ sous qui tous les autres tremblent : Que
„ ces Peuples s'apelloient *Tahuglauk*, qu'ils
„ étoient aussi nombreux que des feüilles
„ des arbres, ( car c'est ainsi qu'ils s'expri-
„ ment dans leur hiperbole sauvage, ) Ils
„ disoient de plus que leurs gens, c'est-à-
„ dire, les *Moxeemlek*, amenoient dans les
„ Villes des *Tahuglauk* des troupeaux de
„ petits Veaux pris dans les Montagnes
„ dont je vous ai parlé, & dont ces der-
„ niers se servent à plus d'un usage ; Ils
„ en mangent la viande ; ils les dressent
„ au labourage, & la peau sert aux vête-
„ mens, aux bottes, &c. Ils m'apprirent
„ aussi qu'ils avoient eu le malheur d'être
„ pris par les *Gnacsitares* pendant une guer-
„ re qui duroit depuis dix ans, mais qu'ils
„ espéroient que la Paix se feroit, & qu'a-
„ lors tous les prisonniers seroient échangez
„ selon la coûtume. Ils se vantoient d'être
„ fort raisonnables, en comparaison des
„ *Gnacsitares* qu'ils disent n'avoir que la figu-
„ re d'hommes, & qu'ils regardent comme
„ des bêtes, Je crois qu'en cela, ils ne se trompent pas tout à fait, car en effet, je re-
marquai

marquai tant d'honnêteté & tant de politesse dans ces quatre *Mozeemlek*, que je croyois commencer avec des Européens, quoi que cependant il faut demeurer d'accord que les *Gnacsitares* sont d'ailleurs la Nation la plus traitable que j'aye vûë parmi les Sauvages. L'un de ces quatre *Mozeemlek* avec une Médaille penduë au coû d'un espéce de cuivre tirant sur le rouge, de la figure que vous voyez sur ma Carte ; je la fis fondre par l'Arquebuzier de Mr. de *Tonti* aux *Illinois* qui avoit quelque connoissance des métaux ; mais la matière devint plus pesante & la couleur plus foncée qu'auparavant, & même un peu maniable. Je les priai de m'instruire à fond de ces sortes de Médailles : ,, Ils me dirent que
,, les *Tahuglauk*, qui en sont les Artisans,
,, en font beaucoup de cas ; Au reste, je
,, n'ai rien pû apprendre des Pays, du Com-
,, merce & des Mœurs de ces Peuples éloi-
,, gnez. Tout ce qu'ils me dirent, c'est
,, que leur Riviere descendoit toûjours vers
,, le Couchant, & que le Lac d'eau salée
,, dans lequel elle se décharge, & que je
,, vous ai dit avoir trois cens lieuës de cir-
,, cuit, en a trente de largeur, son em-
,, bouchure étant bien loin vers le Midi ou
,, le Sud. J'aurois eu beaucoup de curio-
,, sité d'apprendre à fond les mœurs & les
,, manières des *Tahuglauk*, mais ne pou-
,, vant me satisfaire par mes propres yeux,
,, je fus obligé de m'en rapporter au témoi-
,, gnage des *Mozeemlek*, qui m'assurerent
,, avec toute la bonne foi sauvage, que
,, ces

„ ces Peuples portoient la barbe longue
„ de deux doigts ; que leurs robes venoient
„ jusqu'aux genoux, qu'ils étoient coëffés
„ d'un bonnet pointu, qu'ils avoient tou-
„ jours à la main un long bâton, à peu
„ près ferré comme les nôtres, & qu'ils
„ étoient chauffez d'une bottine qui leur
„ monte jusqu'au genou ; que leurs fem-
„ mes ne se montroient point ; apparem-
„ ment sur le même principe qu'en Italie
„ ou en Espagne, & qu'enfin ces Peuples,
„ quoi que toujours en guerre avec de puis-
„ santes Nations, situées aux environs &
„ au delà du Lac, n'inquiétent point les
„ Nations errantes qui se trouvent sur leur
„ chemin, par la raison qu'elles sont plus
foibles qu'eux ; Belle leçon pour les Princes, qui savent si bien mettre en usage le
droit du plus fort.

Je n'ai pû tirer d'autres lumières touchant les *Tahuglauk*. Ma curiosité me portoit
assez à m'informer à fond de tout ce qui
concerne ce Païs-là ; mais malheureusement je manquois d'un bon interprête, &
ayant affaire à plusieurs hommes qui ne
s'entendoient pas eux-mêmes, c'étoit un
galimatias où je ne comprenois rien, ce
qui m'obligea de m'en rapporter à ce qui
en est. Je me contentai donc de faire à ces
quatre malheureux esclaves quelques libé-
ralitez à la magnificence de ce Païs-là;
j'eusse bien souhaité de les amener en *Canada*; je tâchai même de les engager à ce
voyage, par de certaines offres qui devoient
leur paroître des Montagnes d'or ; mais
l'amour

l'amour de la Patrie l'emporta, & il me fut impossible de persuader ces malheureux, tant il est vrai que la Nature réduite à ses justes bornes se soucie peu de la fortune. Cependant le dégel étant survenu, & le vent s'étant remis au Sud-Oüest, je as dire au grand Cacique des *Gnacsitares* que je voulois m'en retourner ; Je réitérai mes presens, en recompense desquels ils me donnerent autant de viandes de Bœufs que mes Pirogues en pouvoient contenir, après quoi je m'embarquai. De la petite Ile d'où je partois, je traversai d'abord en terre ferme pour y faire planter un long & gros poteau, sur lequel les armes de France paroissoient sur une plaque de plomb. Je partis de là le 26. Janvier, & j'arrivai heureusement avec toute ma troupe le 5. Février au Païs des *Essanapés*. Je descendis la Riviére *Longue*, avec beaucoup plus de plaisir que je ne l'avois montée : je me divertissois à voir une quantité de Chasseurs tirer heureusement sur des Oiseaux de Riviére qui se trouvent là en abondance. Vous saurez que cette Riviére est d'un cours assez calme, excepté depuis le quatorziéme Village jusqu'au quinziéme, où son courant peut être appellé rapide ; ce qui fait tout au plus l'espace de trois lieuës. Elle est si droite qu'elle ne serpente presque pas depuis son embouchure jusqu'au Lac ; j'avoüe qu'elle est triste. La plûpart de ses rivages sont affreux ; son eau même est dégoûtante ; mais elle dédommage de tout cela par son utilité, car elle est fort navigable,

gable, & elle porteroit même jusqu'à des barques de cinquante tonneaux, ce qui finit à l'endroit marqué sur la Carte par une fleur de Lis, lieu où je plantai un poteau, que mes Soldats nommèrent *la borne de Labontan*. J'arrivai le 2. de Mars au fleuve de *Mississipi*, que je trouvai beaucoup plus rapide & plus profond que la première fois, à cause des pluyes & du débordement des Rivières. Pour nous épargner de la rame nous nous abandonnâmes au courant. Le 10. nous arrivâmes à l'Isle *aux Rencontres*. Cette Isle est située vis-à-vis. On lui a donné le nom de *Rencontres*, depuis qu'un parti de quatre cens *Iroquois* y fut défait par trois cens *Nadouessis*. Voici en peu de mots comment la chose arriva. Ces *Iroquois* ayant dessein de surprendre certains peuples situez aux environs des *Oteutas*, & que je vous ferai bientôt connoître, arriverent chez les *Ilinois*, qui leur fournirent des vivres, & chez lesquels ils construisirent leurs Canots. S'étant embarquez sur le Fleuve de *Mississipi*, ils furent découverts par un autre petite Flote qui descendoit le même Fleuve de l'autre côté. Les *Iroquois* traverserent aussitôt à cette Isle, nommée depuis aux *Rencontres*. Les *Nadouessis* soubçonnant leur dessein, sans savoir quel étoit ce peuple, (car ils ne connoissoient les *Iroquois* que de réputation) se hâterent de les joindre. Les deux partis se posterent chacun sur une pointe de l'Isle, ce sont les deux endroits designez sur ma Carte par deux croix. Ils ne furent pas plûtôt en vûë que les *Iroquois* s'écrirent *qui étes vous*.

*Nadoueſſis*, répondirent les autres. Ceux-ci ayant fait à leur tour la même demande, les *Iroquois* répondirent avec une pareille franchiſe. *Et où allez vous*, continuerent les *Iroquois* ? A la chaſſe aux Bœufs, repliquerent les *Nadoueſſis* ; mais vous *Iroquois*, *quel eſt vôtre but* ? Nous allons, repartirent-ils, à la chaſſe aux hommes, & bien dirent les *Nadoueſſis*, *nous ſommes des hommes, n'allez pas plus loin*. Sur ce défi les deux Partis débarquerent chacun à un côté de l'Iſle, enſuite le Chef des *Nadoueſſis* ayant briſé tous les Canots à coups de hache, il dit à ſes Guerriers qu'il falloit vaincre ou mourir, & en même tems donna tête baiſſée contre les *Iroquois*. Ceux-ci les reçûrent d'abord avec une nuée de flêches ; mais les autres ayant eſſuyé cette premiere décharge qui ne laiſſa pas de leur tuer quatre-vingt-hommes, fondirent la maſſuë à la main ſur leurs ennemis, qui n'ayant pas le tems de recharger, furent défaits à plate couture. Ce Combat qui dura deux heures, fut ſi chaud que deux cens ſoixante *Iroquois* y perdirent la vie, & tout le reſte du parti fut pris, pas un ſeul n'échapa. Quelques *Iroquois* ayant tenté de ſe ſauver ſur la fin du combat, le Chef victorieux les fit pourſuivre par dix ou douze des ſiens dans un des Canots qui lui reſtoit pour butin, ſi bien, qu'on atteignit les Fuyard qui furent tous noyez. Aprés cette victoire, ils couperent le nez & les oreilles aux deux priſonniers les plus agiles, & les ayant munis de fuſils, de poudre & de plomb, ils

Tome I.          H          leur

leur laisserent la liberté de retourner dans leur Païs, pour dire à leurs Compatriotes qu'ils ne se servissent plus de femmes pour faire la chasse aux hommes.

Le 12. nous arrivâmes au Village des *Otentas* où nous remplimes nos Canots, avec une copieuse provision de bled d'Inde, dont ces Peuples font une abondante recolte. Ils nous dirent que leur Riviére étoit assez rapide, qu'elle tiroit sa source des Montagnes voisines, & que vers le haut elle étoit habitée en plusieurs Villages par les *Panimaha*, les *Panéassa* & *Patonka*; mais comme le tems me pressoit, & que je ne voyois point d'apparence d'aprendre ce que je voulois sçavoir, touchant les Espagnols, j'en partis le lendemain 13. & au bout de quatre jours je gagnai à la faveur du courant & de la rame, la Riviere des *Missouris*. Ensuite refoulant son courant, qui est pour le moins aussi rapide que celui du *Missisipi* l'étoit alors, j'arrivai le 18. au premier Village des *Missouris*. Je ne m'y arrêtai que pour faire quelques presens qui me valurent une centaine de Cocs d'Indes, ces Peuples ayant leurs Cabanes très-bien fournies de ces munitions de bouche. Etant remontez en Canot, nous voguâmes de force, & le soir suivant nous mîmes pied à terre près du second Village. Aussi-tôt je détachai un Sergent avec dix Soldats pour y accompagner nos *Outagamis*, pendant que mes gens cabanoient & débarquoient leurs Canots. Par malheur, les uns ni les autres ne pûrent se faire entendre

dre à ces Sauvages, & ceux-ci étoient sur le point de faire main basse sur nos gens, lors qu'un bon Vieillard se mit à crier que ces étrangers n'étoient pas seuls, & qu'on avoit découvert nos Cabanes & nos Canots. De sorte, que nos *Outagamis* & mes Soldats s'en revinrent fort allarmez, & résolus de faire bonne garde pendant la nuit. Sur les deux heures après minuit deux hommes s'aprocherent du Cabanage, criant en langue *Ilinoise* qu'ils vouloient nous parler, à quoi les *Outagamis* fort contens d'apprendre qu'il y avoit des gens, avec lesquels ils pourroient se faire entendre, répondirent en *Ilinois*, que dès que le Soleil paroîtroit, ils seroient les biens venus, ce qui arriva; mais ces *Outagamis* indignez de l'outrage qu'ils avoient reçû, me persecuterent durant la nuit pour m'obliger de brûler ce Village, & passer tous ces coquins au fil de l'épée : Je leur répondis, que nous devions être plus sages qu'eux, & mettre nôtre application non à nous venger inutilement ; mais à découvrir les choses que nous cherchions dans nôtre route. Dès le point du jour, ces deux crieurs de nuit s'approcherent, & aprés nous avoir interrogez plus de deux heures, ils nous inviterent de nous approcher du Village, à quoi les *Outagamis* répondirent, que le Chef de leur Nation ne devroit pas avoir tant tardé à nous venir rendre le salut, ce qui les obligea de retourner pour l'en avertir. Trois heures se passerent sans voir paroître personne. A la fin, & l'impatience nous prenant déja,

H 2 nous

nous apperçûmes ce Chef qui nous aborda presque en tremblant. Il étoit accompagné de quelques-uns des siens, chargez de viandes boucanées, de sacs de bled d'Inde, de raisins secs, & de quelques peaux de chevreüils teintes de diverses couleurs. Je répondis à son present par un autre de moindre consequence. Ensuite, je fis lier une conversation entre mes *Outagamis*, & ses deux messagers nocturnes, pour tâcher d'apprendre tout ce qui concernoit le Païs ; mais ce Chef répondit constamment à ces *Outagamis* qu'il ne sçavoit rien, mais que je l'apprendrois par d'autres Nations qui habitoient plus avant dans la Riviere. Si j'avois été du sentiment de *Outagamis*, nous eussions fait de vaillans exploits ; mais il s'agissoit d'être éclaircis de plusieurs choses que nous n'aurions pas appris en brûlant son Village : Enfin, le même jour à deux heures aprés midi, nous nous rembarquâmes pour remonter un peu plus avant, & aprés avoir vogué prés de quatre heures nous trouvâmes la Riviere des *Osages*, à l'embouchure de laquelle nous cabanâmes ; Nous eûmes trois ou quatre fausses alarmes durant la nuit par des Bœufs sauvages, sur lesquels nous nous vengeâmes avantageusement ; car le lendemain nous en fîmes un bon carnage, quoi qu'une horrible pluye qui survint nous permit à peine de sortir de nos Cabanes. Cette pluye ayant cessé vers le soir, & lors que je faisois transporter à nôtre petit Camp deux ou trois de ces Bœufs, nous vîmes

paroître

paroître une Armée de Sauvages qui venoit droit à nous. Alors mes gens tâchant de se retrancher, & de décharger leurs fusils avec des tireboures pour les recharger de nouveau, quelqu'un ayant tiré son coup en l'air pour avoir plûtôt fait, toute cette troupe disparut, s'enfuïant deçà & delà, comme les Peuples de la *Riviére Longue*, les uns ni les autres n'ayant jamais vû ni manié d'armes à feu. Cette rencontre m'obligea de me rembarquer le soir même pour retourner sur mes pas, & pour satisfaire les *Outagamis*. Nous abordâmes près du Village vers la minuit, & nous tenant dans un profond silence ; nous attendîmes le jour ; ensuite, nous voguâmes jusqu'au pied de leur Fort, où étant entrez, nous y fimes une décharge en l'air, ce qui donna tellement l'épouvante aux femmes, aux enfans & aux vieillards, ( car les Guerriers étoient ceux-là même qui avoient voulu nous attaquer le jour précedent ( qu'ils se sauvoient deçà & delà, criant misericorde. Alors les *Outagamis* s'écrierent qu'il falloit que tout le monde sortit de ce Village ; donnant le tems aux femmes desolées d'enlever leurs enfans, & lors que toute cette canaille en fut sortie, nous y mîmes le feu de tous côtez. Ensuite, nous continuâmes à descendre cette Riviere rapide. Le 25. à bonne heure, nous entrâmes dans le Fleuve de *Mississipi*, & le lendemain à trois heures après midi, nous apperçûmes trois ou quatre cens Sauvages qui étoient à la chasse des Bœufs, dont toutes les prairies

H 3     étoient

étoient couvertes du côté de l'Oüeft. Dès que ces Chaffeurs nous eurent découverts ils nous appellerent, en nous faifant figne d'approcher. Comme nous ne fçavions ni quels gens s'étoient, ni en quel nombre, nous hefitâmes un peu ; mais à la fin nous allâmes aborder à portée de moufquet au deffus d'eux, en leur criant qu'ils ne s'approchaffent pas de nous tous à la fois. Alors quatre des leurs vinrent droit à nous d'un village riant, en nous difant en langue *Ilinoife* qu'ils étoient *Akanfas*. Cette nouvelle nous parût vraye, car ils avoient quelques couteaux, ciseaux pendus au coû, & mêmes de petites haches dont ces *Ilinois* leur font prefent quand ils les rencontrent. Enfin ne doutant plus qu'ils ne fuffent de cette Nation fi connuë de Mr. *de la Salle*, & de plufieurs autres François, nous débarquâmes au même lieu, & aprés avoir danfé & chanté, ils nous régalerent de toutes fortes de viandes. Le lendemain, ils nous montrerent un Crocodile qu'ils avoient affommé depuis deux jours, de la maniere que je vous l'expliquerai ailleurs. En fuite ils firent devant nous une chaffe d'adreffe à une lieuë de là, car c'eft leur coûtume, lors qu'ils veulent fe divertir, de prendre les B..., des différentes manières que vous voyez ici dépeintes. Je voulus m'informer des *Efpagnols* à ces Peuples, mais ils ne m'en donnerent aucun éclairciffement ; ils me dirent feulement que les *Miffouris* & les *Ofages* étoient des Peuples nombreux & méchans, qui n'avoient ni courage

ni

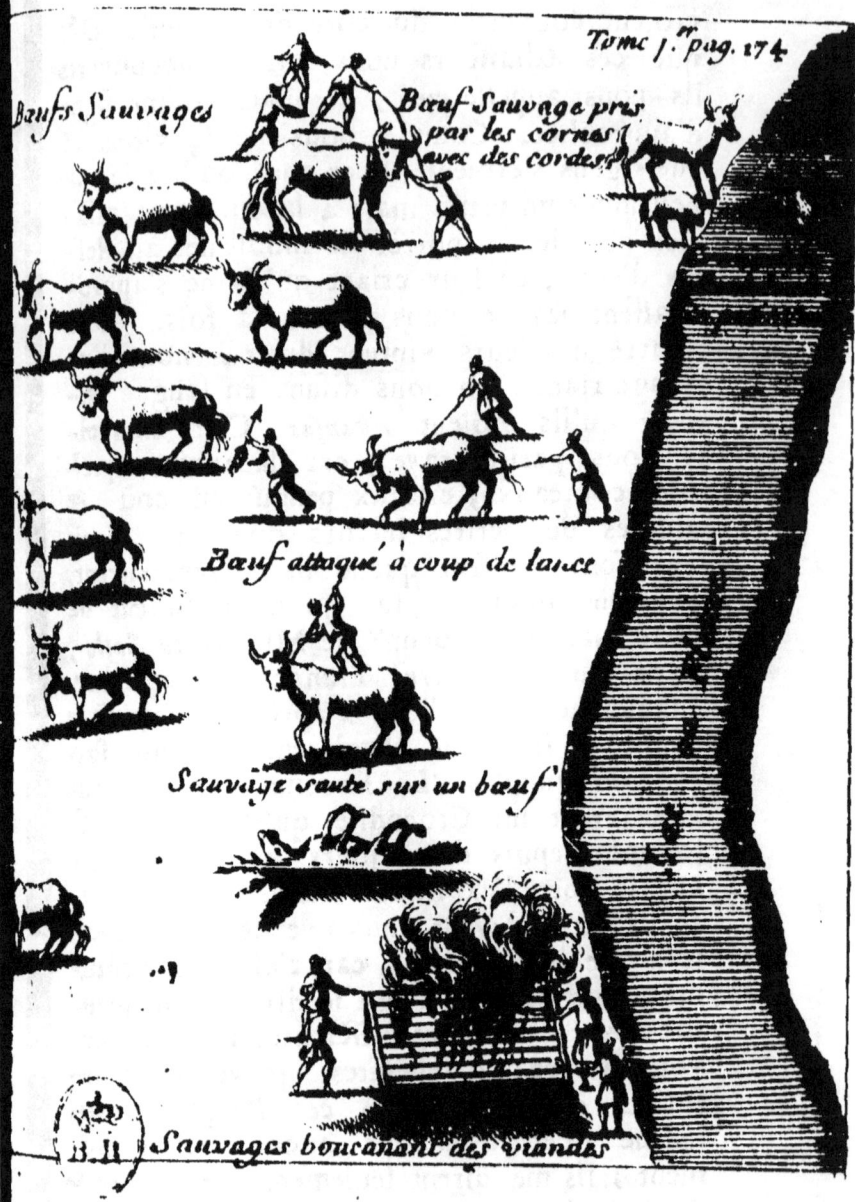

ni bonne foi, que leurs Riviéres étoient fort grandes & leur Païs trop beau pour eux. Enfin, aprés avoir demeuré deux jours avec eux, nous nous feparâmes pour continuer nôtre voyage jufqu'à la Riviére *Ouabach*, faifant toûjours bonne garde contre les Crocodiles, dont ils nous dirent des chofes incroyables. Le jour fuivant, nous entrâmes dans l'embouchure de cette Riviére, pour voir en fondant fi ce que les Sauvages rapportent de fa profondeur étoit vrai. En effet, nous y trouvâmes trois braffes & demi d'eau : Il eft vrai qu'au rapport des Sauvages de ma Compagnie, cette Riviere paroiffoit alors plus enflée qu'à l'ordinaire ; quoi qu'il en foit, on dit qu'elle eft naviguable plus de cent lieuës, j'aurois bien voulu que le temps m'eut permis de la remonter jufqu'à fa fource, mais n'y ayant point d'apparence, je remontai le Fleuve jufqu'à la Riviere des *Ilinois* avec affez de peine, car le vent nous fut contraire les deux premiers jours, & les courans tout à fait violents ; Cependant nous arrivâmes à cette Riviere le 9. d'Avril. Tout ce que je puis vous dire du Fleuve de *Miffifipi* avant que de le quitter ; c'eft que fa moindre largeur eft d'une dimi lieuë, & fa moindre profondeur d'une braffe & demi d'eau, qu'il n'eft pas trop rapide durant fept ou huit mois de l'année, felon le rapport des Sauvages. Pour des battures ou bancs de fable, je n'y eu vis point. Ce Fleuve eft rempli d'Ifles, lefquelles paroiffant comme autant de bofcages par une grande quantité d'arbres, ils font dans le tems de la verdure un aspect fort agréable; Il est bordé de bois, de prairies & de côteaux. Je ne sçai d'ailleurs si ce Fleuve serpente; mais autant que j'ai pû le remarquer, son cours est fort different de celui de nos Fleuves de France; car je vous dirai ici en passant que les Rivieres de l'Amerique courent assez droit.

Pour revenir à nôtre Fleuve, il est riche par lui-même par la bonté du climat, par la quantité prodigieuse de Bœufs, de Cerfs, de Chevreüils, de Cocs d'Inde qui paissent sur ces rivages. On y voit aussi d'autres bêtes & Oiseaux, dont je ne sçaurois vous parler, sans vous envoyer un volume. Si je pouvois vous faire tenir la copie de mon Journal, vous y verriez jour pour jour des chasses & des pêches de differentes espéces d'Animaux, aussi-bien que des rencontres de Sauvages; & tout ce détail vous rebuteroit par sa longueur. Enfin, je finis l'article du Fleuve par la quantité d'arbres fruitiers que nous y vîmes dans un triste état, dépoüillez de verdure, & sur tout les treilles dont la beauté des grapes & la grosseur des grains vous surprendroient. J'ai mangé de ces raisins dessechez au Soleil, comme je vous ai dit; le goût m'en a parû merveilleux. Pour des Castors ils y sont aussi rares que sur la *Riviere Longue*, où je n'ai vû que des Loutres, dont ces Peuples font des fourrures pour l'hiver. Je partis donc de la Rivière des *Ilinois* le 10. d'Avril, & à la faveur d'un vent d'Oüest-Sud-

Sud-Oüeft, nous gagnâmes en six jours le Fort de *Crevecœur*. J'y trouvai Mr. de *Tonti* de qui je reçûs toutes les honnêtetez possibles. Les *Ilinois* l'honorent infiniment, & avec raison. Je restai trois jours dans ce Fort, où y il avoit trente Coureurs de bois qui trafiquoient avec les *Ilinois*, au Village desquels j'arrivai le 20. Je commençai par engager quatre cens hommes à faire mon portage pour me tirer plus promptement de cette penible corvée, Or ce portage étant de douze bonnes lieuës, je fus obligé de donner aux plus considérables d'entr'eux un grand rouleau de tabac de Brezil, cent livres de poudre, 200. livres de balles, avec quelques armes. Cette largesse me fut fort utile, & les anima si bien que mon portage fut fait en quatre jours. Car le 24. j'arrivai à *Chekakou*, & ce fut là que mes *Outagamis* me quitterent pour s'en retourner chés eux, aussi contens de moi que du present que je leur fis de quelques fusils & de quelques pistolets. Le 25. je me rembarquai, & naviguant à toute force pour profiter du calme, j'entrai le 28. dans la Riviere des *Oumamis*; j'y trouvai quatre cens Guerriers au même endroit où Mr. *de la Salle* fit autrefois bâtir un Fort. Ces Guerriers brûloient actuellement trois *Iroquois*, qu'ils disoient avoir bien merité ce supplice ; ils vouloient même que nous prissions plaisir à le voir, car les Sauvages se scandalisent qu'on ne se divertisse pas de ces tragédies réelles. Ce spectacle me fit horreur, car on faisoit souffrir à ces malheureux

reux des tourmens inconcevables, cela me fit résoudre à me rembarquer au plus vîte, & j'en trouvai le prétexte. Ce fut en leur disant que mes Soldats étant pourvûs d'eau de vie, ne manqueroient pas de se saouler durant la nuit à l'honneur de leur victoire, & qu'ensuite ils feroient un desordre qu'il me seroit impossible d'empêcher. Ainsi je me rembarquai, & aprés avoir côtoyé ce Lac, & traversai la Baye de *l'Ours qui dort.* Je mis pied à terre à *Missilimakinac* le 22. du mois present, j'appris par le Sieur de *S. Pierre de Repantigni*, qui étoit monté sur les glaces de *Quebec* jusqu'à ce poste là, que Mr. *Denonville* voulant faire la Paix avec les *Iroquois*, & y comprendre en même tems ses Nations alliées, il les envoyoit avertir de cesser d'aller en parti chez ces Barbares. Il me dit aussi que ce Gouverneur écrivoit au Commandant de ce poste, qu'il tâchât d'obliger adroitement le *Rat*, qui est un des Chefs des *Hurons*, à descendre à la Colonie, afin de le faire pendre, ce que ce Sauvage ayant sçû, il publia par tout qu'il vouloit faire ce voyage exprés pour lui en faire le défi. C'est ce qu'il doit executer en partant demain avec une grande troupe d'*Outaouas* & de Coureurs de bois, qui descendent sous le commandement de Mr. *Dulhut*. Au reste, j'ai déja dispersé les Soldats de mon détachement en plusieurs Canots parmi des Sauvages & des Coureurs de bois, & comme j'ai des affaires à régler ici, je suis contraint d'y demeurer encore sept ou huit
jours,

jours. Voilà, Monsieur, la relation de mon petit voyage. Je ne vous en mande que l'essentiel ; j'aurois pû la grossir davantage, mais j'ai crû que le reste n'étoit qu'un amas de minuties qui ne meritent point vôtre curiosité. Quand au Lac des *Ilinois* il a trois cens lieuës de tour, comme vous le verrez sur ma Carte par l'échelle des lieuës. Car je ne sçaurois m'assujettir à tracer dans une lettre les differentes distances des lieux. Ce Lac est situé dans un beau climat ; ses rivages sont couverts de bois de sapins & de haute fûtaye ; mais peu de prairies. La Riviere des *Oumamis* ne vaut pas la peine d'en parler. La Baye de *l'Ours qui dort* est assez grande, c'est sur la Riviere qui s'y décharge que les *Outaouas* ont coûtume de faire tous les trois ans leurs chasses de Castors. Au reste, il n'y a ni batures, ni rochers, ni bancs de sable dans ce Lac. Les terres qui le bordent du côté Méridional sont remplies de Chevreüils, de Cerfs & de Poulets d'Inde. Adieu Monsieur, soyez persuadé que je me ferai toûjours un sensible plaisir de vous amuser, en vous rendant compte de tout ce que j'apprendrai de plus curieux.

Au reste je vous prie de ne pas trouver étrange que ma relation de ce voyage soit si abregée ; Il me faudroit plus de tems & de loisir que je n'en ai à present pour vous particulariser quantité de choses curieuses, dont le détail seroit un peu trop long. Il suffit que je vous envoye l'essentiel, en attendant que je puisse moi-même vous faire le recit d'une infinité d'avantures, de rencontres & d'obfervations, capables de reveiller l'efprit des réflexionnaires. Le mien eft trop fuperficiel pour philofopher fur l'origine, la croyance, les mœurs & les manières de tant de Sauvages, non plus que fur l'étenduë de ce Continent vers l'Oüeft. Je me fuis contenté feulement de faire réflexion fur les caufes du mauvais fuccès des découvertes que plufieurs habiles Hommes ont entrepris dans l'Amerique par Mer & par Terre. Je croi ne m'être pas trompé dans le jugement que j'en ai fait. L'exemple recent de Mr. *de la Salle* & de quelques autres-malheureux decouvreurs ont fçû donner de très-grandes leçons à leurs propres dépens, à ceux qui voudroient entreprendre à l'avenir de découvrir tous les païs inconnus de ce nouveau Monde. Il n'apartient pas à toutes fortes de perfonnes de s'en mêler, *non licet omnibus adiré Corinthum*. Il feroit très-facile de pénétrer jufqu'au fonds des Païs Occidentaux de Canada en s'y prenant comme il faut. Je fuppofe premièrement qu'au lieu de Canots on fe fervît de certaines Chaloupes d'une conftruction particulière qui tiraffent peu d'eau, qui fuffent legéres de bois & portatives, lefquelles contenant treize hommes avec 35. ou 40. quintaux de pefanteur refiftaffent vigoureufement aux vagues des grands Lacs. Il ne fuffit pas d'avoir du courage, de la fanté & de la vigilance pour faire ces entreprifes. Il faut bien d'autres talens qui fe trouvent rarement en une même perfonne. La conduite

pe de trois cens hommes avec lesquels on pourroit faire ces découvertes, me paroît assez épineuse. C'est-ici que l'industrie & la patience sont nécessaires pour contenir une pareille troupe dans le devoir. Les séditions, les querelles & mille autres desordres n'arrivent que trop souvent parmi des gens qui étant éloignez des Villes, se trouvent en même tems en droit de tout entreprendre par la force sur leurs supérieurs. Il s'agit ici de dissimuler, & de fermer les yeux quelquefois pour ne pas irriter le mal ; la voye de la douceur est la plus sûre, pour celui qui conduit la troupe, s'il arri· quelque mutinerie, ou mauvais complots, il faut que les Officiers tâchent d'y remédier, en persuadant aux mutins qu'il seroit fâcheux d'en donner connoissance à leur Commandant. Celui-ci doit toûjours faire semblant d'ignorer ce qui se passe ; si ce n'est que le mal éclatte en sa presence ; car alors il est indispensablement obligé de les punir à la sourdine au plûtôt, à moins que sa prudence ne l'engage d'en retarder l'éxécution lors qu'il en prévoit les suites fâcheuses. On leur doit tollérer mille choses en ces voyages dont on auroit toute sorte de raison de les châtier ailleurs. C'est-à-dire, qu'un Commandant doit feindre de ne pas savoir leur commerce avec les Sauvagesses, les petites querelles qu'ils peuvent avoir entr'eux, leurs négligence à faire la garde comme il faut, & toutes les autres choses qui ne tendent ni à la des-
obéïs-

obéissance ni à la revolte. Il doit avoir le soin de choisir dans la troupe un espion, lequel étant bien recompensé, l'informe adroitement de tout ce qui se passe, afin d'y remédier directement ou indirectement. Il est question de découvrir avec beaucoup de finesse & de secret un chef de cabale; & lorsque le Commandant en est tellement éclairci qu'il ne lui est plus permis de douter du crime, il est expédient de s'en défaire avec tant d'adresse, qu'on ne sçache ce qu'il est devenu.

Au reste il doit leur donner du tabac & de l'eau de vie de tems en tems, leur demander avis en certaines occasions, les fatiguer le moins qu'il est possible; les exciter à se réjouïr, à joüer, à danser, & en même tems les exhorter à vivre en bonne intelligence. La meilleure invention dont il puisse se servir pour les contenir dans leur devoir, c'est la Religion & l'honneur de la Nation. Il faut qu'il les exhorte lui même à cela, car quoique j'aye beaucoup de foi au pouvoir des Ecclesiastiques, ils font plus de mal que de bien en ces sortes de voyages; ce qui fait que je m'en passerois. Celui qui se charge de ces découvertes doit bien choisir ses gens; car tout le monde n'est pas propre à cela. Il faut des hommes de trente à quarante ans, d'un temperamment sec & d'une humeur paisible, qui soient actifs, courageux, & accoûtumez aux fatigues des voyages. Parmi ces trois cens personnes il y doit avoir des charpentiers

tiers de chaloupes, des armuriers, des scieurs de long avec tous leurs outils, des chasseurs, des pécheurs. Outre cela, des Chirurgiens qui ne portent autre chose que des rasoirs, des lancétes, des drogues pour les blessures, de l'orvietan & du séné. Tous les gens de la troupe doivent être munis de capots de buffe & de botines pour résister à la flèche, car les Sauvages des Païs dont je parle n'ont jamais vû d'armes à feu, comme je vous l'ai déja dit. Il faut avec cela qu'ils soient armez d'un fusil à deux coups, d'un pistolet de même, & d'une épée de bonne longueur. Le Commandant aura le soin de faire provision d'une assez grande quantité de peaux de cerfs, d'orignal, ou de bœuf, qu'il fera coudre les unes aux autres pour faire l'enceinte de son Camp, par le moyen de quelques piquets plantez de distance à autre. J'en avois suffisamment pour garnir un quarré de trente pieds sur chaque face, parce que chaque peau ayant cinq pieds de hauteur, & près de quatre de largeur, j'en fis faire deux bande de huit peaux chacune, qui étoient tenduës & levées en un instant. Il faut avoir des Canonieres de Cœti de huit pieds de longueur & de six de largeur, deux Moulins à bras, qui sont de petites machines portatives comme de grands Moulins à Caffé. On s'en sert pour moudre du bled d'Inde avec beaucoup de facilité. On portera des clouds de toutes espéces, des pics, des pioches, des béches, des haches, des

ame-

ameçons, du savon & du coton à faire des chandelles. Je suppose sur tout qu'on sera muni de bonne poudre, d'eau de vie, de tabac de Bresil, & de mille autres choses qu'on est obligé de presenter aux Nations Sauvages qu'on découvre. Le Commandant se munira pareillement d'un Astrolabe, d'un demi cercle, de plusieurs boussoles ou compas simples & à variation, d'une pierre d'aiman, de deux grosses montres de trois pouces de diametre, de pinceaux, de couleurs, de papier à dessein, & autre pour faire ses journaux & ses Cartes, pour désigner les bêtes terrestres, volatiles & aquatiques, les arbres, les plantes & les grains, & généralement tout ce qui lui paroîtra digne de sa curiosité. Je serois aussi d'avis qu'il eût des trompetes & quelques joüeurs de violon, tant pour réjouïr sa troupe que pour causer de l'admiration aux Sauvages. Enfin, Monsieur, je suis persuadé qu'avec cet équipage tout homme d'esprit, de conduite, & de détail, c'est-à-dire soigneux, prévoyant, sage & de bon exemple, mais sur tout patient, moderé & d'un talent à trouver des expédiens à tout, peut aller hardiment tête levée dans tous les Païs Occidentaux de Canada sans rien craindre. Pour moi je vous avouë que si j'avois toutes ces qualitez-là je m'estimerois fort heureux d'être employé à faire cette entreprise, tant pour la gloire du Roi, que pour ma propre satisfaction, car enfin j'ai tant goûté de plaisir dans mes voyages par la diversité

con-

DU BARON DE LAHONTAN. 185
continuelle d'objets, que je n'ai presque
pas eu le tems de m'apercevoir de mes peines & de mes fatigues.

Je suis Monsieur vôtre &c.

A Missilimakinac, ce 28. Mai 1689.

LET-

## LETTRE XVII.

*Qui contient le départ de l'Auteur de Missilimakinac pour la Colonie. Description des Païs, des Rivières & des passages qu'on trouve en chemin. Incursion funeste des* Iroquois *dans l'Isle de* Monreal. *Abandon du Fort de* Frontenac. *Nouvelle du retour en* Canada *du Comte de ce nom, & du rapel de* Mr. le Marquis *de* Denonville.

MONSIEUR,

Je vous écrivis de *Missilimakinac* le 28. de Mai, & j'en partis le 8. Juin pour *Monreal* en compagnie de ouze *Outaouas*, divisez en deux Canots, qui firent toute la diligence possible. Je joignis le 23. à la *Rivière Creuse* la grande troupe de Coureurs de bois qui m'avoit devancée de quelques jours. Mr. *Dulhut* fit tout ce qu'il pût, afin de m'empêcher de passer outre en si foible compagnie.

gnie. Il vouloit me perſuader de deſcendre avec lui, me repreſentant que ſi mes douze conducteurs apercevoient dans les Portages ou dans les Riviéres quelques veſtiges ou apparences qui leur fiſſent aprehender la rencontre des *Iroquois*, ils m'abandonneroient avec leurs Canots, & s'enfuiroient dans les bois à toute jambe pour éviter de tomber entre leurs mains. Je rejettai cet avis, dont je fus à la veille de me repentir, car ce qu'il m'avoit prédit penſa m'arriver au *Long Saut*; ils furent ſur le point de ſe ſauver dans les Forêts. En ce cas j'aurois tâché de les ſuivre, puis que de deux maux il faut éviter le pire. Je rencontrai Mr. de *S. Helene* dans la grande Riviére des *Outaouas*, près de la Riviére du *Liévre*. Il étoit à la tête d'un parti de Coureurs de bois, & s'en alloit à la Baye de *Hudſon*, pour reprendre quelques Forts que les Anglois nous ont enlevez. Il m'aprit le paſſage de Mr. le Prince d'Orange en *Angleterre*, & qu'à ſon arrivée le Roi Jaques s'étoit retiré en France: Que ce Prince avoit été proclamé Roi, ce qui ſembloit préſager une rude & ſanglante guerre en Europe. Je vous avouë que cette nouvelle me ſurprit extrémement, & quoi qu'elle m'a été dite par un homme, ſur la parole duquel je compte beaucoup, j'ai eu toute la peine imaginable, de pouvoir croire qu'une révolution auſſi grande ait pû ſe faire en ſi peu de tems, & ſans effuſion de ſang, faiſant réfléxion ſur tout, à l'alliance qu'on y a entre nôtre Cour & celle d'Angleterre, & l'intérêt
qu'ont

qu'ont les deux Monarques de s'entr'aider. J'arrivai au *Monreal* le 9. Juillet, après avoir sauté plusieurs Cataractes affreux dans la grande *Riviére des Outaouas*, & fait quinze ou vingt portages, entre lesquels il y en a de plus d'une lieuë de distance. De *Missilimakinac* à la *Riviére des François* la Navigation est assez assurée, car en côtoyant le Lac des *Hurons* on trouve une infinité d'Iles qui servent d'abri. On remonte cette Riviére avec assez de peine, car on trouve cinq Cataractes qui obligent de faire des portages de trente, de cinquante, & de cent pas, ensuite on entre dans le Lac des *Nepicerinis*, d'où l'on fait encore un portage de deux lieuës pour gagner une autre Riviére, où on saute six ou sept chûtes d'eau. De celle-ci on fait derechef un portage jusqu'à la *Riviére Creuse*, qui se décharge par de semblables courants précipitez dans la grande *Riviére des Outaouas*, proche du lieu qu'on apelle *Mataouan*. On ne quitte plus cette Riviére, si ce n'est au bout de l'Isle de *Monreal*, où elle se perd dans le grand *Fleuve de S. Laurent*. Ces deux Riviéres se joignent avec beaucoup de tranquilité ; car après avoir quitté leur lit affreux, elles forment le petit Lac *S. Loüis*. Je pensai perir au Saut qui porte ce même nom à trois lieuës de *Monreal*, car nôtre Canot ayant tourné dans les bouillons je fus tranporté pas la force du courant jusqu'au pied de ce Cataracte, sur quelques fonds plats de trois ou quatre pieds de profondeur, d'où Mr. le Chevalier *de Vaudreuil* me retira par

un

un hazard extraordinaire. Le Canot & les Pelleteries des six Sauvages furent perdus, & un d'eux malheureusement noyé; voilà le seul risque que j'aye couru pendant le cours de mes voyages. Dès que j'eus mis pied à terre j'accourus en diligence à l'auberge pour me délasser, & me dédommager de l'abstinence que j'avois été obligé de faire. Le lendemain j'allai voir Mr. *de Denonville* & Mr. *de Champigni*, ausquels je rendis compte de mes voyages, en leur donnant avis de la grande troupe de Coureurs de bois & Sauvages qui devoient arriver au plûtôt, & qui parurent en effet au bout de quinze jours en cette Ville-là. Le Rat qui étoit descendu & retourné chez lui, malgré les risques dont il étoit menacé, comme je vous l'ai déja dit, fit voir qu'il en moquoit. Je ne puis m'empêcher de vous faire une digression qui sera de longue étenduë, pour vous apprendre le malicieux stratageme dont ce rusé Sauvage se servit l'année derniere, afin d'empêcher que Mr. *de Denonville* ne fit la paix avec les *Iroquois*. Je n'aurois pas manqué de vous en faire le recit dans ma précédente lettre, si le tems me l'eut permis; la voici.

Ce Sauvage, Chef de Guerre & de Couseil des *Hurons*, âgé de quarante ans, & grand homme s'il en fut, se voyant pressé, prié & sollicité de la part de Mr. *de Denonville*, pour entrer dans son Alliance l'année 1687. comme je vous l'ai déja marqué y consentir à la fin, avec cette clause que la guerre ne finiroit que par la destruction
totale

des *Iroquois*, ce que ce Gouverneur lui fit promettre, & dont il l'assura lui-même le 3. Septembre de la même année, c'est-à-dire, deux jours avant que je partisse de *Niagara* pour mon voyage des grands Lacs. Ce Sauvage comptant sur la promesse de Mr. *de Denonville*, partit de *Missilimakinac* à la tête de cent Guerriers, com je vous l'ai expliqué en ma quatorsiéme Lettre, pour aller aux Païs des *Iroquois*, à dessein de faire quelque coup d'éclat. Cependant comme il étoit question d'agir prudemment en cette rencontre, il jugea à propos de passer au Fort *Frontenac* pour prendre langue. Dés qu'il y fut arrivé, le Commandant lui dit que Mr. *de Denonville* travailloit à faire la Paix avec les cinq Nations Iroquoises, dont il attendoit les Ambassadeurs avec des Otages qu'ils devoient conduire à *Monreal* dans huit ou dix jours, pour conclure le Traité ; que par conséquent il étoit à propos qu'il s'en retournât à *Missilimakinac* avec tous ses Guerriers, sans passer outre. Le Sauvage fort étonné d'une nouvelle à laquelle il s'attendoit si peu, & qui étoit si fâcheuse pour lui & pour toute sa Nation, qu'il prévoyoit être sacrifiée pour le salut des François, répondit au Commandant que *cela étoit raisonnable*, mais au lieu de suivre le conseil qu'il lui avoit donné, il s'en alla attendre les Ambassadeurs & les Otages *Iroquois* aux endroits des Cataractes, où il falloit absolument qu'ils abordassent. A peine y demeura-t-il quatre ou cinq jours que ces malheureux

Deputez

Deputez accompagnez de quarante jeunes hommes arriverent, lesquels furent tous tuez ou pris en débarquant. Aussi-tôt que les prisonniers furent liez, ce rusé Sauvage leur dit, que le Gouverneur des François l'ayant fait avertir de se trouver là pour y attendre un parti de cinquante Guerriers, qui devoient y passer en tel tems, il étoit venu se saisir de ce poste. Ces *Iroquois* fort surpris de la perfidie qu'ils croyoient que Mr. *de Denonville* leur faisoit, raconterent au *Rat* le sujet de leur voyage. Alors ce *Huron* faisant le desesperé & le furieux, commença à déclamer ( pour mieux joüer son role ) contre Mr. *de Dénonville*, disant qu'il se vangeroit tôt ou tard de ce qu'il s'étoit servi de lui pour la plus horrible trahison qui eût jamais été faite; & regardant ensuite fixement tous ces prisonniers, entre lesquels se trouvoit le principal Ambassadeur nommé *Theganesorens*, il leur dit, *allez mes freres, je vous délie & vous renvoye chez vos gens, quoique nous ayons la guerre avec vous. C'est le Gouverneur des François qui m'a fait faire une action si noire que je ne m'en consolerai jamais, à moins que vos cinq Nations n'en tirent une juste vengeance.* Il n'en fallut pas davantage pour persuader ces *Iroquois* de la sincérité des paroles du *Rat*, & sur le champ même ils l'assurérent qu'en cas qu'il voulut faire la Paix de son particulier les cinq Nations y consentiroient. Quoi qu'il en soit, le *Rat* qui ne perdit qu'un seul homme dans cette occasion, voulut garder un esclave *Chaouanon* adopté

des

des *Iroquois* pour remplacer le *Huron* qui avoit été tué ; & après avoir donné des fusils, de la poudre & des balles à ces prisonniers *Iroquois* pour s'en retourner à leurs Païs, il prit la route de *Missilimakinac*, où il presenta au Commandant François l'esclave qu'il avoit amené. Celui-ci ne fut pas plûtôt livré qu'on le condamna à être fusillé parce qu'on ignoroit que Mr. *de Denonville* voulut faire la Paix avec les *Iroquois*. Ce miserable eut beau raconter son avanture & celle des Ambassadeurs, on s'imagina que la crainte d'aller à l'autre monde le faisoit parler, d'autant plus que le *Rat* & ses Guerriers disoient qu'il radotoit, tellement que nos François tuërent ce pauvre malheureux, malgré toutes les raisons qu'il pût alleguer. Le jour même le *Rat* apellant un ancien esclave *Iroquois* qui le servoit depuis-long-tems, lui dit, qu'il avoit résolu de lui donner la liberté de s'en retourner dans sa Patrie, pour passer le reste de ses jours avec les gens de sa Nation, & qu'étant témoin oculaire du mauvais traitement que les François avoient fait à l'*Iroquois* qu'ils avoient fusillé ; malgré tout ce qu'il avoit pû dire à leur Commandant pour se justifier, il ne devoit pas manquer de leur raconter une action si noire. Cet esclave s'aquitta si ponctuellement de sa commission, que les *Iroquois* firent peu de tems après l'incursion suivante, dans le tems que Mr. *de Denonville* ne songeoit à rien moins qu'à une semblable visite, d'autant qu'il avoit eu la précaution de faire savoir aux

*Iroquois*

Iroquois qu'il deſaprouvoit tellement la trahiſon du *Rat*, qu'il avoit envie de le faire pendre. Cela eſt ſi vrai qu'il entendoit à tous momens dix ou douze Deputez pour faire cette Paix tant deſirée. Ils arrivérent en effet au bout de quelque tems, mais en plus grand nombre, pour un deſſein bien different de celui que ce Gouverneur s'en étoit promis. Ils débarquerent au bout de l'Iſle au nombre de douze cens Guerriers, qui brûlerent & ſaccagerent toutes les habitations. Ils firent un maſſacre épouvantable d'hommes, de femmes & d'enfans. Madame *de Denonville* qui ſe trouvoit alors avec Monſieur ſon Epoux à *Monreal*, ne s'y croyoit pas trop aſſurée; la conſternation étoit génerale, car on craignoit extrêmement l'aproche de ces Barbares, qui n'étoient qu'à trois lieuës de *Monreal*. Ils bloquerent deux Forts, après avoir brûlé toutes les habitations d'alentour. Cependant Mr. *de Denonville* y envoya un détachement de cent Soldats avec cinquante Sauvages, ne voulant pas faire ſortir de la Ville un plus grand nombre de combattans; mais ceux-ci furent tous pris ou taillez en piéces, car il ne s'en ſauva que douze Sauvages; un Soldat & Mr. *de Longueil* Commandant de ce détachement; qui après avoir eu la cuiſſe caſſée fut emporté par ces douze Alliez; les autres Officiers à ſçavoir, les Sieurs de de la *Raberre*, *S. Pierre Denis*, *la Plante*, & *Ville Dené*, furent pris. Ces Barbares déſolerent preſque toute l'Iſle, & ne perdirent que trois des leurs, leſquels après s'ê-

tre bien enyvrez du vin qu'ils trouvérent aux habitations, furent attirez dans un Fort par un vacher *Canadien* qu'ils tenoient esclave depuis quelques années. Dès que ces *Iroquois* infortunez furent dans ce Fort on les jetta dans une cave, afin qu'ils cuvaſſent leur vin; mais s'étant éveillez ils ſe repentirent ſans doute d'en avoir tant bû. Ils ſe mirent auſſi-tôt à chanter, & lors qu'on vint pour les lier & les amener au *Monreal*, ils ſe ſaiſirent de quelques bâtons qu'ils trouverent dans cette cave, & ſe deffendirent avec tant de vigueur & d'intrepidité qu'on fut obligé de les tuër à coups de fuſil dans le lieu même. Ce vacher qui fut amené à Mr. *de Denonville*, lui dit, que
» le coup de *Rat* étoit irréparable, que les
» cinq Nations *Iroquoiſes* avoient cét ou-
» trage ſi fort à cœur, qu'il ſeroit impoſ-
» ſible de les porter ſi-tôt à le Paix, & qu'el-
» les blâmes ſi peu l'action de ce *Huron*,
» qu'elles étoient prêtes d'entrer en Traité
» avec lui, parce qu'il n'avoit fait avec ſon
» parti que ce qu'un bon Guerrier & un
» bon Allié devoit faire. Ces Barbares n'eurent pas plûtôt achevé de mettre tout à feu & à ſang, qu'ils ſe rembarquerent pour retourner à leur Païs chargez du butin qu'ils avoient fait, ne trouvant aucune oppoſition dans leur retraite. Cette funeſte incurſion, à laquelle Mr. *de Denonville* ne s'attendoit point, comme je vous l'ai déja dit, l'étonna ſans doute, & lui fournir une ample matière à réflexion. Déja il étoit impoſſible qu'il pût entretenir plus long-

tems

tems le *Fort de Frontenac*, où les vivres commençoient à manquer. Il ne pouvoit le fecourir qu'en expofant bien du monde aux paſſages des Cataractes, dont je vous ai parlé tant de fois. Il falut donc prendre le parti d'en retirer la garnifon, & de faire fauter ce Fort, il n'étoit plus queſtion que de trouver des gens qui en portaffent l'ordre au Commandant, ce que perfonne n'ofoit entreprendre. Dans cèt embarras le Sieur de *S. Pierre d'Arpentigni* s'offrit d'y aller feul au travers des bois, ce qu'il exécuta heureufement. Cette nouvelle réjoüit extrêmement Mr. *de Valrénes*, qui commandoit alors dans ce Fort, lequel ayant fait miner les quatre Baftions, crût qu'avec la poudre qu'on y mit, cela étoit fuffifant pour les faire fauter. Enfuite il s'embarqua pour defcendre les Cataractes du Fleuve jufqu'à *Monreal*, où il trouva Mr. *de Denonville* qu'il accompagna jufqu'ici. Cet Officier ne fe contenta pas d'abandonner le *Fort de Frontenac*, il fit outre cela mettre en feu trois grandes Barques qui avoient accoutumé de Naviguer fur le Lac, tant pour intimider les *Iroquois* en tems de guerre, que pour leur porter des Marchandifes en tems de Paix. Mr. *de Denonville* ne pouvoit mieux faire qu'en abandonnant ce Fort, auſſi-bien que celui de *Niagara*, car aſſurément ces deux poſtes font infoutenables, par la difficulté des Cataractes inacceffibles, où dix *Iroquois* embufquez pourroient aifément arrêter mille françois à coups de pierres. Il eſt vrai que le salut & la conservation de nos Colonies dépendoient absolument de ces deux Forts, qui sembloient être garants de la destruction totale des *Iroquois*, car ils n'auroient pû s'écarter de leurs Villages pour aller à la chasse ou à la pêche sans courir risque d'être égorgez par nos Sauvages amis, lesquels assurez d'une retraite auroient fait des incursions continuelles dans le Païs de ces Barbares, qui manquant de Castors pour trafiquer des fusils, de la poudre, des bales & des filets, seroient morts de faim, ou tout au moins ils auroient été contraints d'abandonner leurs Païs.

A la fin de Septembre Mr. *de Bonaventure*, Capitaine & propriétaire d'un Vaisseau marchand, arriva dans ce Port, portant la nouvelle du retour de Mr. *de Frontenac* en qualité de Gouverneur Général à la place de Mr. *de Denonville*, que Mr. le Duc de *Beauvilliers* avoit proposé au Roi pour être Sous-Gouverneur des Princes ses petits-fils. Quelques personnes sont fâchées du rapel de Mr. *de Denonville*, & du retour de Mr. *de Frontenac*. On prétend que les Reverens Peres Jesuites sont de ce nombre, car s'il en faut croire l'Histoire du Païs, il n'avoient pas peu contribué à le faire rapeller en France il y a sept ou huit ans, de concert avec l'Intendant *du Chesneau* & le Conseil Souverain, par des accusations qui produisirent l'effet qu'ils s'en étoient promis, & dont le Roi paroît entiérement desabusé, puis qu'il le renvoye encore une fois dans ce Gouvernement.

Cepen-

Cependant les Conseillers, les plus coupables ne savent à quelle sauce manger ce poisson, ne doutant point que ce nouveau Gouverneur ne conserve un juste ressentiment du passé. Mais les Nobles, les Marchands, & tous les Habitans en général se préparent à faire de grandes réjouïssances à l'arrivée de ce Gouverneur, qu'ils attendent avec autant d'impatience qui les Juifs font le *Messie*. Les Sauvages mêmes des environs de la Colonie semblent en avoir une joye extraordinaire. Cela n'est pas surprenant, car ce Gouverneur s'est fait considérer, non seulement des François, mais encore de tous les Peuples de ce vaste Continent qui le regardoient autrefois comme leur Ange tutelaire. Mr. *de Denonville* commence à faire plier bagage, c'est tout ce que j'en puis dire, ce n'est pas à moi de me mêler d'un nombre infini d'affaires qui ne regardent que son interêt particulier, s'il a bien ou mal fait durant le tems de son Gouvernement, si on l'a aimé ou haï je n'en sai rien, s'il a fait bonne ou mauvaise chere je ne sçaurois vous le dire, ne m'étant jamais trouvé à sa table. Adieu.

Je fais état de partir pour la *Rochelle* lors que le Vaisseau qui porte ce nouveau Gouverneur fera voile pour s'en retourner en France.

Je suis Monsieur vôtre &c.

*A Quebec le 28. Septembre* 1689.

## LETTRE XVIII.

*Qui contient l'arrivée de Mr. le Comte de Frontenac. Sa réception. Son voyage à Monreal. Rétablissement du Fort de Frontenac.*

MONSIEUR,

La méchante nouvelle que vous me donnez de l'adjudication de la Terre de *Lahontan* me mettroit au défespoir, si vous ne m'assuriez en même tems que je pourrois la r'avoir au bout d'un siecle ( si j'avois le malheur de vivre si long-tems ( pourvû que je rempourse le possesseur de la somme qu'il en a payée, & prouvant que j'étois actuellement dans le service aux extrémitez du monde, lorsqu'elle se vendit. Au reste Mr. de *Frontenac* a revoqué mon congé, m'offrant sa bourse & sa table ; mes raisons ne le touchant point, & il faut obéïr.

Ce nouveau Gouverneur arriva à *Quebec* le 15. d'Octobre, mit pied à terre sur les huit heures

heures du soir, & fut reçû au flambeau tant de la Ville que de la Rade, par le Conseil Souverain, & par tous les habitans qui étoient sous les armes. On fit trois décharges de Canon & de Mousqueterie, & les feux de joye furent accompagnez d'illuminations à toutes les fenêtres des maisons de la Ville, ce soir même tous les Corps de *Canada* le complimenterent, & sur tout les Jesuites, qui lui firent une Harangue fort pathetique, où le cœur avoit moins de part que la bouche. Le lendemain il fut visité de toutes les Dames, dont la joye secrete se remarquoit autant sur leur visage qu'en leurs paroles. Plusieurs personnes firent joüer des feux d'Artifice pendant qu'on chantoit le *Te Deum* à la grande Eglise, où ce Gouverneur se trouva. Ces réjoüissances durerent en augmentant de jour en jour; jusqu'à ce qu'il partit pour le *Monreal*, ce qui est une marque du plaisir qu'on se fait de son retour, & de l'assurance que l'on a, que par sa sage conduite & son esprit sublime, il conservera le repos & la tranquillité qu'il à toûjours sçû y maintenir pendant les dix années de son premier Gouvernement. Il est adoré de tout le monde, on l'appelle *Redemptor Patriæ*, ce Titre lui convient, car sur le raport de tous les habitans de ces Colonies, tout étoit dans le Cahos, dans la confusion & dans la pauvreté la premiére fois qu'il vint en *Canada*. Les *Iroquois* avoient brûlé toutes les Plantations, & égorgé des milliers de François ; le laboureur étoit assommé dans son camp ; le Voyageur

geur étoit enlevé dans ses courses, & le marchand ruïné par le manque de Commerce; la famine désoloit tout le monde, la guerre faisoit abandonner le païs, en un mot la nouvelle France alloit infailliblement périr, si ce Gouverneur n'eût fait la paix avec ces barbares, de la maniere que je vous l'ai expliqué à la fin de ma cinquiéme Lettre. Cét ouvrage qui ne vous paroîtra peut-être pas d'une aussi grande consequence que je vous le depeins, l'est cependant plus que vous ne sçauriez vous imaginer; car ces barbares ne font la guerre que par inimitié personnelle, au lieu que dans toutes les ruptures qui se font en Europe, la vengeance y a moins de part que l'interêt. Mr. de S. *Valiers* Evêque de *Quebec* arriva le même jour dans ce Port. Il s'étoit embarqué le Printems passé dans une barque qu'il freta pour le transporter à *l'Acadie*, *à l'Isle de Terre Neuve*, & autres païs de son Diocéze. Mr. *de Frontenac* se mit en Canot 4. ou 5. jours après son arrivée pour aller au *Monreal*, où j'eus l'honneur de l'accompagner; On fit tout ce qu'on pût pour l'empêcher d'entreprendre ce voyage dans une saison si froide & si avancée; car comme je vous ai déja dit les gelées d'Octobre en ce païs font des glaces plus épaisses & plus fortes que celles de Paris en Janvier, ce qui ne dévroit pas naturellement arriver. On eut beau lui representer toutes ces difficultez & plusieurs autres; Il ne laissa pas au sortir des fatigues de la Mer & à la soixante huitiéme année de son

son âge de se jetter en Canot. Il avoit si fort à Cœur l'abandon du fort de *Frontenac* qu'il eût été lui-même jusques-là ; si les Nobles, les Prêtres & les habitans du *Monreal* ne l'eussent prié à mains jointes de ne pas exposer sa personne aux dangers des passages des Sauts & des Cataractes qu'on est obligé de franchir. Plusieurs Gentilshommes *Canadiens* suivis d'une centaine de Coureurs de bois se risquerent sous le Commandement de Mr. *Mantet* pour reconnoître l'état de ce Fort, sous les Bastions duquel, comme je vous ai dit dans ma derniere Lettre, Mr. de *Valrenes* avoit mis des poudres pour les faire sauter en se retirant ; heureusement le dommage n'a pas été si grand qu'on se l'étoit imaginé, car les gens du parti que commande Mr. *Mantet*, relevant déja quelques toises de murailles abatuës, & ils travailleront à la réparation de ce Fort pendant l'hiver. Mr. de *Frantenac* en reçût des nouvelles hier au soir qui fut le sixiéme jour aprés son retour en cette Ville. J'avois oublié de vous dire qu'il a ramené de France quelques *Iroquois* de ceux que Mr. *de Denonville* avoit envoyé aux galeres dont je vous ai parlé dans ma 13. Lettre. Le reste de ces malheureux a peri dans les chaines. Parmi ceux que Mr. de *Frontenac* a amené avec lui, le plus considerable de cette troupe infortunée se nomme *Oreouahé*. Il est vrai que, comme Chef des *Goyoguans* on avoit eu l'humanité de ne pas le traiter comme un forçat, c'est en reconnoissance de l'attachement qu'il marque avoir tant pour Mr. de *Frontenac* que pour la Nation Françoise, que ce Gouverneur le logea dans son Château. On se flatte de pouvoir faire quelque acommodement avec les cinq Nations *Iroquoises* par l'entremise de ce Chef, & il semble, que l'on se dispose de leur faire des propositions de paix, mais j'augure un mauvais succez par trois bonnes raisons. Je les ai déja representées à Mr. de *Frontenac*, qui m'a dit qu'après le départ des Vaisseaux, il s'entretiendroit avec moi sur cette affaire. Je ne vous dis rien de son entrevüe avec Monsieur & Madame *de Denonville*, remettant de vous en faire le recit *inter privatos parietes*. Quelques Officiers les accompagnent en France dans l'esperance d'être avancez. Les Vaisseaux partiront demain selon toutes les apparences, car le vent d'Oüest est clair & moderé ; d'ailleurs, la saison de quitter le Port est sur la fin. Adieu Monsieur,

    Je suis vôtre &c.

*A Quebec ce* 15. *Novembre* 1689.

## LETTRE XIX.

*Qui contient les incursions faites à la Nouvelle Angleterre, & à la Nouvelle York. Funeste Ambassade des François chez les Iroquois, entreprise mal concertée des Anglois & des Iroquois venant par terre attaquer la Colonie.*

MONSIEUR,

Il y a quinze jours qu'un Vaisseau Rochelois, chargé de vin & d'eau de vie, arriva à *Quebec*, d'où le Capitaine a eu soin de me faire tenir vôtre Lettre. Vous me demandez le détail du Commerce du *Canada* en général ; Il m'est impossible de vous donner cette satisfaction presentement, parce que je ne le connois pas encore assez à fond pour vous en pouvoir donner une idée distincte : mais je vous assure que je vous envoyerai un jour des Mémoires si exacts que vous aurez sujet d'en être satisfait.

fait. Cependant contentez-vous d'apprendre ce qui s'est passé dans ce Païs depuis la datte de ma dernière Lettre.

Dès que Mr. *de Denonville* fut parti de *Quebec*, pour s'en retourner en France, Mr. *de Frontenac* prit possession du Fort, qui est la résidence ordinaire des Gouverneurs Généraux, & il ordonna au meilleur Architecte de se préparer à le rebatir de nouveau le plûtôt qu'il se pourroit. Vers le commencement de cette année Mr. *d'Iberville* s'offrit de saccager une petite Ville de la *Nouvelle York* que les *Iroquois* appellent *Corlar*, nom qu'ils donnent aussi à tous les Gouverneurs Généraux de cette Colonie Angloise. Ce Gentilhomme *Canadien* fut suivi de cent cinquante Coureurs de bois, & d'un même nombre de Sauva... Ce parti fit cette expédition sur les ne... & sur les glaces, quoique cette course fut de trois cens lieuës pour aller & venir, & même des plus rudes & des plus penibles. Il y réüssit à merveilles, car après avoir pillé, brûlé & saccagé cette bicoque & ses environs, il rencontra cent *Iroquois* qu'il défit entiérement. Mr. *de Portneuf*, aussi Gentilhomme *Canadien*, partit en même temps de *Quebec* à la tête de 300. hommes, moitié Coureurs de bois, & moitié Sauvages, pour s'emparer d'un Fort appartenant aux Anglois appelé *Kenebeki* situé sur les Côtes maritimes de la *Nouvelle Angleterre*, vers les frontières de l'*Acadie*. La garnison de ce Fort se défendit courageusement ; cependant com... on y jetta quantité de

Grena-

Grenades & d'autres feux d'artifice pendant que les Sauvages fapoient ou efcaladoient les paliffades de tous côtez ( contre leur coûtume, ) le Commandant fut obligé de fe rendre à difcrétion. On dit que les Coureurs de bois firent bien leur devoir, mais que fans les Sauvages cette entreprife eût indubitablement échoué.

Dès que la navigation fut libre, Mr. *de Frantenac* voulut m'engager à partir pour faire des propofitions de Paix aux *Iroquois*. Je lui répondis que fa bourfe & fa table m'ayant été ouvertes durant l'hiver je ne pouvois m'imaginer qu'il eut envie de fe défaire fi-tôt de moi. Cette repartie l'obligeant de me faire expliquer, je lui remontrai que le Roi d'Angleterre ayant perdu fa Couronne, & la guerre étant déclarée, les Gouverneurs de la *Nouvelle Angleterre* & de la *Nouvelle York* ne manqueroient pas de faire leur poffible pour exciter ces Bandits à redoubler leurs incurfions; Qu'ils leurs fourniroient pour cet effet des munitions *gratis*, & qu'ils fe joindroient encore avec eux pour attaquer nos Villes; que d'ailleurs le coup du *Rat* les avoit tellement irritez qu'il me paroiffoit impoffible de les appaifer, & qu'ainfi je le fuppliois de vouloir bien jetter les yeux fur quelque autre perfonne, en cas qu'il perfévérât dans le deffein de faire cette tentative. Le Chevalier *Do* fut choifi pour cette funefte Ambaffade, & certain *Colin* Interpréte de la langue *Iroquoife* avec deux jeunes *Canadiens* l'accompagnerent en ce malheureux voyage

voyage qu'ils firent en Canot. Dès qu'ils parurent à la vûë du Village des *Onnantagues* on les vint honorer d'une salve de coups de bâtons, on les y conduit avec la même cérémonie, cortège fort desagréable pour un homme qui vient faire des propositions de Paix. Les Anciens s'étant aussi-tôt assemblez jugèrent à propos de les renvoyer avec une réponse favorable, pendant qu'ils engageroient quelques *Agniez* ou *Onnoyotes* de les aller attendre sur le Fleuve, aux passages des Cataractes où ils en tueroient deux, en renvoyeroient un à *Quebec* & ramèneroient le quatriéme à leur Village, où il se trouveroit des Anglois qui le fusilleroient, c'est-à-dire, qu'ils vouloient en agir comme le *Rat* avoit fait à l'égard de leurs Ambassadeurs ; tant il est vrai que cette action leur tient au cœur. Ce projet alloit être executé, s'il ne se fût lors trouvé chez ces Barbares, des gens de la *Nouvelle York*, qui étoient venus exprès pour es animer contre nous. Ils sçurent si bien s'emparer de ces esprits déja portez d'eux-mêmes à la vengeance, qu'une troupe de ces jeunes Barbares les brûlerent tous vifs, à la réserve du *Chevalier Do*, qu'ils amenerent pieds & mains liées à *Baston*, pour tirer des lumiéres & des connoissances de l'état de nos Colonies & de nos Forces. Voilà ce que nous avons appris au bout de deux mois sur ce sujet, par des esclaves qui se sont sauvez d'entre les mains des *Iroquois*. Cette fâcheuse nouvelle ayant surpris Monsieur de *Frontenac*, lui fit dire

que

que de vingt Capitaines qui s'étoient offerts pour éxecuter cette Commission, & qui se seroient fait un honneur de s'en changer, j'avois été le seul capable d'en prévoir le succès. Je m'embarquai le 24. de Juin pour venir ici, dans un pesant Brigantin que son Capitaine des Gardes fit construire l'Hiver passé. Mr. l'Intendant & Madame son Epouse se mirent aussi dans ce vénérable Bâtiment, & comme rien ne nous pressoit nous demeurâmes dix ou douze jours en chemin, faisant tous les soirs une chere de Roi. Mr. *de Frontenac* fit tracer un Fort en passant à la *Ville des trois Rivières*, dont je vous ai parlé. Quinze jours après nôtre arrivée en celle-ci, certain Sauvage nommé *la Plake* le vint avertir qu'il avoit découvert un Corps de mille *Anglois*, & de quinze cens *Iroquois* qui s'avançoient pour nous attaquer. Sur cette nouvelle toutes nos Troupes traverserent la Prairie *de la Madelaine* vis-à-vis de cette Ville, & nous y campâmes avec trois ou quatre cens Sauvages amis pour les attendre de pied ferme. Dès que nôtre Camp fut formé Mr. *de Frontenac* envoya deux ou trois petits Partis Sauvages pour observer la marche des ennemis. Ils s'en retournerent après avoir surpris quelques *Iroquois* écartez chassant aux environs du *Lac Champlain*. Ces prisonniers nous dirent que ces *Anglois* n'ayant pû résister aux fatigues du voyage, & ne s'étant pas pourvûs d'une suffisante quantité de vivres, les uns & les autres étoient retournez en leur Païs. Ce rapport

ayant

ayant été confirmé par d'autres Sauvages ; nos Troupes décamperent ; & revinrent ici, d'où je fus détaché quelques jours après, pour aller commander un détachement de Soldats destinez à soûtenir les Moissonneurs du *Fort Roland* situé dans cette Isle. Dès que les recoltes furent faites je revins ici, en Compagnie des *Hurons* & des *Outaouas* qui descendirent de leur Païs, pour faire leur commerce ordinaire de Pelleteries ( de la maniere que je vous l'ai expliqué dans ma huitiéme Lettre. ) Ils demeurerent ici quinze jours, ensuite ils s'en retournerent à leurs Païs. Voilà, Monsieur, tout ce qui s'est passé de plus considerable depuis l'année passée. Je suis sur le point de m'en retourner à *Quebec* dans le Brigantin de Mr. *de Fronrenac*, qui doit partir d'ici dans quinze jours. Je suis à mon ordinaire :

Vôtre &c.

*A Monreal, ce 2. Octobre 1695.*

## LETTRE XX.

*Qui contient une seconde entreprise considérable des* Anglois *par Mer, très mal conduite, où l'on voit la Lettre que le Commandant de la Flote écrit à Mr. le Comte de* Frontenac, *avec la réponse verbale de ce Gouverneur, & le départ de l'Auteur pour* France.

MONSIEUR,

Me voici enfin à la *Rochelle*, d'où je vous envoye la relation de tout ce qui s'est passé en *Canada* depuis la datte de ma derniére Lettre. Peu de jours après, un Canot que le Major de *Quebec* avoit envoyé à la découverte, vint donner avis à Mr. de Frontenac qu'une Flote Angloise forte de trente-quatre voiles paroissoit proche de *Tadoussac*. Aussi-tôt il se jetta dans son Brigantin, & il fit embarquer toutes les Troupes dans des Canots & des Bateaux, avec ordre de voguer nuit & jour afin de devan-

*cer*

cer l'ennemi, ce qui fut heureusement exécuté. Il donna ordre à Mr. *de Callieres* de faire descendre autant d'Habitans qu'il seroit possible. La diligence que nous fimes fut si grande, que le troisiéme jour de Navigation nous arrivâmes à *Quebec*. Dès que Mr. de *Frontenac* eût débarqué, il visita les postes les plus foibles, & les fit fortifier sans perdre de tems. Il fit faire des batteries en plusieurs endroits, & quoi que nous n'eussions dans cette Capitale que douze piéces de gros Canon & peu de munitions de guerre, il parût tout à fait résolu de résider aux efforts de cette Flote, laquelle par bonheur pour nous, s'amusoit à gober des mouches à deux lieuës de *Quebec*. Cependant nous profitions de leur lenteur, travaillant sans relâche à nous mettre en état de défense. Nos Troupes, nos Milices & nos Sauvages arrivoient de tous côtez. Il est certain que si le Commandant de cette Flote eût fait sa descente avant nôtre arrivée à *Quebec*, & même deux jours après, il auroit emporté cette Place sans coup ferir, parce qu'alors il n'y avoit pas deux cens François dans la Ville qui étoit ouverte de tous côtez, mais au lieu de cela il perdit trois jours à son dernier moüillage, vers la pointe de *l'Isle d'Orleans*, tenant conseil sur conseil avec les Capitaines de ses Vaisseaux, sans qu'il pussent convenir entr'eux de ce qu'ils devoient faire. Le Sieur *Joliet* qui étoit dans sa Barque avec sa femme & sa belle-mere, fut pris par cette Flote sur le Fleuve S. *Laurent.*

*vent.* Trois Navires Marchands qui venoient de France, & un autre qui venoit de la Baye de Hudson chargé de Castors, entrerent dans la Riviére du *Saguenay* par *Tadoussac* où ils se cacherent & mirent leurs Canons à terre & dresserent de bonnes batteries. Enfin les Officiers de la Flote ennemie s'accorderent, après avoir passé trois ou quatre jours à d'inutiles délibérations, pendant lequel tems il nous arrivoit de toutes parts des foules d'Habitans & de Soldats. Le Commandant Anglois nommé Ser *William Phips* fit partir de son bord une Chaloupe portant Pavillon François à son Avant, laquelle s'approcha de la Ville sonnant de la Trompette. Mr. *de Frontenac* en fit partir une pour aller à sa rencontre avec un Officier François : celui-ci y trouva un Major *Anglois* qui lui fit entendre qu'étant chargé d'une Lettre que son Général écrivoit au Gouverneur de *Canada*, il croyoit qu'on lui permettroit de la presenter lui-même. L'Officier François l'ayant fait embarquer dans sa Chaloupe lui fit bander les yeux & l'amena jusqu'à la Chambre de Mr. *de Frontenac* où après lui avoir ôté le bandeau qui couvroit la moitié de son visage, il lui remit sa Lettre qui contenoit en substance, ce que suit.

*Moi Chevalier* William Phips *commandant par Mer & par Terre les Forces de la Nouvelle Angleterre, au Comte de Frontenac Gouverneur Général de Quebec, par les Ordres & au Nom de Guillaume III, & de Marie,*

Marie, *Roi & Reine d'Angleterre*, je viens pour me rendre Maître de ce Païs. Mais comme je n'ai rien tant à cœur que d'éviter l'effusion du sang, je demande que vous ayez à me rendre vos Villes, Châteaux, Forteresses, Bourgades & vos Personnes à ma discretion, vous assûrant toute sorte de bon traitement, douceur & humanité. Que si vous n'acceptez cette proposition sans aucune restriction, je tâcherai par le secours du Ciel auquel je me confie & par la force de mes armes, d'en faire la conquête. J'attens une réponse positive par écrit dans une heure, en vous avertissant que je ne serai point d'humeur d'entrer en accommodement dès que j'aurai commencé des hostilitez. Signé William Phips.

Après que l'Interpréte eût expliqué cette Lettre à Mr. *de Frontenac* qui étoit environné d'Officiers, il ordonna au Capitaine de ses Gardes de faire planter un Gibet devant le Fort pour faire pendre ce pauvre Major, qui selon toutes les apparences devoit entendre le François, puis qu'il fut sur le point de s'évanoüir lors qu'il entendit prononcer cette funeste Sentence. Il n'avoit pas tout le tort, car il l'eût été effectivement si l'Evêque & l'Intendant qui se trouverent là tous les deux présens pour son bonheur, n'eussent intercedé en sa faveur. Mr. *de Frontenac* prétendoit que c'étoit une Flote de Fourbans ou gens sans aveu, puis que le Roi d'Angleterre étoit en France; ,, Mais à la fin, s'étant appaisé, il dit à ce Major de s'en retourner
,, incessam-

» inceſſamment à bord de ſon Amiral,
» contre lequel il ſe déffendroit mieux qu'il
» n'en ſeroit attaqué ; qu'il ne connoiſſoit
» d'autre Roi de la Grande Bretagne que
» *Jaques II.*, que ſes Sujets rebelles étoient
» des Pirates, dont il ne craignoit ni la
» force ni les menaces. Il finit ſa réponſe
en jettant au nez du Major la lettre de ſon
Amiral, enſuite il lui tourna le dos. Alors
ce pauvre Ambaſſadeur un peu raſſuré prit
la liberté de demander à Mr. *de Frontenac*,
portant ſa montre à l'œil, s'il ne vouloit
pas lui donner ſa réponſe par écrit avant
que l'heure fut paſſée. Mais il lui répondit,
avec autant de fierté que de dédain que
ſon Commandant ne méritoit pas qu'il
répondit à ſon compliment d'autre maniére que par la bouche des Mouſquets & des
Canons. Ces paroles ne furent pas plûtôt
prononcées qu'on lui fit reprendre ſa Lettre, enſuite on lui rebanda les yeux, & on le
ramena à la Chaloupe d'où il vogua à toute force vers la Flotte.

Le lendemain à deux heures après midi
ſoixante Chaloupes abordérent à terre,
tranſportant mille ou douze cens hommes,
qui reſterent ſur le ſable en fort bon ordre,
en même tems ces Chaloupes retournerent
à leurs Vaiſſeaux, & revinrent encore deux
fois au même lieu avec le même nombre
de troupes auſſi-tôt aprés il formérent pluſ-
ſieurs Bataillons, & ſe mirent en marché
Tambour battant, Drapeaux déployez du
côté de la Ville. Cette deſcente qui ſe fit
vis-à-vis *l'Iſle d'Orleans*, à une lieuë &
demi

demi au dessous de *Quebec*, n'agit pourtant pas si diligemment que nos Sauvages accompagnez de deux cens Coureurs de bois, & de cinquante Officiers, n'eussent le tems de s'aller poster dans un taillis de broussailles épaisses, situé à demi lieuës de leur débarquement. Comme avec une si petite troupe il étoit impossible de se battre à découvert, il falut donc se résoudre de combattre à la maniére des Sauvages, c'est-à-dire dresser embuscade sur embuscade dans ce bois taillis, qui avoit un quart de lieuë de traverse. Cette maniére de faire la guerre nous reüssit à merveilles ; car nous étant postez au milieu de ce bois, nous laissâmes entrer les Anglois, ensuite nous fîmes nos décharges sur eux, & nous nous couchâmes ventre à terre jusques à ce qu'ils eussent fait les leurs, après cela nous nous relevâmes, & courant en Pelotons deça & delà, nous réïterâmes nos décharges avec tant de succès, que ces Milices Angloises ayant aperçû nos Sauvages, la confusion & le desordre se mit parmi eux, & leurs Bataillons furent rompus ; alors chacun cherchant son salut dans la fuite, ils se sauverent pêle & mêle, en criant *Indians*, *Indians*, ce qui fut cause que nos Sauvages firent une sanglante boucherie ce jour-là, car nous comptâmes environs trois cens hommes étendus sur la Place, sans autre perte de nôtre côté que de dix Coureurs de bois, quatre Officiers, & deux Sauvages.

Le lendemain les Anglois débarquerent quatre piéces de Canon de bronze montez

sur

for des affairs de Campagne, & ils se battirent vigoureusement, quoi qu'ils fussent aussi mal disciplinez que des gens ramassez peuvent l'être : Car on peut dire qu'ils ne manquerent point de courage, & que s'ils ne reüssirent pas c'est, parce qu'ils ne connoissoient aucune discipline militaire, qu'ils étoient affoiblis des fatigues de la Mer, & qu'enfin le Chevalier *William Phips* manqua tellement de conduite en cette entreprise qu'il n'auroit peu mieux faire s'il eût été d'intelligence avec nous pour demeurer les bras croisez. Ce jour-là se passa plus tranquillement que le suivant. Ils voulurent tenter de nouveau le passage de ce bois à la faveur de leur Artillerie, mais ils perdirent encore trois ou quatre cens hommes & furent ensuite obligez de regagner incessamment le lieu de leur debarquement. De nôtre côté nous perdimes Mr. de S. *Helene* qui mourut d'une blessure qu'il reçût à la jambe & environ quarante hommes tant François que Sauvages. Cette victoire que nous remportames sur les Anglois, nous encouragea tellement que nous les suivimes, jusques à leur Camp, auprès duquel nous passames la nuit couchez sur le ventre, dans le dessein de les attaquer à la pointe du jour. Ils nous en épargnerent la peine, car ils s'embarquerent à minuit en si grande confusion que nous en tuâmes encore environ cinquante plûtôt par hazard que par adresse, dans le tems qu'ils se jettoient dans leurs chaloupes. Le jour étant survenu nous fîmes

trans-

transporter à *Quebec* leurs tentes & leurs Canons qu'ils nous avoient laissez, pendant que les Sauvages s'occupoient à chercher les morts dans le bois pour les dépoüiller.

Le même jour que la descente se fit, *William Phips* leva l'ancre, & vint moüiller avec quatre gros Vaisseaux à la portée du mousquet de la basse Ville, où nous n'avions qu'une seule Batterie de six Canons de huit livres de balle. Ils canonnerent pendant vingt-quatre heures de si bonne grace, que le feu de leurs Canons égaloient celui de la Mousqueterie. Le dommage qu'ils firent aux toits des maisons ne se monta qu'à cinq ou six pistoles, car pour les murailles elles sont si dures, comme je vous l'ai expliqué dans ma premiere Lettre, que les boulets ne les sauroient entamer.

Lors que *William Phips* eut fini ses glorieux exploits, il envoya demander à Mr. de *Frontenac* quelques prisonniers Anglois, en échange du Sieur *Joliet*, de sa femme, de sa mere & de quelques matelots, ce qui fut executé sur le champ. Ensuite sa flotte appareilla pour s'en retourner. Dés que les trois Vaisseaux marchands qui s'étoient cachés dans la Rivière du *Saguenay* l'eurent aperceüe au dessous de *Tadoussac* fillant à pleine voile à la faveur d'un vent d'Oüest, ils rembarquerent leurs Canons, & continuant leur voyage avec plaisir ils gagnerent *Quebec* le 12. Novembre. A peine eurent-ils mis leur Cargaison à terre que le grand froid produisit tant de glaces sur le

Fleuve

fleuve que ces Vaisseaux en furent si endommagez qu'on fut obligé de les échoüer au *Cul de Sac*. Cette fâcheuse gelée me chagrina pour le moins autant que Mr. *de Frontenac*, car je me voyois reduit à passer encore un Hyver en Canada, & ce Général étoit en peine comment il pourroit donner avis au Roi de cette entreprise ; mais il survint tout à coup une pluye suivie d'un dégel qui nous réjoüit extrémement l'un & l'autre. Aussi-tôt il fit agréer & appareiller une Fregate delagréée, avec tant de diligence que son lest, ses voiles, ses cordages & ses matures se trouverent en état presque dans le même tems qu'il en donna l'ordre. Dès qu'elle fut prête à faire voile, il me dit qu'il s'agissoit de faire un coup d'état en gagnant la France le plûtôt qu'il se pourroit, & que je devois plûtôt perir que de me laisser prendre par les Ennemis, ou de relâcher en quelque Port que ce soit. Il accompagna ce discours d'une lettre particuliére pour Monsieur de Signelai, qui contenoit des choses très-avantageuses pour moi. Je partis le vingt-sixième de Novembre, ce qu'on n'avoit jamais vû jusqu'alors. Il est vrai que nous l'échapâmes belle à *l'Isle aux Coudres*, où le vent de Nord-Est nous surprit avec une telle impétuosité, qu'après avoir mouillé nous pensâmes chausir sous les ancres durant la nuit. Le reste de la traversée fut assez heureux jusqu'ici, car nous n'essuyâmes qu'une seule tempête. Cependant les vents contraires que nous trouvâmes à cent cinquante lieuës des Côtes de France,

France, nous obligerent à louvoyer long-tems, ce qui est cause que nôtre voyage vous paroîtra si long. Enfin me voici grace au Seigneur heureusement débarqué en cette Ville, d'où je partirai demain pour *Versailles*. J'aprens que vous êtes en Province, & que Mr. de *Seignelai* est allé faire le voyage d'un autre monde, bien différent de celui d'où je viens. C'est assurément le plus grand malheur qui pouvoit arriver à la Marine de France, aux Colonies des deux Ameriques, & de moi en particulier, puisque la lettre que Mr. *de Frontenac* lui écrivois en ma faveur m'est inutile par sa mort.

Je suis, Monsieur vôtre &c.

*A la Rochelle le 12 Janvier 1691.*

## LETTRE XXI.

*Qui contient une description des Bureaux des Ministres d'Etat, & les services mal recompensez à la Cour.*

# Monsieur,

Je reçûs à *Paris* la lettre que vous m'écrivites il y a deux mois, mais je ne pûs y répondre, parce que mes affaires n'étoient pas encore finies. A prefent que je suis de retour à la *Rochelle*, j'ai tout le loisir de vous informer de ce qui m'est arrivé depuis mon retour en France. Dès que j'arrivai à *Versailles* je fus saluer Mr. *de Pontchartrain* qui avoit succedé à Mr. *de Seignelai*. Je lui dis que Mr. *de Frontenac* m'avoit donné une lettre pour ce Ministre, où il lui faisoit mention de mes services. Je lui remontrai qu'ayant trouvé mes biens saisis & plusieurs procès à vuider où ma presence étoit necessaire, je croyois que le Roi voudroit bien agréer que je quitasse le le service, Il me répondit qu'il étoit informé de l'état de mes affaires auſquelles j'avois tout le tems de vaquer juſqu'au départ des derniers Vaiſſeaux qui doivent partir cette année pour *Quebec*, où il prétend que je retourne. Cette réponſe me fit quitter *Versailles* pour aller à *Paris*, où mes parens me plongerent dans la Conſultation de pluſieurs Avocats qui trouverent mes affaires ſi broüillées, qu'ils ne croyoient pas que j'en puſſe voir ſi-tôt la fin. Cependant les écus que je fus obligé de debourſer pour cette Conſultation me degoûta ſi fort de plaider contre des parties ſi accreditées au Parlement de Paris, que j'aimai preſque autant perdre ma legitime, que d'entrer en procès avec elles. Je ne laiſſai pourtant pas de demander une proviſion ſur mes biens confiſquez en vertu de ce que j'étois actuellement au ſervice. Ce fut avec tant de peine & de frais que je la ſollicitai, que quand ces puiſſans Adverſaires n'auroient pas eu le pouvoir de l'empêcher, la ſomme qu'on auroit pû m'adjuger, n'auroit pas été ſuffiſante pour payer les dépens que je fus obligé de faire. Meſſieurs de *Bragelone* ſont fort honnêtes gens, comme vous ſavez. Il eſt vrai que comme ils aiment plus les piſtoles que leurs Parens ils ſe contenterent de m'honorer de leurs conſeils, mais leur liberalité ne s'étendit pas plus loin, & j'aurois été très-mal dans mes affaires ſi je n'avois pas trouvé d'autre reſſource que la leur. L'Abbé d'*Eccouttes*, plus liberal, quoique moins riche qu'eux, me fit preſent de

cent

cent Loüis que j'employai aux frais que j'ai été obligé de faire pour être reçû dans l'Ordre de *S. Lazare*, dont la cérémonie qui s'en fit dans la chambre de Mr. de *Louvois* dura moins de tems que celui de compter la somme au Trésor. J'espérois que ce généreux Abbé me donneroit ensuite quelques bénéfices simples dont il pouvoit se défaire en ma faveur sans s'incommoder, mais un scrupule de conscience l'en empêcha. Il fallut donc me resoudre à la fin d'aller à *Versailles* pour y faire le métier de solliciteur d'emploi, qui est le plus dur & le plus chagrinant qui soit au monde. Imaginez-vous, Monsieur, qu'à ce Royal séjour les écus s'envolent sans qu'on sçache qu'elle route ils prennent. Il faut demeurer patiemment cinq ou six heures par jour dans les apartemens de Mr. de *Pontchartrain*, pour se faire voir toutes les fois qu'il sort & qu'il entre.

A peine commence-t-il à paroître que chacun s'empresse à présenter de Mémoires accompagnez de cinquante raisons que le vent emporte ordinairement. A mesure qu'il reçoit ces Placets il les donne à quelque Secretaire qui le suit, celui-ci les porte à Messieurs de *la Touche*, de *Begon*, & *de Saluberri*, dont les Laquais reçoivent les pistoles de la plûpart des Officiers, qui sans cet expedient courroient grand risque de s'enrumer à la porte des Bureaux de ces Commis ; c'est dis-je d'où leur bon & leur mauvais destin doit nécessairement sortir. Desabusez-vous, Monsieur, de la

pro-

protection des Grands Seigneurs, le tems n'est plus que les Ministres leur accordent tout ce qu'ils demandoient pour leurs bâtars, pour leurs laquais, ou pour leurs vassaux. Il n'y a que deux ou trois Princes ou Ducs de la grande faveur qui veuillent se mêler de proteger les gens qui ne leur appartiennent point, encore s'ils le font c'est bien rarement, car vous savez que la Noblesse de France étant assez mal dans les affaires, ces gros Seigneurs ont souvent de pauvres alliez pour lesquels ils sont obligez de demander des Emplois qui les fassent subsister. Les Ministres sont aujourd'hui sur le pied de tout refuser aux premiers de la Cour, en leur répondant que le Roi veut ceci, & qu'il ne veut pas cela : & pour ce qui est du mérite on ne le reçoit point dans leurs Bureaux ; c'est un monstre si effroyable qu'il est en horreur chez la plûpart de ces Ministres. Ce sont eux, pour ainsi dire, qui disposent des Charges, quoi qu'il paroisse que ce soit le Roi. Ils font tout ce qu'ils veulent sans être obligez de lui rendre compte, car il s'en raporte à leur zéle & à l'attachement qu'ils doivent avoir pour le bien de son service. Ils lui portent des extraits où le merite des Officiers qu'ils prétendent avancer est supposé, ou du moins très-exageré. Mais les Memoires de ceux qui ne leur plaisent pas n'ont garde de paroître. Je suis bien fâché d'être obligé de vous dire cette verité, je ne cite aucun Ministre en particulier, car ils ne sont pas tous sur ce pied-là. J'en

*con-*

connois qui seroient au desespoir de faire la moindre injustice à qui que ce soit, & qui ne souffriroient pas que leurs Suisses, leurs Laquais, ni même leurs Commis s'intrigassent pour l'avancement de certaines gens par la voye des pistoles. Ces habiles intrigans font indirectement plus d'Officiers que vous n'avez de cheveux à la tête, ce qui fait qu'on les saluë d'une lieuë, & qu'on les traite aussi sérieusement de *Monsieur* que leur maître de *Monseigneur* & de *Grandeur*. Ce sont des titres que nos Ministres & nos Secretaires d'Etat ont acquis aussi glorieusement que nos Evêques. Il ne faut donc pas s'étonner de ce que les Officiers Généraux eux-mêmes ont toûjours à la bouche les mots de Monseigneur & de Grandeur, en attendant que celui d'Excellence s'y joigne aussi. Je vous jure, Monsieur, que je pourrois trouver matiére à composer un Livre de trois cens pages *in Folio*, si je voulois faire un ample détail des intrigues des Bureaux, des moyens dont les solliciteurs se servent pour venir à leur fins, des insignes friponneries de certaines gens, & de la patience dont il faut que les Officiers se munissent; du mépris qu'on fait de ceux qui n'ont d'autre recommandation que leur merite, & généralement de toutes les injustices qui se font à l'insçû du Roi. Quoi qu'il en soit, aprés avoir inutilement sollicité ce que je croyois être en droit d'obtenir en reconnoissance de mes service, on se contenta de me dire que le Roi ordonnoit à Mr. *de Frontenac* de me

K 4 pour-

pourvoir le plus avantageusement qu'il le pourroit quand l'occasion s'en présenteroit; de sorte qu'il me fallut contenter de cette réponse, & me résoudre à demeurer éternellement Capitaine, sachant bien que ce Gouverneur ne me pouvoit donner rien au delà.

Je partis de *Versailles* pour me rendre incessamment en cette Ville, d'où j'allai recevoir les ordres de Mr. de *Rochefort*. Il me dit qu'on préparoit le Vaisseau l'*Honoré*, & qu'aussi-tôt qu'il seroit prêt je pourrois faire voile. Il me recommanda le Chevalier de *Maupeou*, neveu de Madame de *Pontchartrain*, qui doit faire le voyage avec moi. Ce Gentilhomme, curieux de voir les Terres de *Canada*, est venu de Paris très-bien accompagné; on a beau lui representer la longueur du voyage, les incommoditez de la Mer, & le peu d'agréement qu'on trouve en ce Païs-là, toutes ces raisons ne servent qu'à augmenter sa curiosité. Mr. le Comte *d'Aunai* doit nous escorter jusques à ce que nous soyons Nord & Sud du *Cap de Finistere*, & lors que nous serons à cette hauteur il reviendra à *Rochefort*. Nous n'attendons autre chose que le vent pour mettre en Mer.

Je suis Monsieur vôtre &c.

*A la Rochelle le 26. Juillet 1691.*

*Combat entre deux Vaisseaux Anglois et François.*

# LETTRE XXII.

*Qui contient le départ de l'Auteur de la Rochelle pour Quebec, sa Navigation jusqu'à l'entrée du Fleuve Saint Laurent. Rencontre d'un Vaisseau Anglois qu'il combatit. Son Vaisseau échoüé. Navigation du Fleuve Saint Laurent. Nouvelle qu'un Parti d'Anglois & d'Iroquois a défait un Corps de Troupes Françoises.*

## MONSIEUR,

Deux jours après que je vous eus écrit, nous appareillâmes de la Rade de la *Rochelle*, pour faire la grande traverse de *Canada*. Le 5. Août nous apperçûmes un grand Vaisseau à qui Mr. le Comte *d'Aunai* donna chasse, & comme le sien étoit meilleur voilier, au bout de trois heures il se trouva bord à bord de ce Navire, lequel arbora sur le champ son Pavillon *Génois*. On tira quelques coups de Canon,

son

son Avant pour l'obliger d'amener, mais l'obstination du Capitaine fut cause que Mr. *d'Aunay* fit tirer sur le Corps du Vaisseau, dont quatre ou cinq Matelots en ayant perdu la vie, le reste de l'équipage fut obligé de mettre la Chaloupe en mer pour porter à son bord ses Passeports & Connoissemens. Le 10. après avoir pris hauteur, & les Pilotes s'estimant être Nord & Sud du Cap *Finisterre*, Mr. *d'Aunay* m'envoya son Canot pour me dire qu'il s'en retournoit. Je lui écrivis une Lettre de remerciment. Le Pere *Bechefer* Jesuite, qui avoit été plusieurs années Supirieur du Collége de *Quebec*, où il alloit encore en la même qualité, fut obligé de se jetter dans ce Canot pour retourner en France, s'étant trouvé toûjours incommodé depuis le premier jour que nous mîmes en mer. Le 23. d'Oût nous essuyâmes un gros coup de vent de Nord-Oüest, qui dura vingt-quatre heures, à cent lieuës du Banc de *Terre-Neuve*. La tempête étant finie, il survint un vent de Nord-Est, qui nous poussa en dix ou douze jours à l'entrée du Fleuve *Saint Laurent*. Le 6. Septembre nous découvrîmes un Vaisseau qui de la Côte de *Gaspé* portoit sur nous à pleine voile. Nous crûmes d'abord qu'il étoit François, & qu'il venoit de *Quebec*, mais sa manœuvre nous l'ayant fait connoître une heure après pour ennemi, nous nous mîmes en état de combattre, & comme il n'étoit pas plus d'une lieuë au vent lors que nous le connûmes pour tel, il ne tarda pas en arrivant à pleine voile de se

trouver

trouver bien-tôt à la portée du mousquet. Il arbora d'abord Pavillon *Anglois* en nous lâchant sa bordée. Nous arborâmes aussi le nôtre en le payant de la même monnoye. Le Combat dura deux heures, faisant toûjours feu de part & d'autre, mais comme la mer étoit agitée, nous fûmes obligez de nous quitter à l'entrée de la nuit sans nous être fait grand mal. Nous en fûmes quitte pour deux Matelots estropiez, & pour vingt-huit ou trente coups de boulets dans nos Mâts, dans nos Vergues & dans les œuvres mortes. Deux jours aprés nous rencontrâmes Mr. *Duta*, qui montoit le *Hazardeux*, & s'en retournoit en France, convoyant dix ou douze Vaisseaux Marchands. Il me donna des rafraîchissemens, & il m'apprit quelques nouvelle du *Canada* qui me firent plaisir. Nous poursuivîmes nôtre route malgré le vent de Sud-Oüest, qui nous obligea de courir bord sur bord jusqu'à *Portneuf* prés de *T. doussac*. Nous échoüâmes en ce lieu-là par la faute du Pilote Côtier, qui pour s'être obstiné à donner fonds trop prés de terre, pensa être la cause d'un naufrage. A minuit le Vaisseau donna de si fortes culées que je le croyois entre-ouvert, mais la marée se retirant peu à peu, il demeura couché sur le côté sans paroître endommagé. Je fis porter aussi-tôt un ancre de toüée en large, amarré à plusieurs grélins épices bout à bout, & le lendemain la marée ayant remonté & remis le Vaisseau à flot, je fis haller dessus avec le Cabestan.

Le 13. nous mouillâmes près de *l'Isle Rouge*, & le lendemain 14. nous franchîmes ce passage sans danger, à la faveur d'un beau frais de Nord-est.

Le 15. nous mouillâmes à *l'Isle aux Liévres*. Le 16. nous passâmes *l'Isle aux Coudres*, le 17. nous arrivâmes à la traverse du *Cap Tourmente*, & le jour suivant nous ancrâmes dans ce Port. Au reste, nous eûmes les plus beaux jours du Soleil qu'on ait jamais eu de l'embouchure du Fleuve jusqu'ici. J'eus tout le loisir & la commodité de considerer les Côtes à droit & à gauche, pendant que nous louvoyons. Je demandai aux Pilotes, voyant tant de Riviéres à la Bande du Sud, pourquoi les Vaisseaux avoient accoutûmé de ranger celle du Nord, où il ne se trouve que le mouillage des *Papinachois*, les *Sept Isles* & *Portneuf*. Ils me répondirent que la trahison ordinaire du fougueux vent de Nord-Oüest, qui régne les trois quarts de l'année sur ce Fleuve étoit cause qu'on n'osoit s'éloigner de la Côte du Nord, & qu'il n'y a que les mois de Juin, Juillet & Août qui puissent être les assurateurs d'un Vaisseau qui rangeroit celle du Sud. Sur ce pied-là, je juge que cette Navigation du Sud seroit sans cela plus belle, plus facile & moins dangereuse que l'autre, parce qu'on pourroit mouiller tous les soirs à l'entrée des Riviéres qui se déchargent le long de cette Côte, & qu'ainsi l'on ne seroit pas exposé de louvoyer nuit & jour, en virant sans cesse de bord, comme on

est obligé de faire lors qu'on range celle du Nord. Voilà, Monsieur, ce que j'ai à vous dire de la Navigation de ce Fleuve, dont j'aurai occasion de vous parler encore. Dès que nôtre Vaisseau fut afourché devant *Quebec*, je mis pied à terre avec Mr. le Chevalier de *Meaupou* que je conduisis chez Mr. de *Frontenac*, qui comme à moi voulut bien lui faire offre de sa table & de sa maison. " On m'apprit que
" trois cens *Anglois*, & deux cens *Iroquois*
" s'étoient approchez il y a deux mois de
" l'Isle de *Monreal* ; que le Gouverneur de
" cette Isle ayant fait passer quinze Compagnies de l'autre côté du Fleuve dans
" la Prairie de *Madeleine* pour les attendre de pied ferme, un détachement
" de ce Parti ennemi avoit surpris, à la
" faveur de la nuit, les sentinelles avancées, & que tout le Corps ayant joint,
" ils donnérent tête baissée avec tant d'intrépidité & de courage sur les Corps de
" Garde, & sur le Camp dans un même
" tems, qu'il étoit resté sur la place plus
" de trois cens Soldats, deux Capitaines,
" six Lieutenans, & cinq Enseignes, &
" qu'après cette fatale expédition Mr. de
" *Valrénes* Capitaine de Marine étoit parti
" de *Monreal* avec un détachement de
" François & de Sauvages pour aller au
" Fort *Chambli* ( de crainte que ces *Iroquois* ne s'emparassent de ce poste ) lequel ayant rencontré dans sa route un
" autre Parti d'*Anglois* & d'*Iroquois*, il les
" avoit attaqué avec vigueur, & les avoit
" défaits. Toutes

Toutes ces differentes avantures me font conjecturer, qu'on aura beaucoup plus de peine que l'on ne s'imagine à faire une bonne Paix avec les cinq Nations *Iroquoises*. Mr. de *Frontenac* a donné les ordres nécessaires aux Habitations circonvoisines, pour faire transporter une grande quantité de pieux & de chaux durant l'hiver, aux environs de cette Ville. Adieu Monsieur, les derniers Vaisseaux qui doivent partir pour France, feront voile dans trois ou quatre jours.

Je suis Monsieur vôtre &c.

*A Quebec*, *le* 10. *Novembre* 1691.

# LETTRE XXIII.

*Qui contient la prise de quelques Bâtimens Anglois, un Parti d'Iroquois défait, un Iroquois est brûlé tout vif à Quebec. Un autre Parti de ces Barbares surprend des Coureurs de bois, est ensuite surpris lui même. Mr. de Frontenac propose un projet d'entreprise à l'Auteur. L'Auteur part dans une Fregate pour aller en France, & relâche à Plaisance, où une Flote Angloise vient pour enlever ce poste. Elle manque son coup. L'Auteur continuë son voyage.*

## MONSIEUR,

Cette Lettre vient de Bretagne, & non pas de *Canada*, d'où je suis parti inopinément, pour repasser en France deux mois après avoir reçû vôtre Lettre, à laquelle je n'ai pû répondre faute de commodité.

Vous me dites que vous êtes satisfaits de la description que je vous ai envoyées du Fleuve *Saint Laurent*, & que vous seriez bien-aise d'en avoir une aussi exacte de tous les Païs du *Canada*. J'aurois de la peine à vous contenter pour le present, parce qu'il me faut du tems pour mettre tous mes Mémoires en ordre, c'est pourquoi vous ne trouverez pas mauvais que je vous prie de suspendre vôtre curiosité pour quelque tems. En attendant, voici la relation de ce qui est arrivé en *Canada*, qui vous pourra faire du plaisir. Aussi-tôt que les Vaisseaux furent partis de *Quebec* l'année derniére, Mr. *de Frontenac* fit tracer le Plan de l'enceinte de la Ville, & tous les materiaux propres pour la construction de quelques redoutes de pierres y ayant été transportez, il la fit fortifier durant l'Eté. Il y avoit quelques jours qu'on avoit amené prisonnier à *Quebec* un Gentilhomme de la *Nouvelle Angleterre*, nommé Mr. *Nelson*, qui fut pris dans la Riviére de *Kevebeki* sur les Côtes de l'*Acadie* avec trois Bâtiment qui lui appartenoient, & comme il est fort galant homme, Mr. *de Frontenac* le logea chez lui, & le traita avec toute sorte d'honnêteté. Vers le commencement de cette année, ce Gouverneur donna le commandement d'un Parti de cent cinquante Soldats au Chevalier *de Beaucour*, pour aller sur les glaces du côté du Fort *de Frontenac*, cinquante Sauvages amis se joignirent à ce Parti. Ils rencontrérent à trente ou quarante lieuës du *Monreal* une troupe

troupe de soixante *Iroquois*. Ceux-ci furent découverts par les piftes de quelques-uns de leurs Chaffeurs qui s'étoient écartez du Cabanage, & le jour suivant ils furent tous surpris, égorgez, ou faits prisonniers. Le Sr *de la Plante* qui vivoit dans l'esclavage chez ces malheureux, eût le bonheur de se trouver envelopé dans cette déroute, & il auroit été tué comme ses Maîtres, s'il n'eût crié de toute sa force ; *miséricorde, sauvez moi, je suis François*. Il étoit un des quatre Officiers qui eurent le malheur d'être pris dans la funeste incursion que ces tigres firent dans l'Isle de *Monreal*, comme je vous l'ai dit dans ma dix-septiéme Lettre. Le Chevalier de *Beaucour* s'en revint à la *Colonie* avec son Parti, il emmena douze *Iroquois* qu'il avoit fait prisonniers qui furent aussi-tôt conduits à *Quebec*. Dés qu'ils y furent arrivez Mr. *de Frontenac* condamna fort judicieusement les deux plus méchans de la Bande à être brûlez tous vifs & à petit feu. Cette Sentence effraya extrêmement Madame l'Intendante & les Jesuites, il n'y eût point de supplication que cette Dame ne fit pour tâcher de faire modérer cette terrible Sentence, mais ce Juge fut inexorable, & les Jesuites employerent en vain toute leur éloquence pour ce sujet. ,, Ce Gouverneur ,, leur répondit, qu'il falloit de toute né- ,, cessité faire un exemple rigoureux pour ,, intimider les *Iroquois* ; que comme ces ,, Barbares brûlent presque tous les Fran- ,, çois qui ont le malheur de tomber entre
,, leurs

» leurs mains, il falloit les traiter de la
» même maniéres, puis que l'indulgence
» qu'on avoit eu pour eux jusqu'à présent
» sembloit les autoriser de s'approcher de
» nos Plantations, d'autant plus qu'ils ne
» courroient point d'autre risque, que ce-
» lui d'être pris & gardez en faisant bon-
» ne chere chez leurs Maîtres, mais que
» dès qu'ils apprendront que les François
» les font brûler, ils se garderoient bien
» de s'avancer à l'avenir avec tant de har-
» diesse jusqu'aux portes de nos Villes;
» & qu'enfin l'arrêt de mort étant pro-
» noncé, il falloit que ces deux malheu-
» reux se préparassent à faire le voyage de
» l'autre monde. L'obstination de Mr.
*de Frontenac* parut surprenante, lui qui
avoit, peu de tems auparavant, favorisé
l'évasion de trois ou quatre personnes coupables de mort, aux instantes priéres de
Madame l'Intendante; nonobstant la ferme résolution de Mr. *de Frontenac*, elle
ne laissa pas de redoubler ses instances,
mais elle ne pût jamais le fléchir à l'égard
de ces deux misérables. Il fallut donc leur
envoyer des Jésuites pour les bâtiser, & les
engager à reconnoître la Trinité, l'Incar-
nation, les Joyes du Paradis, & leur representer les peines de l'Enfer dans l'espace de huit ou dix heures. Vous m'avoüe-
rez, Monsieur, que c'est traiter ces grands
Mistéres bien cavalièrement, & les exposer à la risée d'un *Iroquois*, que de les lui
vouloir faire comprendre si à la hâte. S'ils
prirent ces véritez pour des chansons, je
n'en

n'en fai rien, mais ce que je puis vous dire, c'est que du moment qu'on leur eût annoncé cette fatale nouvelle, ils renvoyérent ces bons Peres sans les vouloir écouter : ensuite ils se mirent à chanter la Chanson de mort suivant la coutûme Sauvage. Quelque charitable personne leur ayant fait jetter un coûteau dans la prison, le moins courageux des deux, se le plongea dans le sein, dont il mourut sur le champ. Quelques jeunes *Hurons* de *Lorete* âgez de quatorze à quinze ans, vinrent prendre l'autre, & l'amenérent sur le *Cap au Diamant* où ils avoient eu la précaution de faire un grand amas de bois. Il courut à la mort avec plus d'indifférence que Socrate n'auroit fait, s'il se fut trouvé en pareil cas. Pendant le supplice, il ne cessa de chanter, » qu'il étoit Guerrier, » brave & intrépide, que le genre de mort » le plus cruel ne pourroit jamais ébran- » ler son courage, qu'il n'y auroit point » de tourmens capables de lui arracher un » cri, que son camarade avoit été un pol- » tron de s'être tué lui-même par la crain- » te des tourmens, & qu'enfin s'il étoit » brûlé, il avoit la consolation d'avoir fait » le même traitement à plusieurs *François* » & *Hurons*. Tout ce qu'il disoit étoit vrai, sur tout à l'égard de son courage & de sa fermeté, car je puis vous jurer avec toute vérité qu'il ne jetta ni larmes, ni soûpirs ; au contraire, pendant qu'il souffroit les plus horribles tourmens qu'on puisse inventer, & qui durerent environ

l'espace

l'espace de trois heures, il ne cessa pas un moment de chanter. On lui rissola la plantes des pieds devant deux grosses pierres toutes rouges plus d'un quart d'heure : on fuma le bout de ses doigts dans le Fourneau des pipes allumées, sans qu'il retirât la main. Ensuite on lui coupa les jointures les unes après les autres : On tordit les nerfs de ses jambes & de ses bras avec une petite verge de fer, de telle manière qu'il n'est pas possible de l'exprimer. Enfin après plusieurs autres supplices on leva sa chevelure de sorte qu'il ne lui restoit que le crane, sur lequel ces jeunes Bourreaux alloient mettre du sable brûlant, lors qu'un esclave des *Hurons* de *Lorete*, le vint assommer d'un coup de massuë, qu'il lui déchargea sur la tête par ordre de Madame l'Intendante pour faire cesser son martyre. Pour moi, je vous jure que le prélude de cette tragédie me fit tant d'horreur, que je n'eus pas la curiosité d'en voir la fin, ni d'entendre chanter ce pauvre misérable jusqu'au dernier moment de sa vie. J'en ai tant vû brûler malgré moi, chez les Peuples où je me suis trouvé pendant le cours de mes Voyages, que je n'y sçaurois penser sans peine. C'est un spectacle où on est obligé d'assister lors qu'on se trouve malheureusement chez les Nations Sauvages, qui mettent en pratique ce cruel genre de mort envers leurs prisonniers de guerre ; car comme je vous l'ai dit dans une de mes Lettres, tous les Sauvages n'exercent pas cette barbarie. Ce qui

qui est de plus gênant pour un honnête homme, c'est qu'il est obligé d'être témoin des tourmens qu'on fait souffrir à ces sortes de martyrs, car si l'on prétendoit s'en défendre ou marquer de la compassion pour eux, on passeroit dans leur esprit pour un homme sans courage.

Dès que la Navigation fut libre, le Sieur de *Saint Michel Canadien*, partit du *Monreal* pour aller dans les Lacs des Castors à la tête d'un Parti de Coureurs de bois, qui conduisoient plusieurs Canots chargez de Marchandises propre aux Sauvages. Ils rencontrerent en faisant le portage du *Long Saut* dans la Riviére des *Outaouas* soixante *Iroquois*, qui les ayant surpris les égorgerent, à la réserve de quatre, qui furen assez heureux d'échaper, & d'en apporter la nouvelle à *Monreal*. Aussitôt qu'on eût appris ce funeste accident, Mr. le Chevalier *de Vaudreuil* se mit en Canots avec un détachement pour aller à la poursuite de ce Parti *Iroquois*, il fut suivi par cent *Canadiens* & par quelques Sauvages Alliez. Je ne sçai par quel hazard il eut le bonheur de les atteindre; il les surprit & les attaqua avec vigueur, ils se battirent en desesperez, mais à la fin ils furent défaits. Il en coûta la vie à plusieurs de nos Sauvages; & à trois de nos Officiers. Les *Iroquois* qu'on prit furent amenez à la Ville de *Monreal*, auprès de laquelle on les régala d'une salve de coups de bâtons.

Vers le commencemment du mois de Juillet,

Juillet, Mr. *de Frontenac* ayant reçû quelques nouvelles du Commandant des Lacs, il me parla d'un certain projet d'entreprise, dont je lui avois fait voir l'importance depuis long-tems; & comme il n'avoit pas d'abord confidéré avec affez d'attention tous les avantages que l'on en pourrroit tirer, & qu'il avoit trouvé au contraire beaucoup de difficultez pour l'executer, c'eft ce qui lui avoit fait négliger cette affaire; voici en quoi elle confifte.

Je vous ai marqué par ma dix-feptiéme Lettre la conféquence & l'utilité des Forts de *Frontenac* & de *Niagara*, & que dans la conjoncture où fe trouvoit alors Mr. *de Denonville*, il lui étoit impoffible de les pouvoir conferver. Vous aurez auffi remarqué les avantages que les Sauvages ont fur les Européans dans la maniére de faire la guerre dans les Forêts de ce vafte Continent. Comme nous ne pouvons détruire les *Iroquois* avec nos feules Forces, nous fommes obligez de toute néceffité d'avoir recours à nos Sauvages Alliez. Il eft certain que comme ils prévoyent que fi ces Barbares peuvent venir à bout de détruire nos Colonies, tôt ou tard ils feront fubjuguez par ces Barbares comme il eft arrivé à plufieurs autres Nations; il eft de leur intérêt de s'unir avec nous pour détruire ces Bandits. Or puis qu'ils ont cette bonne volonté, il faut leur faciliter les moyens de l'executer, car vous pouvez bien croire que tous Sauvages qu'ils font, ils ne feront pas affez dépourvûs de bon

fens

sens pour s'écarter de deux ou trois cens lieuës de leurs Païs, & aller faire la guerre à leurs ennemis, sans être sûrs de trouver une retraite, pour pouvoir s'y repoſer & y prendre des munitions. Il n'eſt donc queſtion que de conſtruire des Forts ſur les Terres des *Iroquois*, & de les conſerver malgré eux. C'eſt, Monſieur, ce que j'ai propoſé il y a plus d'un an à Mr. *de Frontenac*, & c'eſt ce qu'il veut que j'entreprenne aujourd'hui. Je prétant donc de faire ſubſiſter trois Forts par la voye des Lacs, avec des Bâtimens qui vogueront à la rame que je ferai conſtruire à ma fantaiſie, leſquels étant legers & de grand port, caleront & navigueront également bien à la rame & à la voile, & ſeront même de bonne défenſe contre l'impétuoſité de flots. Je demande cinquante Matelots *Basques*, car ils ſont connus pour les plus adroits & les plus habiles Mariniers qui ſoient au monde. Il me faut encore deux cens Soldats choiſis dans les Troupes de *Canada*. Je ferai trois petits Fortins en différens endroits, l'un à la décharge du *Lac Errié*, que vous verrez ſur ma Carte de *Canada*, ſous le nom de *Fort ſuppoſé*, auſſi-bien que les deux autres. Je conſtruirai le ſecond au même lieu où étoit celui que j'ai maintenu les années 1687. & 1688. & dont je vous ai parlé dans ma quatorziéme & quinziéme Lettre, & le troiſiéme à la pointe de l'embouchurent de la Baye *de Toronto* ſur le même Lac: quatre-vingt-dix hommes ſuffiront pour garder ces trois Redoutes,

&

& moins encore, car les *Iroquois* qui n'ont jamais vû de Canon qu'en peinture, & auſquels une once de poudre eſt plus précieuſe, qu'un Loüis d'or, ne ſe ſont jamais ingérez d'attaquer aucune ſorte de Fortification. Je demande au Roi pour l'execution de cette entrepriſe quinze mille écus par an, pour nourriture, entretien, ſubſiſtance & ſalaire de ces deux cens cinquante hommes. Il m'eſt très-facile de tranſporter avec ces Bâtimens quatre cens Sauvages dans le Païs des *Iroquois*, quand je voudrai. J'en puis convoyer deux mille, & porter autant de ſacs de bled d'Inde qu'il en faudra pour l'entretien de ces Forts durant l'Hiver & l'Eté. Il eſt aiſé de faire des Chaſſe abondantes dans toutes les Iſles, d'entreprendre des traverſes dans les Lacs, de pourſuivre es *Iroquois* dans leurs Canots & les couler à fond avec d'autant plus de facilité, que mes Bâtimens ſeront legers, & mes gens s'y battront à couvert. Enfin, ſi vous voyez le Memoire que je dois preſenter à Mr. *de Pontchartrain*, vous trouveriez que cette entrepreprise eſt la plus belle & la plus utile qu'on puiſſe faire pour chagriner es *Iroquois* en tems de guerre, & les contenir dans leur devoir en tems de paix. Monſieur *de Frontenac* y joignit une Lettre particuliére pour Mr. *de Pontchartrain*, dans laquelle il lui marque que ce projet étant bien executé, ces redoutables ennemis ſeront obligez dès la ſeconde année d'abandonner leur Païs. Il ajoute à cela qu'il me juge aſſez capable

*de*

de conduire cette entreprise, & qu'il croit que je réüssirai, mais peut-être qu'il auroit pû trouver d'autres personnes qui connoissent mieux que moi le Païs & les maniéres des Sauvages: d'un autre côté par un hazard peu avantageux pour moi, je me suis aquis leur estime & leur amitié, & c'est à mon avis la seule raison qui a engagé Mr. *de Frontenac* de me choisir préférablement à tout autre. Le 27. Juillet ce Gouverneur m'ayant donné ses paquets pour la Cour, & la petite Fregate la *Sainte Anne* étant agréée & appareillée selon les ordres qu'il en avoit donné, je m'embarquai dans le Port de *Quebec*, & ayant fait voile, au bout de cinq jours de Navigation nous rencontrâmes par le travers des *Monts Nôtre-Dame* dans le Fleuve de *Saint Laurent*, douze Vaisseaux Marchands qui venoient de France sous l'escorte de Mr. *d'Iberville*, qui montoit le Vaisseau nommé *le Pole*. Le 8. d'Août, nous sortîmes de la Baye *Saint Laurent*, à la faveur d'un vent d'Oüest & d'un jour si clair & si serain, que nous découvrîmes l'Isle du *Cap Bretron*, & celle de *Terre-Neuve*, aussi distinctement que si nous en eussions été à la portée du mousquet. Les neuf ou dix jours qui suivirent furent bien differens, à peine pouvoit-on se voir de la prouë à la poupe de l'artimon, car il survint tout à coup des brumes les plus obscures & les plus épaisses que j'aye jamais vû. Au bout de ce tems-là, l'horison s'étant nettoyé nous portâmes sur l'Isle de *Terre-Neuve*,

nous

nous découvrîmes *le Cap Sainte Marie*, ensuite naviguant à pleine voile, nous entrâmes le jour même au Port de *Plaisance*. J'y trouvai environ cinquante Vaisseaux de Pêcheurs, la plûpart *Basques*, en compagnie desquels je croyois passer en France quelques jours après; mais comme on ne dispose pas toûjours du tems, il leur en fallut plus que je n'avois crû pour se préparer, & lors que nous fûmes prêts d'en sortir, nous apprîmes par quelques Pêcheurs que cinq gros Vaisseaux *Anglois* avoient moüillé vers le *Cap Sainte Marie*. Cet avis se trouva veritable, car le 15. de Septembre ils moüillérent à la vûë de *Plaisance*. Le 16. ils leverent l'ancre pour entrer dans la Rade, où ils donnerent fond hors de la portée du Canon. Le Gouverneur ne se trouva pas peu embarrassé, n'ayant que cinquante Soldats dans son Fort, très-peu de munitions. Outre cela, ce poste étant commandé par une Montagne d'où il pouvoit être incommodé à coups de frondes, il étoit fort à craindre que les *Anglois* ne s'emparassent de cette hauteur. Je pris soixante Matelots *Basques* pour les empêcher de mettre pied à terre, en cas qu'ils voulussent tenter une descente dans un certain endroit nommé *la Fontaine*, à quoi je réüssis effectivement sans tirer un coup de mousquet. Il arriva que sept ou huit cens *Anglois* embarquez dans vingt Chaloupes, ayant voulu aborder à cet endroit-là, ces vigoureux *Cantabres* pleins de feu, se jettérent à découvert malgré

gré moi, un peu trop tôt sur le rivage, & par ce moyen obligérent les *Anglois* à changer de route, & à voguer à force de bras jusques derriére un petit Cap, où ils jettérent un baril de goudron, qui brûla deux arpents de broussailles. Le 18. à midi ayant apperçû qu'une Chaloupe avoit débordé de l'Amiral portant Pavillon blanc à son Avant, & qu'elle s'avançoit vers le Fort, j'y accourus incessamment. Le Gouverneur, qui avoit eu le soin d'envoyer une de ces Chaloupes au devant d'elle portant même Pavillon, fut très-surpris de voir qu'elle revenoit avec deux Officiers Anglois qui s'y étoient embarquez. Ils dirent au Gouverneur que leur Amiral souhaitoit qu'on lui envoyât un Officier à son bord, ce qui fut executé. L'on détacha Mr. *de Coste-belle*, avec lequel je m'embarquai. Dés que nous fûmes à bord de l'Amiral, il nous vint recevoir & nous fit toutes sortes d'honnêtetez. Il nous regala de confiture & de plusieurs sortes de vins, dont nous bûmes à la santé des Amiraux de France & d'Angleterre. Il nous fit voir tout son Vaisseau jusques aux Batteries mêmes; ensuite il dit au Sieur *de Costebelle* qu'il seroit bien fâché d'être obligé de se rendre maître de *Plaisance* à force d'armes, tant il prévoyoit que l'entreprise seroit funeste au Gouverneur, à la Garnison & aux Habitans, parce qu'il lui seroit fort difficile d'empêcher le pillage & le desordre : que pour éviter ce malheur là, il seroit de la prudence du Gouverneur de se rendre à composition. l'Officier bien instruit des intentions du même Gouverneur, répondit de sa part, qu'il étoit disposé à se défendre vigoureusement & à faire sauter la Place, plûtôt que de la ceder aux ennemis du Roi son Maître. Les complimens finis de part & d'autre nous prîmes congé de lui, & comme nous étions prêts à nous rembarquer dans la Chaloupe, il nous dit en nous embrassant qu'il étoit bien fâché de ne pouvoir pas nous saluer de son Canon, en récompense il fit crier cinq ou six fois, *Vive le Roi*; en débordant du Vaisseau, nous lui rendîmes le même nombre de cris; ensuite il nous remercia d'un septiéme qui mit fin a la cérémonie. Dès que nous fûmes arrivez au Fort, Mr. *de Coste-belle* informa le Gouverneur des Forces de cet armement. Le *Saints Albans*, Vaisseau d'où nous venions, avoit soixante-six piéces montées & pour le moins six cens hommes d'équipage, mais les autres nous parurent plus petits. Le lendemain 19. ils s'approcherent jusques à la portée du Canon du Fort où ils moüillérent en croupiére, pendant qu'une de leurs Chaloupes vint à toute rame vers nos Batteries. Le Gouverneur y en envoya une pour sçavoir ce qu'elle demandoit. L'Anglois qui la commandoit répondit, que son Amiral envoyoit avertir qu'en cas qu'on voulut parlementer durant le combat, l'on arboreroit le Pavillon rouge pour signal. J'étois alors à *la Fontaine*, dont je vous ai parlé, pour m'opposer à leur descente ; car c'étoit l'unique parti que ces Anglois pouvoient prendre pour s'emparer de *Plaisance*. Ils devoient bien faire reflexion que leur Canon seroit absolument inutile contre un rampart impénétrable ; & que c'étoit, pour parler proverbialement, tirer la poudre aux Moineaux que de tirer contre des cailloux & des gazons. Cependant, c'étoit une expédition de commande pour eux, il falloit obéïr aux Ordres de Mr. *le Prince d'Orange*, & s'exposer en même tems à se faire couler à fond, ce qui n'eût pas manqué d'arriver si nous eussions eu assez de poudre & des boulets, car ce cannonement dura près de cinq heures.

Le jour suivant 20. du mois, un Pilote François prisonnier se sauva du bord de l'Amiral s'étant jetté à la Mer durant la nuit. Il aborda au lieu où j'étois embusqué, & après m'avoir rendu compte de tout ce qui s'étoit passé sur la Flote, je le fis conduire chez le Gouverneur. Il me dit que la descente qu'ils avoient voulu tenter étoit de sept ou huit cens hommes, mais qu'ayant crû trouver quatorze ou quinze cens Matelots prêts à s'y opposer, ils avoient jugé à propos de changer de résolution ; qu'ils s'étoient imaginez que mes soixante *Basques*, qui malgré moi, parurent au rivage de *la Fontaine*, n'avoient autre dessein que de les attirer dans un piége qu'on leur tendoit, en les obligeant de s'approcher plus librement. Le 21. ils appareillerent à la faveur d'un vent de Nord-

Nord-Est, aprés avoir brûlé toutes les Habitation de la *Pointe verte*, où le Gouverneur avoit eu la precaution d'envoyer le jour même un détachement, qui par la difficulté des chemins impraticables, n'y pût arriver à temps pour s'y opposer. Ce qu'on peut dire, c'est que sans le Capitaines *Basques* qui se trouvérent à *Plaisance*, les Anglois s'en fussent indubitablement rendus les maîtres. Je vous en ferai quelque jour tomber d'accord. On peut donc assurer que c'est principalement à eux que l'on doit la conservation de cette Place. Les *Anglois* ont perdu six hommes dans cette sanglante & meurtriére expédition; & de nôtre côté, le Sieur *Boat*, Lieutenant d Vaisseau *Nantois*, eût un bras emporté. Au reste, ces Anglois firent tout ce qu'on pouvoit faire au monde, de sorte qu'on n'a rien à leur reprocher. Le 6. Octobre, je me rembarquai pour achever mon Voyage, & je fis la traversée en compagnie de plusieurs autres Vaisseaux. Les vents d'Oüest nous favorisérent si agréablement, que le 23. nous moüillâmes l'ancre à la Ville de *Saint Nazere*, située à huit ou neuf lieuës d'ici, d'où je pars incessamment pour *Versailles*. Cependant, je suis, Monsieur,

Vôtre &c.

*A Nantes*, le 25. *Octobre* 1692.

# LETTRE XXIV.

*Qui contient un projet d'entreprise par Mr. de Frontenac, qui fut rejetté à la Cour, & pourquoi. Le Roi donne à l'Auteur la Lieutenance de Roi de l'Isle de Terre-Neuve, &c. avec une Compagnie franche.*

MONSIEUR,

Je suis encore une fois à *Nantes*, d'où je vous écrivis le mois d'Octobre passé. Je reviens de la Cour, où j'ai presenté à Mr. de *Pontchartrain* les lettres de Mr. *de Frontenac*, & le mémoire dont je vous ai parlé dans ma derniére Lettre. On m'a répondu qu'il n'étoit pas à propos que j'executasse le projet d'entreprise que je proposois, parce qu'on ne pouvoit pas me donner les quarante Matelots qui m'étoient necessaires, & que d'ailleurs le Roi donnoit ordre à Mr. *de Frontenac* de faire la Paix avec les *Iroquois* à quelques conditions que ce fut.

On a même trouvé cet inconvenient, que dès que les Forts que je prétendois faire élever dans les Lacs seroient entièrement parachevez, nos Sauvages amis & confederez s'attacheroient plûtôt à la gloire de faire la guerre aux *Iroquois*, qu'au plaisir de faire la chasse des Castors, ce qui causeroit un dommage considerable aux Colonies de *Canada*, lesquelles ne subsistent, pour ainsi dire, que par le Commerce de Pelleteries, comme je vous l'expliquerai en tems & lieu. Les *Anglois* ne seront point fâchez qu'on neglige de faire ces Forts ; car ils ont trop d'interêt à la conservation des *Iroquois*, de plus ils sont toûjours à portée de fournir des Marchandises aux Nations Sauvages qui nous sont alliée, comme ils ont déja fait. Au reste j'ai toute sorte d'obligation aux *Anglois*, qui nous attaquerent à *Plaisance* l'année derniere ; car ils publièrent sans raison, dès qu'ils furent arrivez en Angleterre, qu'ils auroient infailliblement enlevé cette Place sans l'opposition que je fis à leur descente. Je vous ai déja mandé que je ne les avois point empêché de debarquer à l'endroit où j'étois posté avec soixante Basques. Ils m'attribuent donc une action glorieuse, où je n'ai nulle part, & qui m'a fait tant d'honneur que Sa Majesté m'a donné la Lieutenance de Roi de l'Isle de Terre-Neuve & de l'Acadie, avec une Compagnie franche de cent hommes sans l'avoir merité par cet endroit-là. Vous voyez, Monsieur, qu'on recompense très-souvent des personnes qui

n'ont

n'ont d'autre protecteurs au monde que le pur hazard, cet exemple vous le persuadera sans peine. Quoi qu'il en soit j'aurois mieux aimé pouvoir executer le projet dont je vous ai parlé, car la vie Solitaire me charme, & les manieres des Sauvages sont tout-à-fait de mon gout. Nôtre siecle est si corrompu qu'il semble que les Europeans se soient fait une loi de s'acharner les uns sur les autres. Il ne faut donc pas trouver étrange si je regrette les pauvres Ameriquains qui m'ont fait tant de plaisir. Je dois partir après demain d'ici pour m'aller embarquer à *S. Nazere*. Messieurs *d'Anguié* Marchands de *Nantes* se sont chargez d'entretenir la garnison de *Plaisance*, moyenant certaines permissions de la Cour, qui leur prête le Vaisseau dans lequel je dois faire la traverse. Je vous prie de me donner de vos nouvelles par la voye de quelques Vaisseaux de *S. Jean de Luz* qui doivent partir de ce lieu là dans deux mois, pour aller faire la troque avec les Habitans de *Plaisance*.

Au reste je ne puis achever cette lettre sans vous faire le recit d'une dispute que j'eus dernierement à l'Auberge avec un Médecin Portugais qui avoit fait plusieurs voyages à *Angola* au *Brezil* & à *Goa*. Il soutenoit que les Peuples des Continens de l'Amerique, de l'Asie & de l'Afrique étoient issus de trois Peres differens. Voici comme il prouvoit: Les Ameriquains different des Asiatiques, car ils n'ont ni poil ni barbe; les traits de leur visage, leur cou-

leur & leurs coûtumes sont différentes; outre que n'ayant ni tien ni mien, ils vivent en commun sans propriété de biens, au contraire des Asiatiques. Il ajoûtoit à cela que l'Amerique étoit trop éloignée des autres parties du monde pour s'imaginer que personne eût peu passer en ce nouveau Continent avant qu'on eût trouvé l'usage de l'aimant; que les Affriquains étant noirs & camards, avec la levre monstrueuse, le visage plat, la tête cotonée, le naturel, les mœurs & le temperament different des Amériquains, ils croyoit impossible que ces deux sortes de Peuples tirassent leur origine d'Adam, à qui se Medecin donnoit à peu prés la figure & l'air d'un Turc ou d'un Persan. Je lui repondis aussi-tôt que quand sa foi ne me persuaderoit pas évidemment que tous les hommes sont généralement descendus de ce premier Pere, son raisonnement ne seroit pas assez fort pour me prouver le contraire, puisque la difference qui se trouve entre les Peuples de l'Amerique & ceux de l'Afrique ne provient d'aucune autre cause, que de la differente qualité de l'air & du climat des uns & des autres. Que cela est si vrai qu'un homme & une femme Négre, un Sauvage & une Sauvagesse * transplantez en Europe produiroient des enfans qui dans quatre ou cinq générations seroient infailliblement aussi blancs que les plus Anciens Europeans. Le Medecin nia ce fait, en soutenant que les descendans de ce Négre & de cette Negresse y naîtroient aussi noirs qu'en *Guinée*,
mais

\* Sauvagesse ce mot paroît un peu rude mais il s'age le fait trouver plus doux, sans cela il faudroit dire une femme Sauvage.

mais qu'ensuite les rayons du Soleil en Europe étant plus obliques & moins brulants qu'en Afrique, ces enfans n'aquéreroient pas ce lustre noir ou le hâle qu'on distingue aisément sur la peau noire des Négres qui sont élevés dans leurs propres Païs. Pour mieux appuyer son hypotheze il assuroit avoir vû quantité de Négres à Lisbonne aussi noirs qu'en Afrique, quoique leurs tris-ayeuls eussent été transporplantez en Portugal depuis long-temps; il ajoûta encore à cela que les descendants des premiers Portugais qui habiterent *Angola*, le *Cap vert* &c. il y a plus de cent ans, sont si peu bazanez qu'il est impossible de les distinguer d'entre les naturels de Portugal. Il continua de prouver son raisonnement par un fait incontestable, qui est que si les rayons du Soleil étoient la cause de la noirceur des Négres, il s'ensuivroit que les Braziliens situez sous le même degré de l'équateur, que les Afriquains devroient être aussi noirs qu'eux, ce qui n'est pas; car il est constant que leur teint paroit aussi clair que celui des Portugais. Il n'en demeura pas là, il soutint encore que les descendans des premiers Sauvages du Brezil qu'on a transporté en Portugal depuis plus d'un siecle, ont aussi peu de poil & de barbe que leurs Ancêtres, & qu'au contraire les descendans des premirs Portugais qui peuplérent les Colonies du Brezil sont aussi velus & barbus que s'ils étoient nez en Portugal: cependant (continua-t-il) quoique tout ce que j'avance soit absolu-

ment vrai ; il se trouvera des gens qui soutiendront aveuglement que les enfans des Afriquains & des Ameriquains degenerent peu à peu en Europe. Cela peut arriver envers ceux de qui les meres se laissent caresser par les Europeans, ce qui fait qu'on voit tant de mulatres aux Isles de l'*Amérique*, en *Espagne* & en *Portugal* ; Au lieu que si elles étoient aussi-bien gardées, en Europe que les Portugaises le sont en Afrique & en Amerique, les enfans des Brazilienes ne dégenereroient non plus que les enfans des Portugaises. Voilà, Monsieur, le raisonnement de ce Docteur qui rencontre assez bien sur la fin. Cependant son principe est très-faux & très-absurde, puisqu'il n'est pas permis de douter, sans être depourvû de foi, de bon sens & de jugemens, qu'Adam est le seul Pere de tous les hommes. Il est seur que les Sauvages de *Canada* & tous les autres Peuples de l'Amerique n'ont naturellement ni poil ni barbe, que les traits de leur visage & leur couleur un peu olivatre marquent une grande diference entr'eux & les Europeans. J'en ignore la cause, cependant ce n'est point l'effet de l'air & des aliments. Car sur ce pied là les descendants des premiers François qui s'établirent en *Canada* il y a près de cent ans, & qui pour la plûpart courent les bois, vivant comme les Sauvages, devroient être sans barbe, sans poil, & dégénerer aussi peu à peu en Sauvages, ce qui n'arrive pourtant pas. Dès que ce Medecin eût allegué toutes ces raisons il
chan-

changea de propos, & pour mieux étaler ses extravagance, il me demanda ce que je pensois du salut de tant d'Amériquains auſquels vrai-ſemblablement l'Evangile n'avoit jamais été annoncée. Vous devez bien croire, Monſieur, que je n'héſitai pas à les condamner de plein vol au feu éternel ; ce qui le fâcha ſi fort qu'il penſa me déviſager. ,, Comment ( dit-il ) peut-on dam-
,, ner ces pauvres gens avec tant d'aſſu-
,, rance : il eſt probable que leur premier Pe-
,, re, bien loin de pécher comme nôtre
,, Adam, doit avoir eu l'ame bonne & le
,, cœur droit, puis que ſes décendants ſui-
,, vent exactement la loi de l'équité natu-
,, rell, exprimées en Latin par ces pa-
,, roles ſi connuës, *Alteri ne feceris quod*
,, *tibi fieri non vis* ; & que n'admettant point
,, de propriété, de biens, de diſtinction ni de
,, ſubordination entr'eux, ils vivent com-
,, me fréres, ſans diſpute, ſans procez, ſans
,, loix & ſans malice ; mais ſuppoſons,
,, ajoûta t-il, qui ſont originaires d'Adam,
,, on ne doit pas croire qu'ils ſont damnez
,, pour ignorer les véritez du Chriſtianiſ-
,, me ; car enfin Dieu peut leur imputer le
,, ſang de Jeſus-Chriſt par des voyes ſecre-
,, tes & incomprehenſibles ; & d'ailleurs
,, ( le libre arbitre ſuppoſé ) ſa divine
,, Majeſté ſans doute a plus d'égard aux
,, mœurs qu'au culte & qu'à la créance ;
,, le defaut de connoiſſance, pourſuivit-il,
,, eſt un malheur, mais non pas un crime,
,, & qui ſçait ſi Dieu ne veut pas être ho-
,, noré par une infinité d'hommages & de reſ-
,, pects

» pects differens, comme par les Sacrifi-
» ces, les danses, les chansons & autres
» cérémonies des Amériquains. A peine
eût-il cessé de parler que je le relançai vigoureusement sur les points précédents,
mais après lui avoir fait entendre que si
parmi les *multi vocati* qui font une poignée
de gens de la bonne Religion, il ne s'en
trouve que *pauci vero electi*, tous les Amériquains sont bien à plaindre. Il me re-
pondit éfrontément que j'étoient aveugle de
déterminer en dernier ressort qu'ils étoient
au nombre des reprouvez, & de les dam-
ner sans quartier, parceque c'étoit insulter
à la Sagesse de Dieu de la faire agir aussi ca-
pricieusement envers ses Creatures que le
potier de Saint Paul envers ses deux vases.
Cependant comme il vit que je le traitai
d'impie & d'homme sans foi, iis me paya
de ces sortes paroles en me quittant,
*fidem ego his quæ adhibetur mysteriis sacris
interpello; sed fidem illam quæ bonæ mentis
soror est, quaqua rectam rationem amat.* Jugez de là, Monsieur, si ce brave Medecin
eût pû transporter les montagnes.

  Je suis Monsieur vôtre &c.

*A Nantes, ce* 10. *Mai* 1693.

## LETTRE XXV.

*Qui contient le départ de France de l'Auteur pour Plaisance. Une Flote de 30. Vaisseaux Anglois, vint pour se saisir de cette Place. Elle s'en retourne aprés avoir manqué son coup. Raisons du mauvais succés des Anglois en toutes leurs entreprises d'Outre-Mer. Avanture de l'Auteur avec le Gouverneur de Plaisance. Son départ pour le Portugal. Combat contre un Corsaire de Flessingue, &c.*

MONSIEUR,

Je ne doute point que vous ne soyez sensiblement touché de ma triste & fatale avanture, dont je vais vous faire le recit. Vous sçaurez d'abord qu'aprés avoir attendu le vent favorable quinze ou vingt jours à Saint Nazere, nous appareillâmes le 12. de Mai dernier. Nôtre traverse ne fut ni

longue

longue ni courte, puis que nous arrivâmes au Port de *Plaisance* le 20. de Juin, après avoir fait une prise Angloise, chargée de Tabac, sur les écores du *Banc de Terre-Neuve*. Dès que j'eus mis pied à terre, j'allai saluer Mr. *de Broüillon*, Gouverneur de *Plaisance*, pour lui témoigner la joye que j'avois de servir sous les ordre d'un si sage Commandant. Il me répondit qu'il étoit bien surpris que j'eusse sollicité mes Emplois, sans lui en avoir communiqué le dessein l'année précédente ; & qu'il voyoit bien que le projet d'entreprise pour les *Lacs de Canada*, ( dont je lui avois parlé ) étoit faussement inventé. J'eus beau vouloir lui persuader le contraire, il ne me fut jamais possible de le desabuser. Cependant, je fis descendre mes meubles à terre, & je pris la Maison d'un particulier, en attendant que j'en eusse fait bâtir une. J'y fis travailler avec tant de diligence qu'elle fut achevée en Septembre par le secours des Charpentiers des Vaisseaux, que tous les Capitaines *Basques* me prêtèrent sans intérêt. Le 18. Juillet le Sieur *Herai* de *Saint Jean de Luz*, arriva à *Plaisance* dans un de ses Vaisseaux: ce fut lui qui m'apporta la lettre, par laquelle vous me témoignez, que comme vôtre neveu desire d'aller en *Canada* l'année prochaine, vous seriez bien-aise que je vous envoyasse un Dictionnaire de la langue des Sauvages, avec les Mémoires que je vous ai promis. Le 16. Septembre on apperçût une *Flote Angloise* de 24. Vaisseaux,

seaux, qui mouilla à la Rade presque dans le même tems qu'elle fut découverte. Elle étoit commandée par le Chevalier *Francisco Wetlher*, qui revenant de la Martinique, où il étoit allé pour s'emparer de cette Isle, avoit passé à la *Nouvelle Angleterre*, à dessein d'y prendre des Troupes & des munitions pour se rendre maître de *Plaisance*, mais lors qu'il eût découvert une Redoute de pierre nouvellement construite sur le haut de la Montagne, dont je vous ai parlé dans ma penultième Lettre, il jugea plus à propos de s'en retourner doucement en Europe, que de faire une tentative inutile. Nous avions mis quatre Canons sur ce poste élevé, qui incommodèrent tellement les Vaisseaux de sa Flote, qu'ils furent obligez de lever l'ancre, & d'appareiller plûtôt qu'ils n'eussent voulu. La faute des *Anglois* en cette occasion, est celle de n'être pas entrez dans le Port le jour même qu'ils parurent devant la Place. J'ai déja remarqué plusieurs fois que les entreprises n'échoüent ordinairement que pour vouloir un peu temporiser ; j'en pourrois citer pour le moins quinze ou seize exemples de ma connoissance. Je reviens presentement à l'animosité que le Gouverneur eût contre moi. S'étant imaginé, comme je vous ai dit, que j'avois sollicité mes emplois sans sa participation, il n'y eût point d'injures ni d'outrages qu'il ne me fit, depuis le jour de mon arrivée jusqu'à celui de mon départ, il ne se contenta pas de s'aproprier

les

les profits & les émolumens de ma Compagnie franche, il crût ne pas devoir se faire un scrupule de retenir la paye des Soldats employez à la Pêche des Morües par les Habitans, & de faire travailler les autres sans salaire. Je ne vous parle point de concussions qu'il fait ouvertement. Car quoi qu'il ait contrevenu formellement à dix articles contenus dans les Ordonnances de *Loüis XIV*. il a trop d'amis dans les Bureaux pour en être repris. Il y a du plaisir de faire des presens à ce prix-là, ce qui fait qu'il a gagné *per fas & nefas*, cinquante mille écus en trois ou quatre ans. Je n'aurois jamais fini si j'entreprenois à vous mander tous les chagrins qu'il m'a faits. En voici trois qui couronnérent tous les autres ; le 20. Novembre, c'est à dire, un mois après le départ de nos Vaisseaux Pêcheurs, m'étant avisé de donner à soûper à quelques Habitans, il entra masqué dans ma Maison avec ses Valets, cassant vîtres, bouteilles, verres, & renversant tables, chaises, armoires, & tout ce qu'il trouva sous sa main. Avant que j'eusse le tems d'entrer dans mon Cabinet pour prendre mes pistolets, cette troupe insolente disparut fort à propos ; car je l'aurois chargée & même poursuivie, si les Conviez ne m'eussent retenu. Le lendemain ses Valets firent main basse sur les miens, qui ne s'attendoient à rien moins qu'à être roüez de coups de bâtons. Cette seconde insulte ayant poussé ma patience à bout ; je méditois les moyens de

rend

rendre la pareille à ces Assassins, lors que les Recolers me remontrérent que pour ne pas altérer le service du Roi, il falloit que je dissimulasse mon ressentiment. Je pris donc le parti de me renfermer, & de m'attacher à la lecture, pour tâcher de dissiper le chagrin que je ressentois de ne pouvoir pas lever le masque. Voici la troisiéme piéce qu'il me joüa au bout de trois jours, il envoya arrêter deux Soldats que j'avois envoyé faucher du foin dans les prairies à une demi-lieuë de la Place : Tellement qu'ayant été surpris dans leur travail, on les lia & on les amena prisonniers sur le pied de Deserteurs, sous prétexte qu'ils avoient couché deux nuits hors de la Place sans sa permission, & ce qui auroit été de plus funeste pour ces deux pauvres innocens, c'est que sans les instantes priéres des Recolets & de ses Maîtresses, il leur auroit fait casser la tête, en vûë de me chagriner. Après cêt incident, les Recolets me conseillérent de l'aller voir & de le prier de vouloir bien cesser toutes ses persécutions, en l'assurant que j'étois entiérement son Serviteur & son ami. *Durus est, hic sermo.* Cependant, quelque répugnance que j'eusse à me rendre à un avis si contraire à la Nature, laquelle, je vous avoüe pâtissoit furieusement chez moi, je ne laissai pas de me vaincre après m'être fait beaucoup de violence. Je fus chez lui, j'entrai dans sa Chambre & nous trouvant tous les deux tête à tête, je lui parlai plus d'un quart d'heure en termes plus soûmis que n'auroit fait un esclave. J'ai honte de vous en faire

l'aveu,

l'aveu, car je rougis moi-même toutes les fois que je pense à cette bassesse. Quoi qu'il en soit, au lieu d'écouter mes raison & de s'expliquer amiablement avec moi, il entra dans une si grande fureur qu'il me chargea du torrent d'injures les plus choquantes du monde. C'est ici, Monsieur, où le service du Roi l'emporta sur les devoirs de l'honneur, car je me contentay de me retirer chez moi, fort heureux de n'avoir pas été assassiné par ses Domestiques; le desordre que cette affaire causa seroit de trop longue discussion. Il vaux mieux en venir au fait & vous assûrer qu'il m'auroit fait arrêter si les Habitans avoient parû être dans ses intérêts. Il prétendoit avoir été insulté, & par conséquent être en droit de se venger à quelque prix que ce fût: mais le sort tragique d'un Gouverneur qu'on égorgea il y a trente ou quarante ans en ce Païs-là, lui fournit une ample matière à refléxion. Il jugea donc que le parti de feindre étoit le plus sûr, tant il étoit persuadé que si je l'eusse percé de mon épée, les Soldats & les Habitans auroient favorisé ma retraite chez les *Anglois* du voisinage de *Plaisance*. Cependant, les Recolets qui vouloient appaiser ces troubles naissants n'eurent point de peine à nous raccommoder, lui remontrant de quelle conséquence il étoit de vivre en bonne intelligence ensemble, pour éviter les suites fâcheuses qui résulteroient à la fin de toutes nos querelles. Cette proposition d'accommodement lui fut très-agréable

agréable en apparence, d'autant plus qu'il étoit ravi de dissimuler son ressentiment par des marques extérieures d'amitié. Ainsi nous nous vîmes & nous nous embrassâmes avec protestation réciproque d'oublier tout ce qui s'étoit pû passer entre nous. Après cette reconciliation, j'avois lieu de me persuader que son cœur ne démentiroit pas sa bouche, parce que je ne croyois pas qu'il fut assez imprudent pour informer la Cour de quelques bagatelles, où son honneur paroissoit un peu prostitué. Mais je me trompai, car il prit la peine d'ajoûter ensuite aux Procès verbaux qu'il avoit fait avant nôtre accommodement, des faussetez qu'il auroit dû taire. Il est inutile de vous mander la voye dont le hazard se servit pour faire tomber ses papiers entre mes mains, cette indiscrétion pourroit être desavantageuse à quelques personnes, que le Ciel doit benir. Je me contenterai de vous dire, que dès que les Recolets eurent vû & lû les suppositions contenuës dans ses écrits, ils n'hesitérent point à me conseiller de prendre mes précautions, me déclarant ingenüment qu'ils ne prétendoient plus se mêler de cette affaire, d'autant qu'ils reconnoissoient avoir innocemment concouru à ma perte, en retablissant la paix entre lui & moi. Cèt avis salutaire me fit appercevoir le risque où j'étois exposé, si je demeurois plus long-tems à *Plaisance*, de sorte que la crainte d'aller à la Bastille après l'arrivée des Vaisseaux de France, me fit résoudre à retourner aux

espéran-

espérances de ma fortune en quittant mes Emplois. Dès que les Habitans aprirent cette nouvelle ils acoururent tous chez moi ( à la réserve de trois ou quatre ) pour m'assurer qu'ils étoient prêts de signer mes procès verbaux ) en cas que je voulusse changer de résolution. Mais au lieu d'accepter cette offre je leur fis entendre en les remerciant de bonne grace, qu'ils s'attireroient
» de méchantes affaires, & qu'on les régar-
» deroit à la Cour comme des seditieux
» & des perturbateurs du repos public, puis
» que par un détestable principe de Politi-
» que, l'inferieur a toûjours tort, quelque bonne raison qu'il puisse avoir. Cependant j'aurois bien voulu n'être pas réduit à ce point fatal de quitter des emplois qui sembloient me conduire insensiblement à quelque grosse fortune, mais enfin le séjour de la Bastille occupoit si fort mon esprit que je ne balançai plus, après avoir bien reflechi sur la situation fâcheuse où je me trouvois, à m'embarquer sur un petit Vaisseau qui étoit le seul & le dernier qui devoit passer en France. La proposition que je fis au Capitaine de lui faire un present de mille écus fut si bien reçûë, qu'il s'engagea de me jetter sur les côtes de Portugal, moïennant cette somme, à condition que je garderois le secret. Le meilleur de l'affaire est que mon ennemi avoit eu la précaution d'écrire aux Gouverneurs de *Bellisle*, de *l'Isle de Ré* & de la *Rochelle*, de m'arrêter aussi-tôt que je serois débarqué. Il croïoit avec raison que nôtre Vaisseau

feau devoit aborder à l'un de ces trois Ports, mais trois cens pistoles remises fort à propos dans les mains de certaines gens qui ne sont guere accoûtumez à manier de l'or, font un effet merveilleux, car cette somme dont je ne me défaisois pas sans peine me sauva la liberté & peut-être la vie.

Je m'embarquai donc le 14. du mois dernier malgré tous les risques qu'on est obligé de courir, quand on est assez malheureux de naviguer durant l'hiver dans l'espace de Mer qui s'étend depuis l'Isle de *Terre-Neuve* jusqu'en France. Il est inutile de vous dire que je laissai quantité de meuble à *Plaisance*, que je ne pûs ni vendre ni emporter. Il vaut mieux suivre la route & vous dire que nous essuyâmes trois coups de vents effroyables, sans recevoir aucun coup de mer, & que nous singlâmes à mats & à cords 150 lieuës, pendant la derniere de ces tempêtes qui dura trois fois vingt-quatre heures, soufflant du Nord-Oüest. Celle-ci fut si violente que les Matelots s'embrassoient & se disoient le dernier adieu, ne faisant plus qu'attendre le moment qu'un coup de Mer enfonçant l'arcasse de nôtre Vaisseau nous abîmat sans ressource. Si cette bourrasque nous fit peur, les vents contraires de l'Est & du Nord-Est que nous rencontrâmes à cent lieuës vers l'Oüest du Cap de *Finisterre*, nous causerent bien autant de frayeur, car nous fumes obligez de louvoyer pendant 23. ou 24. jours, ensuite dequoi nous découvrîmes le Cap à force de bordées, où par un hazard extraordinaire nous fumes

mes attaquez par un Armateur de Flessingue, qui ne pouvant nous arborder à cause de l'agitation des Flots se contenta de nous Canoner avec si peu de succez qu'il n'en couta la vie qu'à un seul homme. Il est vrai que les œuvres mortes, & les Cordages de nôtre Navire furent tellement endommagez, qu'après nous être separez de ce Capre à la faveur de la nuit & d'un broüillard de Commande, nous ne peumes presque point nous servir de nos voiles, tant nos manœuvres étoient en desordre. Cependant nous y remediâmes avec toute la diligence possible, & le Capitaine du Vaisseaux trouvant alors un beau pretexte de rélâcher, sans être obligé de suivre le plan que nous avions projetté, fit porter au Sudest pendant la nuit. Cette fausse route ne nous mettoit pas pourtant si fort à couvert de ce Capre, qu'il n'eut peu nous garder pendant la nuit en faisant aussi la même manœuvre, ce qui nous obligea chemin faisant de nous mettre en état de recommancer le Combat dès qu'il feroit jour. Il est vrai qu'il ne nous suivit pas commes nous l'avions crû, mais nous l'échapâmes encore plus belle à l'heure de midi, car après avoir été poursuivis quatre heures par un Saltein, à la vûë de la Côte, il ne s'en falut presque rien qu'il ne nous enlevât avant que nous pussions gagner le mouillage de la rade sous le Canon de la forteresse de cette Ville. Si ce malheur nous fut arrivé le Gouverneur de *Plaisance* auroit peut-être eu raison de s'écrier joyeusement

*incidit*

*incidit in Scillam* &c. mais grace à Dieu nous en fumes quittes pour la peur. Dès que nous eumes donné fond, je comptai les milles écus à ce Capitaine qui doit mettre cette bonne œuvre à la tête des meilleures qu'il ait fait de sa vie. La Chaloupe ne fut pas plûtôt à l'eau que je descendis à terre avec toutes mes hardes & dès que je fus en cette Ville; je tâchai de lui procurer des munitions de guerre & de bouche avec tant de diligence que le lendemain, il leva l'ancre pour continuer son voyage en France. Au reste j'adresse au marchand de la Rochel'e qui m'a toûjours fait tenir nos Lettres en *Canada*, les Memoires de ce Païs-là que vous m'avez demandé tant de fois. J'y joins un petit recueil des mots les plus necessaires de la langue. Algonkine, qui comme je vous ai dit tant de fois est la plus belle langue & la plus étenduë de ce Continent. Si vôtre neveu persiste dans le dessein de faire un voyage en ce Païs-là je lui conseille d'apprendre ces mots durant le cours de la traversé, afin de pouvoir ensuite demeurer cinq ou six mois avec les Algonkins pour les entendre comme il faut. Outre cela je vous envoye l'explication des termes de Marine qui sont contenus dans les Lettres que je vous écris depuis onze ans. Cette petite peine m'a servi de divertissement pendant le voyage que je viens de faire, car en relisant les copies de ces Lettres, j'ai tiré quelques remarques dont je vous ferai part lorsque j'aprendrai que vous êtes content des Mémoires qui accompagnent celle-ci. Vous reconnoîtrez facilement que j'ai renoncé à toute sorte d'attachement de Patrie, pour dire la verité, depuis l'année 1683. jusqu'à present. Les curieuses Anecdotes que j'écris de ce tems-là, divertiront sans doute vos amis, pourvû qu'ils ne soient pas de ces insuportables devots qui se feroient crucifier plûtôt que de souffrir qu'on fronde un Ecclesiastique. Je vous prie de m'écrire à Lisbonne & de me mander ce que vous aurez apris touchant mon affaire. Vous avez d'assez bonnes correspondances à Paris pour en être informé. Je ne doute pas que mon ennemi, s'attendant que la voye ordinaire de ses presens, lui reüssiroit au point de me faire arrêter en arrivant en France, où il s'imaginoit que j'aurois la folie d'aborder, ne peste de tout son cœur de n'avoir pas trouvé le contrechifre de mes intentions. Quoiqu'il en soit il est autant du son interêt de me faire donner la mort, ( selon les faits dont il m'accuse faussement ) qu'il est de ma gloire de lui procurer une longue vie. Sur ce pied-là, plus il vivra plus je serai vangé, & par consequent j'aurai lieu de me consoler aisément de la perte de mes Emplois & de la disgrace du Roi.

Je suis Monsieur vôtre &c.

# EXPLICATION DE QUELQUES TERMES QUI SE TROUVENT DANS LE PREMIER TOME.

## A

*A Fourcher*, c'est jetter deux ancres l'un à droit & l'autre à gauche du Vaisseau, pour le tenir ferme & l'assurer contre le flux & le reflux, en l'empêchant de tourner sur son Cable.

*Allege*, c'est à dire, vuide, sans charge.

*A mats & à corde*, c'est être à sec, c'est à dire, sans voiles.

*Amener les Voiles* ou *Pavillon*, c'est les abaisser, à cause de l'excés du vent, ou pour se rendre à l'ennemi.

*Appareiller*, c'est faire les travaux necessaires pour mettre un Vaisseau en état de partir de l'endroit où il étoit ancré.

*Arbre de la Paix*. Metaphore simbolique, qui signifie la Paix elle-même.

*Arriver*, c'est aller droit sur un Vaisseau, ou sur une terre à la faveur d'un vent largue, ou d'un vent en poupe.

*Atterage*, c'est l'abord de quelque terre lors qu'on vient de la pleine Mer chercher les Côtes pour la sureté du Vaisseau & le repos des Pilotes.

*Astrolabe*, est un instrument de Mathématique dont il est presque impossible de se servir en pleine Mer, à cause de l'agitation des flots. Il y en a de deux sortes. Les premières dont les Pilotes se servent quelquefois dans le Voyage des Indes, lors que la Mer est unie, comme la glace d'un Miroir. Celles-ci ne sont propres qu'à prendre hauteur au Soleil, par le moyen de deux pinules percées de deux petits trous dioptres, qui servent à conduire le rayon visuel jusqu'à cet Astre. Les dernières dont les Mathématiciens ont accoûtumé de se servir pour des Observations Astronomiques sont garnies des Azimuts, des Almucantaras, des Tables Soxodromiques, & des autres Cercles Concentriques & Excentriques de la Sphere.

## B.

*Banc de Terre-Neuve*, ou *Banc* en général, est une élévation de terre dans la Mer, comme la forme d'un Chapeau est élevée au dessus des bords. Ce Banc est couvert de trente ou quarante brasses d'eau, & pavé de Moruës.

*Bande*

*Bande.* Je n'ai point vû de gens qui ayent bien expliqué ce terme jusqu'à présent. Voici l'explication que je lui donne. Par la *Bande* du *Nord*, on entend l'espace du Ciel contenu depuis le *Nord-Oüest* jusqu'au *Nord Est* : par la *Bande* de *l'Est* on entend la partie du Ciel contenuë depuis le *Nord-Est* jusqu'au *Sud-Est* ; par la *Bande* du *Sud* on entend la partie du Ciel contenuë depuis le *Sud-Est* jusqu'au *Sud-Oüest*, & par la *Bande* de *l'Oüest* on entend la partie du Ciel contenuë depuis le *Sud-Oüest* jusqu'au *Nord-Oüest*.

*Bassin.* C'est une petite espace d'eau dormante, à peu prés comme un étang.

*Batures*, sont des basses ou des chaînes de rochers qui s'étendent sous l'eau d'un endroit à l'autre, & s'élevent jusqu'à cinq ou six pieds plus ou moins de la surface de cet élement, ce qui empêche que les Vaisseaux, les Barques &c. ne puissent flotter au dessus.

*Boüillons.* Ce sont de petites montagnes d'eau qui s'élevent au pied des Sauts ou des Cataractes, par la même cause des jets d'eau que nous voyons en Europe.

*Bouteux.* Sont de petits filets amarrez au bout d'un bâton. Les Pêcheurs s'en servent à prendre du Poisson sur les fonds sablonneux, & sur tout des Anguilles, sur les bords du Fleuve de *S. Laurent*.

*Bouts de Quiévres.* Sont des filets, à peu près semblables aux Bouteux, qui servent au même usage.

*Brasse.* Est une mesure de cinq pieds parmi les Navigateurs François.

*Brigantin*, eſt un petit bâtiment de rame & de voile leger de bois à voile latine, n'ayant qu'un faux pont. Il eſt aigu à poupe comme à prouë, & il eſt pincé pour bien aller.

### C.

*Calumet* en général, eſt une pipe. C'eſt un mot Normand, qui vient de Chalumeau. Les Sauvages n'entendent pas ce mot de Calumet, car il a été introduit par les Normands en *Canada* dans les premiers établiſſemens que les gens de cette Nation firent en ce Païs-là, & il s'eſt conſervé juſqu'à preſent parmi les François qui y ſont. Les *Iroquois* appellent en leur langage ce Calumet ou pipe, *Ganondaoé* ; & les autres Nations Sauvages *Poagan*.

*Canadiens*, ſont des naturels de *Canada* nez de pere & de mere François. On appelle ceux des Iſles de l'Amérique Méridionale *Creoles*.

*Capa y d'eſpada*. C'eſt un titre de Gaſcogne que les gens de cette Province donnerent autrefois par ironie aux Conſeillers du Conſeil Souverain de *Canada*, parce que les premiers Membres de ce Tribunal ne portoient ni robe, ni épée, ſe contentant de marcher la canne à la main dans la Ville de *Quebec*, & d'aller au Palais en cet équipage Bourgeois.

*Cargue*. Carguer les voiles, c'eſt les pliſſer ou

ou les rassembler en un tas vers le haut des mats, au contraire des rideaux d'un lit ou des fenêtres qu'on rassemble en long. Cette manœuvre se fait par le moyen de deux cordages, qui font le même effet que les cordons d'une bourse.

*Casse tête.* Ce mot signifie massuë. Les Sauvages l'appellent *Ossan Oustik*, c'est à dire, que *Assan* signifie *Casse* & *Oustik* signifie *tête*. Ainsi ces deux mots signifient *Casse tête*.

*Chenail.* C'est une étenduë d'eau assez profonde entre deux Bancs ou deux terres. Ordinairement les chenails ou chenaux sont bordez de fonds plats, ce qui fait qu'on a la précaution d'y mettre des boüées ou des balizes pour montrer le chemin aux Pilotes, qui se conduisent par le moyen de ces marques ou même par la sonde, car ils risqueroient de perdre leur Vaisseau s'ils n'enfiloient pas bien le *Chenail*.

*Clisses.* Ce sont de petites feüilles de bois de Cedre de l'épaisseur d'un écu, de la largeur de trois pouces, & aussi longues qu'on peut les faire. Elles font le même effet au Canot qu'une bonne doubleure à un habit.

*Compas de variation.* Il est plus grand que les Compas ou Boussoles ordinaires. On s'en sert pour remarquer les mouvemens inégaux de l'aiguille aimantée, laquelle Nord-Este incessamment dans l'autre Hemisphere, au lieu qu'elle Nord-Oüeste toûjours en celui-ci; c'est à dire au deçà de la Ligne Equinoctiale. De sorte que cette aiguille s'écarte à droit & à gauche du vrai Nord du Monde d'une certaine quantité de degrés, dont les Pilotes s'apperçoivent par le moyen d'une alidade & d'un fil qui coupant un verre dudit Compas en deux partie égales, leur démontre la variation de l'aimant, lors que le Soleil se couche, qui est le vrai tems propre à faire cette observation ; car au lever de cet Astre & à son midi, on peut se tromper, à cause des réfractions, ou &c.

*Coureurs de Bois*. Sont des *François* ou des *Canadiens* ausquels on donne ce nom, parce qu'ils employent tout le tems de leur vie au rude exercice de transporter des Marchandises dans les Lacs de *Canada*, & dans tous les autres Païs de ce Continent, pour les trafiquer avec les *Sauvages*. Et comme ils entreprennent des voyages de mille lieuës en Canot, malgré les dangers de l'eau & des *Iroquois*, on devroit, ce me semble, les appeller plûtôt Coureurs de risques, que Coureurs de Bois.

*Courir bord sur bord*. C'est la même chose que louvoyer, dont j'ai donné l'explication.

## D.

Donner des Culées. C'est lors qu'un Vaisseau touche à terre de la poupe seulement. Il faut que l'extrêmité de la quille

quille soit bien forte pour résister à quelques culées, lors que le fonds est un peu dur & l'eau un peu agitée.

*Donner la Chasse.* C'est-à-dire, poursuivre un Bâtiment, courir sur lui, le forcer à prendre la fuite, & à s'esquiver s'il peut.

*Donner fond.* Donner fond, c'est la même chose que moüiller l'ancre, ou la jetter au fond de la Mer ou d'une Rivière.

### E.

E*Cores.* Sont les bords d'un Banc, lesquels sont escarpez comme une muraille.

### F.

F*Estin d'Union.* Terme dont les *Iroquois* se servent pour signifier le renouvellement d'Alliance entre les cinq Cabanes, c'est-à-dire, entre les cinq Nations *Iroquoises.*

*Flot.* Bâtiment à flot, c'est lors qu'il flotte sur l'eau sans toucher au fond.

*Fret.* Ce mot a deux sens. Celui de ma Lettre est le changement ou la voiture qu'on met dans un Bâtiment pour être transporté d'un lieu à un autre, un fret de personnes, de bled, de liége ou de plume, est plus mauvais qu'aucun autre, parce que ces choses remplissent un Bâtiment sans le charger ; au contraire des Marchandises pesantes, à sçavoir le
Vin,

Vin, le Fer, le Plomb, le Sucre, &c.

### G.

Gouverner. C'est conduire un Vaisseau par le moyen du Gouvernail ( comme on fait un cheval par le secours de la bride ) lors qu'il fait assez de vent pour le faire mouvoir, car sans cela tout Navire est plus immobile qu'un Gouteux dans son fauteüil.

Grelins épisses. Sont des cordages amarrez bout à bout, entrelassez & joints les uns au bout des autres, par le moyen des chevilles de fer, qu'on appelle des Cornets d'Épisse.

### H.

Huniers. Sont deux Voiles convenables aux deux mats de Hune d'un Vaisseau, lesquels sont directement situez ou posez sur les deux plus grands mats.

### K.

Kitchi Okima. C'est ainsi que tous les Sauvages, dont les langages se rapportent à celui des *Algonkins*, nomment les Gouverneurs Généraux de *Canada*, du mot de *Kitchi*, qui signifie *Grand* & de *Okima*, qui veut dire *Capitaine*. Les *Iroquois* & les *Hurons* les appellent *Onnontio*.

*Lati-*

## L.

*Latitude.* Il n'y a personne qui ne sçache que ce n'est autre chose que la hauteur du Pôle où l'éloignement compris depuis un lieu fixe jusqu'à l'Equateur.

*Louvoyer.* C'est aller en zigue zague, comme un ivrogne, lors que le vent est contraire, car alors on est obligé de faire des bordées, tantôt à droit tantôt à gauche, en rangeant le vent le plus qu'il est possible, pour le soutenir ou pour gagner du chemin en louvoyant. Un Navire bien pincé & de façons bien évidées, gagne sans dériver, portant toutes ses voiles, pourvû que la Mer soit belle prés de quatre lieuës à droite route, de dix qu'il a fait en louvoyant.

## M.

*Maîtres* ou *Précintes.* Sont deux lattes ou perches rondes de bois dur d'une seule piéce, lesquelles régnent d'un bout du Canot à l'autre, à sçavoir une de chaque côté. C'est ce qui soûtient ce petit Bâtiment, parce que les barres & les Varangues y sont liées ou enchassées.

*Molir.* C'est se rallentir, diminuer ou cesser peu à peu. On dit le vent molit pour dire que le vent tombe, qu'il est aux abois.

## P.

*Parages.* Ce sont de certains espaces ou portions de Mer, entre deux Caps, deux Isles, deux Terres ou deux degrés de latitude.

*Perroquets.* Ce sont deux petits mats situez ou postez sur les mats de Hune. Ce sont aussi les voiles convenables à ces deux petits mats.

*Portage.* Faire portage, c'est transporter les Canots par terre d'un lieu à un autre ; c'est-à-dire, du pied d'un Cataracte jusqu'au dessus, ou d'une Riviére à un autre.

*Porter.* Porter sur une terre, c'est aller droit à elle pour la reconnoître.

*Poupe.* C'est l'extrêmité ou la queuë d'un Vaisseaux. Le Gouvernail y est placé & soûtenu par les gons de l'Estambord où les vis du Gouvernail sont enchassez.

*Prouë.* C'est la tête ou l'avant d'un Vaisseau qui coupe les flots, c'est-à-dire, le bout où l'extrêmité d'un Vaisseau qui se presente le premier à la Mer.

## Q.

*Quille.* C'est l'ame d'un Bâtiment, c'est à dire une longue piéce du meilleur bois qu'on puisse trouver ou plusieurs jointes ensemble, pour suporter le grand faix de toutes les piéces de charpente qu'on employe à la construction.

*Radou-*

## R.

*Radouber.* C'est-à-dire raccommoder, réparer, & mettre en état de naviguer, par le moyen des planches, du bray, des ferrures, &c. qu'on met aux Barques dont il est parlé.

*Ranger.* Ranger une Terre, une Isle, par Côte, &c. c'est les côtoyer à bonne & raisonnable distance.

*Refouler.* C'est forcer la marée où refouler les courants d'une Riviére, c'est-à-dire, naviguer contre le courant, aller du côté d'où viennent les courans ou les marées.

*Régner.* Vents qui régnent, sont ceux qui parmi les trente-deux soufflent plus souvent ou plus constamment que les autres en certaines parties de la terre. Comme par exemple, les vents alizez régnent depuis les *Canaries* jusqu'aux Isles de l'Amérique, soufflant de la bande de l'Est depuis que le Monde est Monde sans jamais s'écarter de cette partie du Ciel.

*Ruche.* Est un instrument pour la Pêche semblable à des Ruches d'Abeilles.

## S.

*Sancir* ou *chansir*, c'est-à-dire couler bas, couler à fond, périr, se perdre. *Sancir* sous les ancres, c'est être brisé & fracassé par les coups de Mer, ce qui arrive

arrive aux vieux Vaisseaux en de mauvaises Rades foraines.

*Sauter.* Sauter une Cascade ; un Saut, un Cataracte, c'est-à-dire descendre en bateau ces dangereux précipices, en suivant le fil de l'eau & manœuvrant avec beaucoup d'adresse.

*Scier.* C'est nager à rebours, tant pour aider le Timonier à gouverner son Bateau, que pour le retenir dans un courant, ou pour lui faire presenter la proue au fil de l'eau quand le Gouvernail est endormi.

*Scorbut.* Est une corruption dans la masse du sang. Il y en a de deux sortes : Le Scorbut terrestre & le Scorbut aquatique, appellé vulgairement le mal de terre. Le premier se contente d'accabler son homme d'infirmitez incurables qui le ménent peu à peu au tombeau ; & le second conduit infailliblement à la mort en sept ou huit jours, à moins qu'on ne mette le pied sur la terre, ce qui est le seul remède.

*Siller* ou *singler*, c'est-à-dire, pousser en avant, fendre l'eau de bonne grace, avancer chemin. &c.

## T.

*Toulet.* Est une cheville de bois dur qu'on enchasse en certains trous menagez de deux en deux pieds dans le plâtbord d'une Chaloupe.

*Traineaux.* C'est une voiture ou machine con-

construire en figure de quarré long sur deux petites piéces de bois de quatre pieds de longueur & de six pouces de largeur, où sont cloüez plusieurs cerceaux couvers de drap ou de peaux pour être à l'abri du vent. Ces deux pièces sont d'un bois dur très-bien poli, afin de mieux glisser sur la nége & sur la glace. Ceux-ci sont les traîneaux à cheval ; car ceux dont on se sert avec deux ou quatre Dogues, sont découverts & faits de petites planches d'un bois dur, coulant & luisant, lesquelles ont un demi pouce d'épaisseur, cinq pieds de longeur, & un demi de largeur.

### V.

*Varangues.* Celles-ci sont à peu près de la figure des Varangues plattes des Flûtes, avec cette difference qu'elles embrassent le Canot en dedans d'une précinte à l'autre, où elles sont enchassées. Leur épaisseur est de trois écus, & leur largeur est de quatre pouces.

*Vent frais.* Est un vent modéré, qui souffle egalement sans rafales.

*Voguer.* C'est faire avancer un Bâtiment de rame par le secours des Avirons.

*Fin du Premier Tome.*

chap. art. 3.

...de l'Amerique repartent au centuple. 10.
...sur le Canada plus longs qu'à Paris. 13.
... vents d'Est sur la route de France en Canada
...dans le Canada; le printems et l'automne; les vents d'Oüest
...
... Lac des Hurons. 116.
... occupe les trois quarts de la comté sur le Fleuve de St Laurens. 22...
... transplantés chez les Negres, et les Negres en Europe ne changent
... 252. après plusieurs generations. 270, et suiv.

www.ingramcontent.com/pod-product-compliance
Lightning Source LLC
Chambersburg PA
CBHW060631170426
43199CB00012B/1510